江湖

曾经的

美丽传说

依旧萦绕在

热血沸腾的现世

千万的虔诚者

顶礼膜拜

神的风采

《民间股神》荣获 2006 年“全国十大社科类畅销书”

《民间股神》第三集荣获 2007 年“全国优秀畅销书奖”

《民间股神》第四集荣获 2008 年“全国优秀畅销书奖”

《民间股神》第五集荣获 2009 年“全国优秀畅销书奖”

《民间股神》第六集荣获 2010 年“全国优秀畅销书奖”

民间股神

白金版

英雄榜系列

民间股神

绝招篇

七位杰出的民间股神，用理智与激情创造的热血传奇，
闪耀着搏击风浪的人生智慧之光。
如果你怀揣同样的金色梦想，拥有同样的坚定信念，
波涛汹涌的股海也将任你驰骋与远航。

白青山◎著

上海财经大学出版社

图书在版编目(CIP)数据

民间股神:绝招篇/白青山著.—上海:上海财经大学出版社,2015.5
民间股神(白金版)英雄榜系列
ISBN 978-7-5642-2162-1/F·2162

Ⅰ.①民… Ⅱ.①白… Ⅲ.①股票投资-经验-中国 Ⅳ.①F832.51

中国版本图书馆 CIP 数据核字(2015)第 093414 号

□ 丛书策划 王永长
□ 责任编辑 王永长
□ 书籍设计 张克瑶
□ 责任校对 胡 芸 卓 妍
□ 封面题字 刘一虎

MINJIAN GUSHEN
民 间 股 神
——绝招篇
白青山 著

上海财经大学出版社出版发行
(上海市中山北一路 369 号 邮编 200083)
网 址:http://www.sufep.com
电子邮箱:webmaster@sufep.com
全国新华书店经销
上海华教印务有限公司印刷装订
2015 年 5 月第 1 版 2024 年 12 月第 8 次印刷

710mm×1000mm 1/16 21.5 印张(插页:1) 232 千字
印数:18 501—19 500 定价:49.00 元

总　序

把美丽献给千万读者

——写在《民间股神（黄金版）绝技系列》与
《民间股神（白金版）英雄榜系列》出版之际

当凝聚着千万读者的希冀和我多年艰辛采访的《民间股神（黄金版）绝技系列》《民间股神（白金版）英雄榜系列》开始面市之时，我内心禁不住感慨万千……

16 年了。

我自 1999 年 1 月开始采访“民间股神”至今，在中国证券的一线耕耘了整整 16 个春秋了。那是一条多么坎坷的路啊！它充满着无数的艰辛，洒满了我辛劳的汗水。

我是在中国股市行情最低迷的 1999 年年初，走上这条艰难的股海淘“经”路的。

那时，中国股市风雨飘摇，熊途漫道，举步维艰。千万股民伤痕累累，哀鸿遍野……

为了给“迷茫”中的股民多寻觅一些股市赚钱制胜的“本领”，

我，一个曾经的新华社记者，一位解放军大校，肩负着广大投资者的信任，在中国证券这片新生的沃土上，开始了默默而艰难的“耕耘”。

当时，许多采访对象大多比较保守，不愿出“名”，更不愿把自己炒股制胜的“绝招”和“看家本事”公布于众——那可是他们多年来用金钱、智慧和汗水换来的宝贵经验啊。

我已记不得多少次碰壁，多少次采访遭拒绝。那种尴尬、难受的滋味，并不亚于保险公司的跑单员上门推销保险被人拒之门外的境况。有多少次我真的想打退堂鼓了。但是，新兴的证券业对我的吸引力实在太大了。我一想到千千万万可敬可爱的投资者在股海搏杀的艰难情景，想到我采写的《民间股神》出版后，他们是那么爱不释手争相阅读的感人场面，我的内心在震撼！我多么想为他们多做点事，纵有千难万难，若能通过自己的努力，从成功的高手那里多淘到一点“经”奉献给他们，将是我一个老新闻工作者最大的快乐和追求。

就这样，我怀揣着这种信念，一直默默地坚守在中国证券市场的第一线进行采访。

回首往事，5 800 多个昼夜，我的心，无时不萦绕着中国股市。没有星期天、没有节假日，16 个中秋佳节，我没有一个是与家人团聚的。为了取得高手的“真经”，我与他们同吃同住同操作，常常一“泡”就是一两个月，有的甚至跟踪数年，艰辛与困苦时时伴随着我。几乎每出一集书，我都累得住一次医院。记得《民间股神》第四集出版首发后，我到美国探亲，日积月累的疲劳一下子爆发了，躺在床上起不来，原定的旅游之行变成了无奈的养病之旅……

都古稀之人了，这样卖命，图啥？不少人这样问我。

“中国股民太苦了。为了多给他们送点经，我累点，认了，值得！”

基于此，16 年来，我迎着困难，足迹踏遍大江南北，寻觅着一个又一个的民间高手，我真诚地和他们交朋友，分享并亲眼见证高手们博弈股海创造“奇迹”的快乐。同时，我也为我在艰苦采访中能给千万投资者提供更多的操盘技艺而感到欣慰。《民间股神》6 次获得“全国优秀畅销书”等奖项，正是千万投资者对我长年付出的一种回报。一位热心的读者在一封感谢的来信中这样写道：

念君辛苦，故为君作诗一首，望继续为中国股民服务：

可爱青山

民间高手多如是，
潜入江湖无处寻；
神龙见首不见尾，
默默操盘默默赢；
幸有青山发宏愿，
不忍散户血淋淋；
心诚所至群英动，
惊天绝技世方闻。

千万读者的拥戴，无时不在激励着我。可以说，他们的热爱和呼唤，是支撑我多年坚持前行的唯一动力。2007 年《民间股神》第三集出版之后，有不少读者来信说，他们希望我能把已出版的几集书中关于民间高手炒股的绝技提炼精编一下，以方便他们学习应用。但由于紧张的采访一直没有停歇，直到2008年《民间股神》第四集出版后，我趁着赴美探亲的半年时间，才开始做这件事。然而不久，在世界金融风暴中惨烈下跌的中国股市和无数伤痕累累的投资者的呼唤，再次把我召回到了寻找熊市高手的采访一线。这一拖，几年过去了。当我在2013年春节后下决心着手完成自己和读者多年的心愿时，我却意外地病了，而且，一病就病得似乎“无法回头”了。

“烟花三月下扬州。”3月，本是世间万物最美丽的季节。然而，我却在2013年3月同时被几家医院确诊得了“重症”。短短20天，我三次躺在了手术台上。老伴一直向我隐瞒着“真相”，但我从她脸上无法掩饰的泪痕里读懂了一切。

人生真如梦。没料到前几天还赴深圳风风火火采访的我，这么快就进入了人生的“倒计时”。无影灯下，我眼里盈满泪水：此生我不知是否能再醒来？是否能平安“逃出”这“地狱”般的“魔窟”？

多年未了的夙愿——尚未整理完的书稿，成了当时我心中最大的一桩憾事！

……

老天似乎明白我的心，赐予我眷恋之情，让我与死神擦肩而过。当我重新获得“自由”后，我似飞出笼的小鸟，又欢快地翱翔在证券市场一线的蓝天里。为了尽快地把《民间股神（黄金版）绝技系列》和《民间股神（白金版）英雄榜系列》这两套最新的作品献给读者，我珍惜着生命的一分一秒，飞深圳，赴上海，到南京，奔重庆……对全书的内容和曾经采访过的高手们一起做着最后的补充和修订。

现在展现给读者的《民间股神（白金版）英雄榜系列》，收录的是已出版的一至七集《民间股神》中精选出的最优秀、影响力最大的证券精英，而且多数都进行了重访。把这些高手们多年来坚守正确的投资理念和再创辉煌业绩的崭新风貌，将分别以《传奇篇》《绝招篇》《短线篇》《价值篇》《冠军篇》《高手篇》和《巅峰篇》一并奉献给读者。你会通过他们的传奇人生和在股海博弈的坎坷经历，感悟他们走向成功的“真谛”。

如果说《民间股神（白金版）英雄榜系列》中的英雄人物是我从16年来的一线采访中深度“挖掘”获取的一串串“珠宝”，他们是各路（册）“精英”的一个“群英会”，那么，《民间股神（黄金版）绝技系列》就是我从数百万字的书稿、近70位民间股神提炼他们绝技的一次大“荟萃”、大汇总。《民间股神（黄金版）绝技系列》凝聚近70位民间股神数百种招法，将分别以：(1)《寻觅最佳买卖点》；(2)《捕捉“黑马”技巧》；(3)《挖掘明日上涨股票》；(4)《教你如何赚“快钱”》；(5)《追击涨停板绝活》；(6)《爬出“地狱”之门绝招》；(7)《“雪崩”前的逃顶利器》；(8)《揭开K线“天书”秘密》；(9)《弱市制胜秘笈》；(10)《“战则必胜”的操盘技艺》；(11)《股市“零风险”秘诀》等专辑（注：以上为暂定名）展现给投资者。它们可谓精彩纷呈！如果你手捧系列书，就犹如有几十位“股神”同时教给你他们在实战中的那些非凡“绝技”。一位证券业内著名人士看了我整理的书稿后爱不释手，一口气在上面批写了十几个“最”字：**最新、最核心、最实用、最成**

功、最有价值、最有经验、最具可复制性、最速成、最专业、最具技巧性、最有技术含量、最具秘笈性、最具实战意义……以表达他无尽的赞美之意。和读者朋友说句交心的话，书中的“秘笈”，原本都是那些高手们“最不愿透露的”，而他们最终的“袒露”，真可谓是“最无私的奉献”了。

“真是招招精彩，招招实用！白老师，你费了这么多年心血，把这么多‘值钱的’招法，就这么‘廉价’地汇成一本本书公布于众，是不是有点可惜呀！”出版前，有挚友看了初稿，曾对我这样说。

“不可惜。一点都不！”我回答说：“世上有许多东西，是无法用金钱来简单衡量它的价值的。”记得2000年我写的《看赢家怎样炒股——68位中国证券高手的智慧》出版时，在扉页上我曾写了这样一句话：谨以此书献给那些在中国证券市场上不畏艰难奋力搏击的万千投资者！那是我发自心底的声音。10多年后的今天，我仍然这样想。无疑，那些在股市创造奇迹的高手们和他们用智慧凝聚的操盘技艺，是中国股市的一抹彩虹，一道亮丽的风景线。我要把“美丽”献给最可爱、最可敬的中小投资者。尤其是高手们经过无数次教训换来的操作经验，经历过股市风雨的严峻考验，实用性很强，并经过长时间的验证，至今仍具有很高的使用价值。这些“宝典”，那是比金子更珍贵的无价之宝！

生命是可贵的，春天是美丽的。伴随着春天的脚步，沐浴着证券市场深化改革春风的中国股市正生机勃勃地在华夏大地展开一幅雄伟壮丽的画卷。她正以无限的魅力，吸引着千千万万的中外投资者。

如今，我虽届古稀之龄，即使身带病恙，仍将不懈地继续为中国股民服务，不竭地在中华股坛这座诱人的百花园，去采撷最美丽的花朵，献给亲爱的读者朋友！

2015 年 1 月 18 日于北京

序　言

攀登，向着“股票艺术的殿堂”

当我最终完成了《民间股神——绝招篇》的写作，掩卷为之写“序言”时，我的脑际中，不时地再次浮现出那激动我心魄的“老照片”，最“新”的也有8年之久，最“老”的，已经尘封有16个年头了。

这六幅“老照片”，记录的正是本集七位“绿林好汉”的不凡故事——他们是上海滩被誉为“黄金K线大师”的李丰；身怀狙击未来一周进涨幅榜前列股票绝技的江汉；专司捕捉涨停板的“涨停王组合”刘磊和俞斌杰；拥有决胜股海八大秘笈的王雷；摸准庄家“命门”的马春弟；拥有操盘“秘诀”的“熊猫老板”施伟。

“操作股票是一门艺术。”但凡在股票市场浸染过的投资者，都会深悟到这一点。在“风雨无常”的股票市场中，如果你没有掌握操作股票的本领与艺术，便会如临深渊，寸步难行，赔钱和失败也就如影随形；而只有在通向股票艺术殿堂的征途上勇于登攀的人，才能在股海中披风斩浪，走向成功的彼岸。

七位英杰的故事，充分地向我们展示着他们练就一身超人“绝技”制胜股市的智慧与风采：

复旦学子李丰，在他操盘用的软件上，没有任何指标，没有任何均线，甚至连成交量的图表也没有，只有干干净净的K线。然而，他却能预测明天是涨还是跌，是先涨后跌，还是先跌后涨，涨到哪个点位，跌到哪个点位，并能经常得到准确的验证。何故也？只因他读懂了K线这部无字“天书”！难怪人们送给他一个“黄金K线大师”的称谓！

机构操盘手江汉，为何能“点石成金”，又为何能对未来一周进涨幅榜前列的飙涨股实施“准确打击”？他十余年来炼成的“飞龙战法”，将向你揭秘其中的奥妙。

再说狙击涨停板的刘磊和俞斌杰这对亲如兄弟的“涨停王组合”，他们敢于挑战“今天买入，明日涨停”的操盘极限，操盘技艺可谓到了炉火纯青的地步。如今，这对靠狙击涨停板股票“起家”的兄弟，都成了优秀的私募基金经理。当年他们创建的涨停板战法，仍被他们沿用并创新，为他们在今日的征程中谱写新的传奇，不断发挥着神奇的作用。

还有职业投资人王雷炒股“制胜七法”，能神机妙算主力行为、摸准庄家“命门”的马春弟，以及有着“选股艺术家”美誉的施伟的操盘秘笈，在攻克股市“财富大门”中，无不发挥着奇特和绝妙的指引作用！

常言道：“天下无难事，只要肯登攀。”“艺”高，人才能胆大！学习掌握炒股的十八般武艺，可以说是每一位投资者都渴望和追求的。但要能真正熟练学会掌握实战中管用的一招半式，并非易事。我在深入采访绝招篇中的七位英杰时，曾深深地被他们在通向股票艺术殿堂的攀登路上付出的艰辛所打动。李丰在入市后的迷途中不畏失败,经过多年的苦心钻研,付出了多少心血,终于在“股市迷宫”中,寻找到了通向胜利之门的“金钥匙”——“黄金K线”。在对多年跟随机构操盘手江汉的采访中,我曾目睹他为寻找和预判市场中的“强势群体”,对“龙头”实施精准打击,他常常废寝忘食、通宵达旦。企业家出身的施伟原来靠“朋友多、消息多”赚钱,后来在股市遭到“全军覆没”后,不辞辛苦,千里学艺,他为了学到一招半式,甚至到午间休息高手易出现的“擦皮鞋摊”处拜求老师,精神可谓感人……

“一分耕耘,一分收获。”高手们的“辉煌”来自他们的“身怀绝技”,更来自他们在奋力“攀登”中洒下的汗水。

投资的路,是不平坦的,而且充满荆棘与坎坷。正如印度诗人泰戈尔所说的一句名言:“上天完全是为了坚强我们的意志,才在我们的道路上设下了重重障碍。”但只要你能像书中的英杰们一样,坚持在股票市场锲而不舍地学习炒股的艺术,相信你也一定会拿到通往股票艺术殿堂的金钥匙,去打开你渴望的“财富大门”。

亲爱的读者,在博弈股海的征途上,请铭记泰戈尔的话,勇敢地去攀登吧,胜利一定会属于你!

于北京

2015年3月28日

目　录

001　　总序　把美丽献给千万读者

001　　序言　攀登，向着“股票艺术的殿堂”

001　　揭开 K 线天书的奥秘

——“黄金 K 线大师”李丰的操盘绝技

在跌宕起伏、充满惨烈搏杀的股市，如何做到成功实现抄底逃顶，挖掘到长期上涨的超级牛股，提前捕捉到当日能进涨幅榜前列的强势股票？职业操盘手李丰独创的“黄金 K 线理论”和神奇的操盘定式，破解了 K 线形态之谜，揭示了主力操盘内幕，使你从既熟悉又陌生的 K 线中，淘到真正的“黄金”。

121 **“涨停王”组合捕捉涨停绝技**

——职业投资人刘磊、俞斌杰捕捉涨停板九大绝招

在跌宕起伏的股票市场,他们以绝妙的组合和超人的智慧,勇擒飙涨黑马,专门狙击涨停,挑战“今天买入,明日涨停”的操盘极限,战果累累,名震中国股坛……

177 **决胜股海七大秘笈**

——职业投资人王雷的炒股七法

他从不相信只有冒大险才能赚大钱,而更重视永远不要赔钱;他从不做分散化投资,而当他发现机会来临时总是毫不手软;他从不相信权威,而只依靠自己的投资哲学。

205 **摸准主力的“命门”**

——职业投资人马春弟的成功之道

他的交易很少亏损,即使在弱市中也是这样。这惊人的成绩,关键是他只在市场中坚持自己的纪律与原则,并对主力的意图非常明了,确信时机已到时,才进场交易。股票的涨跌是主力资金运作的结果,只有摸准主力的“命门”,才能立于不败之地。

221 **“熊猫老板”的操盘术**

——职业投资人施伟的经验之谈

这里记叙了一个职业操盘手的成长经历与故事。其从初涉股海，历经“九九八十一难”，到奋发图强、“咬定青山不放松”的精神，引人深思，催人奋进。其选股思路与成长经验，超越时空，可读可学，可歌可泣，堪为后辈典范。

247 **狙击下周涨幅榜前列的股票**

——私募基金高手江汉擒拿黑马独门绝技

在茫茫股海中，能经常选出涨幅榜前列的股票，是每一个投资者的梦想，而从梦想到现实又是那么的遥不可及。然而，一个机构操盘手的独特方法，也许能给那些正在苦苦寻觅的人们，点燃心中的希望。其独创的“大小飞龙”战法独步股海，傲视群雄，堪称股票市场一绝，让千千万万的散户投资者顶礼膜拜。

322 **后记**

324 **特别致谢**

揭开

K线天书的奥秘

李丰

"黄金K线大师"李丰的操盘绝技

"半部论语治天下，一根K线定乾坤！"

在跌宕起伏、充满惨烈搏杀的股市，如何做到成功实现抄底逃顶，挖掘到长期上涨的超级牛股，提前捕捉到当日能进涨幅榜前列的强势股票？职业操盘手李丰独创的"黄金K线理论"和神奇的操盘定式，破解了K线形态之谜，揭示了主力操盘内幕，使你从既熟悉又陌生的K线中，淘到真正的"黄金"。

李丰

生于 1973 年

青岛人

大学文化

入市时间

1996 年

投资风格

稳健操作

追求长期持续盈利

投资格言

K 线为王：

每一根 K 线背后都有一个故事

知晓读懂 K 线的真正内涵

是股票操作的最高境界

上海。浦江两岸，万千灯火，璀璨夺目。我和李丰乘坐游轮，陶醉在浦江迷人的夜色之中。

这是我与他8年后的第二次“握手”。

记得我第一次采访他时，是2007年初，中国股市的牛市行情正如火如荼。当时，我“下榻”的地方，就在黄浦江边一栋别致高楼中的李丰操盘室里。李丰把临江唯一的一张“观景床铺”让给我，自己睡沙发。白天，我观摩他的实战操作；夜晚，我们就着那满江的灯火，聊着他从一个复旦学子如何踏进资本市场，又如何在股市风雨中摔打成长的坎坷历程……

在和李丰相处两个月的时光里，被人们誉为“黄金K线大师”的他，毫不保留地向我袒露了他创立的黄金K线理论以及在实战中的妙用绝招。

“忆当年，峥嵘岁月稠。”当游轮途经浦东，我伫立在船头，静静地凝望着远处记忆中抹不去的那栋我睡了两个月"观景床"的大楼。此刻,滚滚的涛声,载着我再次"穿越"到8年前我首访李丰的日子……

引子:寻找民间"神秘高人"

浦江畔,"逮"到了一群民间高手

世上的事儿说起来有时还真是蹊跷。2006年下半年,应全国读者热切期盼早点出版《民间股神》第三集的要求,我"紧锣密鼓"地跑遍大江南北,为本书最后的"最佳入选者"和"领军人物"在苦苦寻觅,然而却久久不能如愿。

但没想到,2007年股市一开市,我来到上海滩,没几天工夫,竟让我"逮"到了一批民间高手,使人兴奋不已。真是应了中国的一句俗语:"踏破铁鞋无觅处,得来全不费工夫。"

第一个碰到的,和我一样,戎马一生,算得上是军旅的"战友"。他曾是一位优秀的指挥官,两杠四星,大校军衔。多年来,他一直关注着中国股市这一国家经济的"晴雨表",然而,军队的铁律,让他一直与牵人魂魄的证券市场几乎"绝缘"。2003年,他终于脱下披挂了几十年的"战袍",回到上海安度晚年。当时,中国股市正在漫漫熊途中艰难运行。然而,对中国宏观经济飞速发展充满希望的他,同时看好中国股市的前景。他决意在这个没有枪炮的特殊战场上驰骋,让自己的夕阳更加红火。作为军人,他深知战场上制胜靠的是过硬的本领,而要在充满风险的股市博弈中成赢家,同样需要有一套过硬的技术才行。2004年初,他跟随当时被人们誉为“黄金K线大师”的李丰学习黄金K线理论,他凭着指挥员特有的灵感和智慧,成为一名最优秀的学生。这年,他带着全家所有的积蓄和儿女孝顺他的养老钱共50万元资金大胆试水股海,尽管大市熊途漫漫,他竟获利了40%以上。2005年,他再次盈利50%,2006年他获得了150%的收益,入市3年,竟没亏过一次钱,50万元资金一下变成了300多万元。

在申银万国,我碰到的63岁的老吴,也是“李老师”的一位学生,他可称得上是个“老黑马王”。从2005年底到2007年初,所有的大黑马几乎没有逃出他的“掌心”。洪都航空、宝钛股份、招商轮船、北辰实业、普洛康裕(现名普洛药业)等牛股,他无一不是获利翻番,而且,几乎都能骑着黑马跑完全程。记者在他的操作日记的扉页上,看到他写有这样一首诗:

迢迢千里程,
粼粼万顷波,
股海桑田天无际,
黄金K线神又奇。

绝招黑马骑,
财富滚滚来,
勤学苦练K线功,
无愧股市人生路。

炒股获得暴利的他，笑呵呵地对记者说："只要掌握一套娴熟的操盘技艺，一年翻番不是梦！"

在记者遇到的一批民间高手中，60 岁的杨阿婆，5 年间从 50 万元亏到 5 万元，又从 5 万元赚回到 110 万元的故事，堪称是中国股市千万普通投资者中最具传奇色彩的一个成功者的典型。杨阿婆是在 6 年前大盘处在 2 245 点入的股市。那是中国股市最为辉煌、压抑了万千投资者整整 5 年的一座"高峰"。然而，杨阿婆踏进股市大门，倒不是被那耀眼的光环所吸引，而纯粹是赌着一口气。她原是上海一家铸造工厂的一名工人，有一个安宁幸福的家庭。退休后，她开了一家小百货店，儿女又孝顺，日子过得有滋有味。但后来当她得知老伴炒股竟把全家 50 万元的积蓄炒得连 10 万元都不到时，她气愤得再也坐不住了："侬的脑子不比别人笨，怎么就亏成这个样子，阿拉就不信在股市赚不到钱！"

第二天，杨阿婆就夺了老伴的"财权"，决定亲自"掌刀"杀进股海。她的财运真比老伴强，进了证券公司的门就开始赚钱。一次她要把手里赚钱的股票卖掉，结果在操作时，竟敲错了键盘，把卖出敲成了买入，她一时差点给气昏了。可是她说连她犯错老天爷都可怜她、帮助她。隔天这只错买的股不仅没跌反涨，还让她多赚了钱。

然而，炒股不是光凭运气的事。如果一不会电脑操作，二不懂技术，懵懵懂懂的，在股市光靠听别人指挥买卖股票，迟早会跌跤。果然，半个月不到，她开始输钱，这时大盘惨烈的下跌开始，她账面上的钱天天在缩水，不甘心的杨阿婆是越跌越买，结果她从老伴手中"接盘"的 10 万元一下子被腰斩一半，50 万元变成 5 万元，那是她和老伴一生的心血和全家的命啊，黄浦江边她仰天长叹，泪如雨下，几次想走绝路……

就在这时，她经朋友介绍幸运地认识了在机构当主操盘手的李丰。李丰听了她的经历，为她分析失败的原因，手把手地教她怎么看盘，从K线形态上如何识别一只股票里面有没有主力在运作，是在吸纳建仓，还是出货派发，抑或是拉升前的凶狠洗盘？

“原来K线背后有这么多名堂！”面对天天看着的那既熟悉又陌生的K线，杨阿婆一阵惊叹。

在老师的指导下，她开始废寝忘食夜以继日地发奋苦学。1 000多只股票，她每天都看一遍。她难忘2004年9月14日至10月13日，大市熊步沉沉，但她却在这一个月里实现了她百万梦想的转折性的第一步。她运用黄金K线理论发现了海虹控股在经过漫长洗盘后的一个最佳买点。她不再盲目，不再犹豫，果断买入，于8元多进场，接近16元出局。第一次凭着K线的“慧眼”坐着主力的车走完了全程，第一次没被主力盘中凶狠的洗盘震出局外。她有生以来，第一次感到靠知识、靠技术赚钱，赚得如此明白，如此的爽！

黄金K线给她插上了翱翔股海的翅膀，到这年年底，杨阿婆不仅摆脱了亏损状况，而且账面上拉出了一根大阳，她面对“退五十步笑百步”的老伴，第一次感到从未有过的底气十足，从此她收老伴为徒，当上了老伴的炒股“家教”。

半年后，她的技术日臻成熟。2005年6月8日，大盘在破千点后启动，杨阿婆带着她期待已久的梦想，进入了快速赚钱的良性循环期。20万元、30万元、40万元地往上翻，三一重工股改前，她有意把自己关进去，一个月后赚得让她心里像打翻了蜜糖罐一样甜。宝钢权证一开出，别人害怕，她却偏要摸这老虎的屁股，结果又大赚了一票。接着，她开始用K线理论自己选股，中国国航、徐工科技、宏达股份、广深铁路，不光买点好，还中短线结合，天天做波段，天天赚钱。她对我说2006年她每天都在赚，一个星期至少要赚10%以上。面对60岁的杨阿婆，我由衷地赞叹她的成功。她兴奋地说："在股市里解套，只有靠自己刻苦地学习，我能从5万元扳回到百万元以上，这是过去做梦都不敢想的事，我算是真享够了黄金K线的福了！"

一波三折，寻找妙手回春的"李老师"

一个个真实感人的故事打动着我的心。黄金K线能有如此之神奇？高手背后的"导师"李老师究竟是一个什么样的神秘高人？

2006年夏天，我专程来到上海想采访李丰，但苦于无门。后来朋友帮忙为我找到了李丰一个学生的电话。我打电话过去，请那位学生帮忙转达来意并疏通关系，没想到的是，不愿张扬的李丰拒绝了我。

股票市场上，遇到黑马是要及时设法逮住的。采访中，既然遇到了高手，纵使再难也不应放弃，这是我几十年新闻生涯中的一种追求。9月，我第二次来到上海寻访李丰。这一次，我学乖了，听说他在上海静安区有一个投资者交流会，我便乔装"打扮"，以一个普通股民的身份"混"进了会场。没想到，席间，李丰发现了我："你是《民间股神》作者白老师吧，我在书上看到过你的照片。我们可以做个朋友，不过，请你原谅和理解，我的心思在操盘，不愿出名和宣传自己。”当时，我心想，好事多磨，为了让全国更多的投资者多掌握一些股海博弈的本领，尤其是能为那些伤痕累累的小散户提供些行之有效的操作技艺，国庆长假前我再次造访李丰。他友好地请我吃饭，只是还是不肯“进书”。

2007 年 1 月，当我第四次来到上海滩时，我凭着记者的经验，拿出了最后的“杀手锏”，在浦江边的一座公寓里，我给李丰讲了一天的“故事”：那都是血淋淋带着泪水的倾吐，都是我多年采访中遇到的最弱势中的千万投资者的心酸史。他们在黑夜中饱受主力“欺凌”经受惨败煎熬的“呐喊”，终于使李丰震撼了：“我知道散户太苦了，那都是不知道主力的意图所招致的失败啊！”话音刚落，他低下头，指着他头上一丛黑发中特有的一个白点给我看：“这是当年为了想办法出货，一夜急出来的印记。为了你的诚心，更为了千万中小投资者不再受骗，我愿意把自己多年掌握的一套操盘技艺奉献给大家！”

窗外，黄浦江两岸万家灯火，我们的故事开始了……

迷茫中的震撼

望着滚滚浦江水，他寻找着失误的“结”。那隆重的生日“贺礼”，给了他从未有过的震撼……

他把名牌西服和飞机票全退了

1973 年，李丰出生在美丽的青岛，他是个有志向、有抱负的青岛男儿。

1994 年，他如愿以偿考入了全国的名牌大学——复旦大学。大二的时候，中国股市迎来了一波声势浩大的牛市，学校请来证券分析师举办讲座，学业优秀的李丰不仅积极参加了学校组织的“理财协会”，他更想用自己所学的金融知识在行情火热的股市中实践一下。然而，当时开户要 5 万元，他缺少资金。为了入市，他一再节省父母寄来的生活费，并利用课余时间勤工俭学，很快，他在上海五角场的一家证券交易所开了户。

股市是个充满魅力的地方。脑子灵光的李丰进入股市如鱼得水，他买的第一只股票上海石化，就让他大赚了 60%。接着，东北电只一天时间就给他带来了 150%的收益（当时尚未实行涨跌停板制度）。连战连捷一下子激起了他对股市的极大兴趣。赚钱的效应出现连锁反应。同班同学见李丰天天赚钱，心里都痒痒的，纷纷要李丰带他们做股票，一时，李丰成了复旦有名的“股王”。

半年之后，有着炒股天赋的李丰收获颇丰。1996 年 12 月，就要考试放寒假了，此时腰包已经鼓鼓的李丰兴奋地开始盘算回家的事儿。他特意跑到南京路第一百货挑了一身名牌西服，买了一双锃亮的皮鞋，又早早订了一张回青岛的飞机票。但没想到，就在这时，管理层出台政策，对股市施行 10%的涨跌幅限制，结果次日大盘暴跌，而且连续三个跌停。李丰心情沉重地跑到证券公司一看，迎面一片绿色，他心如寒冰，脑子一片空白。

"证券公司要关门了，快逃吧！"李丰木然地站在绿茵茵的大屏幕前，心如刀绞，不知如何是好，他第一次感到了害怕。

回复旦的路不远，可是那天他腿上像灌了铅一样迈不动步。回到学校天都黑了，一天没吃饭的他首先做的一件事，是把在同学中炫耀多天的那套名牌西服和预订的飞机票悄悄退了。这天夜里，他辗转反侧，最后作出一个决断：放弃回家，留在上海好好静下心来反思一下，一定要东山再起！

该死的"市场无形之手"

从赚钱到赔钱，巨大的落差，市场给李丰上了一堂生动的风险课：炒股不听党的话不行，没有技术光凭小聪明也不能长久地赚钱。他决意给自己好好充充电。假期，同宿舍的其他同学都回家了，他跑到新华书店买回一堆中外证券名著开始苦读。尤其是江恩理论和艾略特波浪理论让他着迷。他忘了吃饭、忘了睡觉，啃着面包，泡着方便面，研究着每一个技术指标的用处，用手画出了一张张各种形态的 K 线，用心地揣摩股票价格是怎样沿着不同的均线在变化的。

半个月假期过去了，当李丰再次踏入证券公司营业部时，心里感到充实了许多。当时，证券大厅里只有两台电脑，许多人不会摆弄，来自复旦的学子，又经过知识武装打造的李丰，自然成了散户中的"领袖"和"主心骨"。他常为股友们解盘，教大家怎样用均线和各种技术指标，谁要买股票或卖股票都喜欢来问他，什么时候会涨，什么时候会跌，他的判断总是八九不离十。他率领大家做的清华同方和天大天财，让不少人都赚了大钱。

但是有两件事的发生，再次打破了他对股市的单纯理解。那是1997年初的一天，香港传闻邓小平病重，大盘当天暴跌了100多点，这让他又一次感到了害怕；第二天中央台又报导邓小平与家人在医院交谈的消息，大盘又涨回了100多点；第三天，李丰早晨打开收音机，全是哀乐，他脑中再次一片茫然。然而，他很快想到，邓小平虽然离开我们了，但中国改革开放的事业不会改变，在当天上午开盘暴跌之时，他不仅让大家不要慌乱，还趁机捡回了深发展和四川长虹等许多大牛股送上的“皮夹子”。他再次坚信炒股要听党的话。不过，在股票市场暴涨暴跌的背后，他似乎感到还有一只无形的手！

还有一件事，就发生在他买入的当时非常热门的股票陆家嘴上。开始，他是数着“浪型”买进的，可是数着数着，浪型越走越乱，他数不清楚了，心也跟着乱了。接着，他又开始依照均线和技术指标做。有一天，眼看着均线和KDJ、RSI等技术指标死叉了，熟知均线理论的他，见该股的均线又修复得非常漂亮完美，呈多头排列，各项技术指标又显现“金叉”，“该死的主力把我骗出局，它又要拉升了”，割肉出局的他，窝了一肚子的火怎么也不甘心，又追了进去。

然而，他心爱的陆家嘴这只股，似乎总与他作对似的，他按指标刚一买进，股票又暴跌下去，把他套在高处。他只好再次割肉出局。

夜晚，他独自漫步在让他又爱又恨的陆家嘴，望着黄浦江边那鳞次栉比的宏伟高楼，他再也没有往日的兴奋，沮丧的心情和无名的失误，让他难以忍受心中的痛：我究竟错在了哪？是我操作不对？还是“老祖宗们”的指标不灵了？

望着滚滚江水，李丰心里波浪起伏：这个失误的“结”啊，到底在哪？！

隆重“贺礼”的强烈震撼

在股市遭受重创的李丰，停止了一切操作行为。他开始冷静地思索，决心找到自己犯错的那个“结”。那些天，他把深沪股市所有的股票都翻了个遍，尤其是那些历史大牛股的走势，他对着均线一根根地试，看看设哪一根均线更准，还有各种指标，他把参数改了又改，企图摸索出一些捕捉牛股的“道道”来。

可是，他的一切努力均无效，实战中又遭失败。

他失望了，陷入了迷茫……

就在这时，一件令他震撼的事发生了……

那是一个星期天，他的一个好友见他一个人在屋里还在那“做功课”，挺郁闷的，说带他出去散散心。两个人在外滩玩了一阵子后，那位朋友说他要去看自己的一个表兄，要李丰陪他一起去。于是，他们乘车左拐右拐，半小时后，他们在一个偏僻的弄堂里走进一幢不起眼的灰色公寓。当李丰随朋友走进1808号时，他才看到原来这是机构的秘密操盘室，屋里摆着整整两排电脑。“我表哥可是个主力操盘手噢！”朋友向李丰介绍道。李丰顿时像找到救星一样，把自己心中的疑惑倒给他听，并向他询问均线应该怎么看，技术指标的参数到底设多少才灵光。可是，当朋友的表哥打开电脑时，李丰不禁一阵愕然：只见盘面上除了红灯笼绿灯笼似的蜡烛，光秃秃的，既没有均线，也看不到KDJ、RSI和MACD等技术指标。

“你们不用这些均线和指标怎么炒股？”李丰不解。

“炒股是多空双方的搏杀，一根K线代表着各方力量的激烈抗争，包含着千言万语，足够了。散户炒股都习惯看均线、指标和成交量，那是中小投资者的‘三板斧’，主力就专门设计‘做图’骗散户。”

听到此话，李丰颇感震惊：“原来主力这么会使坏，自己输钱，原来都是给他们骗去了！”

临别，那位朋友的表兄送他们至门外，只听他悄悄地对朋友说：“回去给舅舅、舅妈代问好，舅舅生日快到了，到时我可能忙，去不了，让他买点××股，到18元8角8分再抛，就算我给舅舅的一份贺礼吧！”

回来后，李丰急忙打开电脑，一看，疑惑了半天：“这只股票图形乱七八糟的，现在股价才5元，能涨到18元多，开玩笑吧。”

他不信，但也再不往心里去。开始还打到自选股里，后来看它不涨反跌，一星期后就把它从自选股中抹掉了。

没想到，半个月后，大盘暴跌，这只股竟逆势拉出了一个涨停板，接下来步步攀高，不到一个月，股价就超过10元。在剧烈的震荡后，股价再上台阶，不断拉出大阳线，最后竟暴发性地连拉涨停，想买都不让你买到。更没想到的是，李丰那位朋友的父亲生日那天，该股竟收了一根光头光脚的大阳线，收盘价正好收在18.88元！

怪了！奇了！怎么这么神？说到18元8角8分就到18元8角8分！

李丰震惊了，震撼了："原来，炒股票不是靠均线、指标托上去的，是人在后面炒上去的。机构主力说打到哪就打到哪啊！"

实现梦想，走进"神秘圈子"

"我一定要当一名操盘手！让股票涨跌也听我的话！"那"贺礼"背后发生的一切和对操盘手的神秘感，一直吸引着李丰，将来也做一名操盘手，成为他追求的一个梦想。

痴迷股市的他，放弃了出国深造的机会，通过圈内朋友的引荐，他有缘实现了自己梦寐以求的理想，进入一家房地产公司出资的私募基金当操盘手。

"生为股市生，死为股市死，这辈子就干这一行了！"从他进入往日他视为的"神秘圈子"后，他就立下了这样的誓言。

他的老板是个"光头"，"长相很凶，看上去就不像是个好人！"李丰回忆起他入门后的第一个"恩师"，历历在目："他真是一肚子的'坏水'，我第一次看到他做的操盘计划书，刁钻得要命。怎么与上市公司'密谋'，怎么'制造题材'，什么时候公布利空，开始打压股价吸货让散户割肉，什么时候公布利好，拉高出货，股价拉到多少价位，又怎样诱多吸引散户接棒套住他们。我在进入这个秘密圈子感到兴奋之余，也感到一种莫名的残忍与作恶的不安。"

"做庄，就是与散户玩老鹰捉小鸡的游戏，不能有任何的慈善之心！每一个操盘手，双手都沾满了股民的鲜血！"八九年过去了，恩师头一次为他洗脑的话还犹在耳边。

那年的行情并不好，但李丰他们却从股市中赚了不少钱。半年后，他又进入了一家规模更大的私募基金当上了主操盘手。此时的他，不再是一个单纯“执行命令”的炒手，他了解股价涨跌的“内幕”更多了，所学到的“做盘”知识也更多了。

“尤其是我的上司，原是一家有实力证券公司的老总，他有着极其深厚的K线功底。他教我怎样去做开盘价、收盘价，特别是如何通过调整K线，去影响散户平时最爱看的诸如KDJ、RSI等技术指标，怎样布设‘迷魂阵’，通过‘金叉’去打压股价，而又通过制造‘死叉’甩掉跟进的散户，尔后急速拉升。”

进入机构的李丰，不仅洗了脑，也改变了他过去的一切操作思路。

从此，他放弃了自己过去在课本上所学的波浪、均线理论，潜心研究K线，透过K线的变化，细心地洞察主力做盘的蛛丝马迹。一年又一年，他翱翔在K线的海洋里，经过千百次的实战演练，形成了一套自己独特的K线操盘方法，操作股票的战绩也越来越大。

在那千股千庄的年代里，他度过了8年私募操盘手的生涯。他靠着一根K线斗天斗地“打天下”，K线改变了他的人生。他终于脱胎换骨，从刚出校门那迷茫的散户，成长为叱咤股海、名震上海滩的一位著名的黄金K线大师。

庄家肚里的“毛毛虫”

哪里涨，哪里跌，哪里该出击，哪里该逃顶？他就像钻进庄家肚里的“毛毛虫”，神算得极准。《第一财经》接到的“投诉”，让他在上海滩名噪一时。

在机构密室里操盘 8 年的李丰近年来的“出山”，是“逼”出来的。

一次，他去看望在一家证券公司当老总的好朋友。结果那时，大盘正处在扑朔迷离的时候，公司的分析师几次解盘都给说“反”了。那位朋友见到从机构来的李丰，一定要他给股民“说道说道”，为自己“撑撑面子”。李丰推辞不了，只好谈了自己的看法，结果，他一说一个准。朋友死活不肯放他，一定要他一个星期来几趟。无奈，李丰只好答应。只要他一来，交易大厅里总是座无虚席。慢慢地，这家证券公司人气越来越旺，外面的听说了，有的收盘后，好远还专门赶过来听他讲课。

“侬不知道，有个青岛小伙太结棍(厉害)了。讲什么股票要涨就涨，什么股没戏，别看它今天涨得好好的，明天就跌得让你认不得它了，他就像庄家肚里的“毛毛虫”，什么都知道得一清二楚，真是神极了!”

上海滩一传十，十传百，李丰出名了。

然而，出名后的李丰，“好景”不长。

在他身上发生的几件事，给他以“痛击”，好些日子让他在上海滩都“抬不起头”来。

《第一财经》接到的“投诉”

上海电视台的《第一财经》节目，是全国投资者最喜欢的一档节目，尤其是当时的著名主持人左安龙有声有色的专访，更是引人入胜。热切的来信，像雪片天天飞来，赞扬的话语，溢满浦江。

然而，有一次《第一财经》却意外地收到一些投资者的投诉信。

那是 2004 年 3 月 26 日，周五。这天收盘后，《第一财经》节目请来了李丰和另外一位有名的分析师做嘉宾。当主持人左安龙问，大盘已连续在下跌中砸出了四根阴线，你们预测一下，大盘后市将如何运行？那位分析师用他惯用的“浪型”分析，认为大盘连续的下跌预示着四浪的结束，五浪的拉升即将展开；而李丰当场却发表了相反的看法，他说根据 K 线形态分析，大盘的上升走势已是强弩之末，后市必然暴跌，应逢高减磅。

3 月 29 日，周一。大盘如李丰所预测，真是准确无误，第五根大阴棒耸立盘中。看来，山雨欲来风满楼，大盘气数尽也。但让人始料不及的是，就在这根大阴棒出现后，大盘却于次日掉头向上，连拉阳线，步步攀高。

相信李丰分析结果把股票抛掉的人后悔了。看到大盘一天天往上涨，又纷纷抢进，同时，他们把愤怒的电话、信件发向了上海电视台。

一时，责怪声、谩骂声，不绝于耳。

手捧听众的投诉信，金牌主持人左安龙感到从未有过的尴尬。李丰是他最欣赏、最看好的嘉宾之一，怎么这次大失水准，是他真的判断失误了？

此时，左安龙似乎也感到有些疑惑。

第二天，他请来了另外两个分析师。就李丰的异常判断让他们谈点看法。结果，一个说李丰的观点太过悲观，后市应看涨才对，而另一个则同意李丰的判断。最后，弄得还是一头雾水，听众未置可否。

李丰在这场“投诉风波”中销声匿迹了。

大盘这时也似乎有意在佐证他的错误判断，就在李丰从《第一财经》节目“消失”后的第八天，大盘创出了当年的新高 1 783 点！

“大盘马上就要突破 1 800 点，2 000 点就在眼前了！”

“还可看高一线，说不定 2 245 点的历史高位也要被掀掉！”

股评人士一片狂热的预测，充塞了报刊、电台。

然而，在证券市场上，真理往往是与少数人站在一边，而会嘲弄无知和头脑发热的人。2004 年 4 月 7 日，大盘开始暴跌，如一场猛烈的暴风雪席卷而来，而且一跌就是一年多，一直跌到千点，让人们在“冰天雪地”中备受苦难煎熬。

“看来李丰的预言是对的，我们错怪他了！”

“要是早听他的，把股票提前抛了，损失也不会这么惨了！”

谅解和信任，再度投向了他们曾经投诉怨恨的李丰。

“怎么解释你预测后当时大盘连续上涨的行情呢？”采访中记者问。

“那是主力的一种诱多出货。我在机构当操盘手那么多年，这种骗术用得太多了，我一眼就能看出。普通投资者不熟悉 K 线的语言，责怪我，我能理解他们，毕竟在上涨时的几天抛出股票的人，心里是不好受的！”

李丰常常处于“孤立无援”的位置。但事实却往往印证了那句亘古不变的名言：真理往往掌握在少数人手里。距第一次采访 8 年之久的 2014 年 9 月，当我在上海重访李丰时，又听到这样一件趣闻，仍然是他被“孤立”的事儿：6 月中下旬，李丰连续到《第一财经》“今日股市”做超级辩论节目。辩论的主题是大盘经过多日的震荡，后市是涨还是跌？是见好就收？还是积极跟进？参与辩论的几位嘉宾都是上海滩的重量级人物。在激辩中，现场几位嘉宾几乎是“一边倒”，持有“上涨没有空间，见好就收”的观点，唯有李丰坚挺“看好后市，积极跟进”的观点。连主持人和场外观众都为李丰这位“孤独者”捏一把汗。节目播出后的那几天，的确行情也向着多数嘉宾判断的方向走，连续的阴棒直往下砸。然而，从 7 月 22 日开始，大盘却“变脸”了，放量强劲飙涨，从 2 000 点直奔 2 300 点，市场终究再次给予“孤独”李丰以“声援”。

出击，在千点失守之后

2005 年 6 月 6 日，是中国股市数千万投资者永远铭心刻骨的日子。这天，大盘破了扼守了下跌多年的最后防线，千点失守了！痛苦、忧虑、煎熬，萦绕在人们的心头。

“要崩盘了！快逃！”

“中国股市真的是要推倒重来了！跌到 800 点、500 点，1994 年不是都跌到 325 点了吗？”恐慌，笼罩着整个市场。

而李丰这时却从当日收出的带长下影的阳线，看到了大盘即将转势的信号。

6 月 8 日，一根大阳，拔地而起，映红股市。“超级大主力进场了!”李丰在解盘中明确指出:“这是根标志性的K线,一天大涨100多点的阳线实体,散户无法做出,小机构也不可能,只有国家队的大机构才能做得到。它标志着大盘启动在即,大家准备好‘子弹’,战斗很快就会打响,赚钱的机会来临了!”

没想到,他的预言刚一出,“子弹”尚未上膛,大盘在第二天冲高后,又开始了暴跌,整整一个月,折腾得人们的心再次凉了:“看来大盘真是扶不起的阿斗,没救了!”

“不要被假象迷惑,‘大戏’马上就要上演了!”李丰为泄气的投资者打气,让他们做好出击的一切准备。

2005年6月28日,大盘在连续拉9根阴线之后,于7月12日在几乎再次危及千点之时突然拉升,当日大涨,一根大阳一下吞掉了前面4根阴线。

“大盘真要启动了! 全线出击!”李丰通过电话、传真、邮件和短信,向上海及全国各地的粉丝发出了指令。

当2007年1月,我在上海采访李丰的学生时,他们都异口同声地说:“多亏李丰老师及时的指导,他的眼光真独到,让我们介入得早,要不,我们哪里会在一年多的时间,资金就翻好儿番啊!”

当然,前进的路并不一帆风顺。大盘上涨到2006年2月初至3月初,开始滞涨。在1 300点一线展开了一场激烈的争夺,一会儿跌几十点,一会儿又涨几十点。1 300点,成了投资者心中的又一道“坎”。

他的一个学生给我讲了这样一件有趣的事:

一天,李丰和他的一个圈子里久违的朋友一起喝咖啡,聊起大盘在 1 300 点的拉锯，朋友征询李丰的看法，李丰说道："依我看，1 300点很难再看到了！"顿时，他的朋友显得异常兴奋："干杯！真是英雄所见略同，知己啊，老兄，咱们的看法太一致了。我也感到大盘冲了一个月冲不过去，1 300 点真的再难见了啊，看来，还是早点获利了结离场吧！"

"不，老兄，我是说大盘自 2005 年 12 月初 K 线图上做了个'大雁南飞'，它歇个脚，马上就要腾飞，至于展翅的大雁飞到哪，现在还很难说，不过要不了多久，1 300 点必定踩在脚下，说不定，翻番的行情就要来了啊！"

听着李丰的话，朋友一阵愕然。但学过李丰黄金 K 线理论的学生们都频频点头。他们按照李丰老师的判断，不仅没有离场，反而在 1 300 点下方逢低加仓买入股票，乘着腾飞的大雁，向着获利的高峰不断登攀！

一个读者的"紧急呼救"

这是发生在我采访李丰期间的事。

那是 2007 年 1 月 17 日的下午收盘后，我正在和李丰交谈，突然手机响了："你是白老师吗？啊呀，真不容易找到你。我是小陈，你的《民间股神》写得真好，你认识那么多高手，能帮帮我吗？"

"这段行情这么好，你做得不好吗？"我问。

"大盘现在呼呼地往上涨，都快到 3 000 点了，我手里的股票不仅不涨，天天大跌，一个礼拜不到，几十万元跌没了，这可怎么办？我真急死了！求求你，救救我吧！"

“你别急。我正在采访上海滩的K线王李丰，我请他为你诊断一下好吗？”

“那太感谢了。”

不一会儿，他按照我告诉他的地址，来到了李丰的操作室。

“你买的什么股票？”见面后，李丰一边为他倒水，一边关切地安慰他：“别急，我们一起分析一下你手中股票的走势。”

“就是倒霉的ST博讯！我恨死它了！”小陈指着盘中那5根巨大的阴棒，愤怒的情绪不可扼制：“我是在它股改前进去的。当时心想，别的股改的股票哪一个放出来不是疯涨，可是，我万万没想到，它放出来就给你连砸5根吓人的大阴棒，哪个指标都是‘死叉’，李老师，你看，它的走势坏成这样，庄家是不是在出货，我要不要把它给割了认赔出局呢？”

“你别着急。你想割肉出局，关键是你把这5根大阴线的含义没有读懂。它并非是主力在出货，而是凶狠地洗盘。虽然它的K线形态走得很难看，均线也都已死叉，但这只股票后面很快会涨，在这时千万不能割啊！”

“是吗？”

“一定。”

果然，第二天，ST博讯下探后收出了一根止跌阳线，第三天，直冲涨停！第四天，再封涨停！

“李丰老师真是太神了！说涨就涨。”小陈打电话给我，兴奋地抑制不住心中的激动：“这下我可算是找到‘组织’了。多亏了李老师的及时指导，要是我气得把博讯割了，真不知道损失有多惨了！”

一个月以后，ST博讯涨幅超过了50%！假如当时不能识破主力洗盘的阴谋，而被它的5根阴棒吓出来，损失将是50%以上的利润啊！

其实，李丰判断股票涨跌的神奇，何止一件两件。

我刚采访时，总听他的学生说他讲股票怎么怎么神，我不太信。一天晚上，我想测一下他的功底。

"你能打出一只明天立马能涨的股票让我看看吗？"

"你关注一下赛迪传媒，明天开盘后一定涨！"

"这不是只股改的股票吗？就这，形态乱七八糟，能涨？"我反驳道："要是以前说，我还信。股改后，出来的股十有八九涨，可后来，出来一个死一个，不是吗？"

"那是主力提前炒作的结果。可你看赛迪，股改关门前一个劲地在跌，现在主力可以轻装上阵拉升了！"

第二天开盘前，我就调出赛迪传媒盯着它，看它怎么走！

没想到，它5.36元开盘，没像李丰说的那样，反而不涨反跌，股价直往下沉，一会儿工夫，就打下了2角钱，最低到5.13元。"吹了吧！"我心里想。

"沉下去，是进货好机会，等会儿必上！"我听见李丰给他的学生打电话。

他的话音刚落不久，赛迪传媒的分时走势线已开始勾头，继而，穿过了平均线，一跌一涨，不一会儿，10%有了！

第二天，赛迪传媒以涨停报收。

之后，一连几天，天天上涨，直涨得我心里痒痒的。要是自己那天买一些就好了！

李丰，年轻的“老姜”，果然神，不服不行！

神奇的黄金K线理论

在他操盘用的软件上，没有任何指标，没有任何均线，甚至连成交量的图表也没有，只有干干净净的K线。然而他却能准确预测明天是涨还是跌，是先涨后跌，还是先跌后涨，涨到哪个点位，跌到哪个点位，并能经常得到准确的验证。何故也？只因他读懂了K线这部无字“天书”的奥秘！

RSI发明者韦特幡然醒悟的启迪

“为什么你不看指标，不看均线，却能神奇地预测股市的涨跌和准确把握股票买卖点呢？”采访中，我问李丰。

“因为我的面前有K线，它能告诉我一切。”

“多年来，技术分析盛行于世，有江恩理论、波浪理论、均线理论，还有指标理论，为什么你却只钟情K线理论呢？”

“因为K线理论是技术分析的基础，是根本。”李丰回答说：“所有的技术分析无外乎‘价量时空’四大要素。K线理论是基于K线基础上的分析方法。它仅仅是针对四大要素之首的‘价格’这一核心要素所进行的分析方法。而价格是市场中最重要、最关键、最基本、最核心的要素。在证券市场上，所有的投资者无一例外地都把价格作为投资行为中最首要、最重要的因素而优先考虑。如果有一位投资者白天没看盘，收盘后他不会先关心自己手中股票的 KDJ 指标的 J 值是多少，成交量是多少，5 天均线是多少，必定首先要看自己的股票现在的价格是多少。”

“你认为投资者通常习惯用的 KDJ、RSI 等指标不重要吗？在盘面中，不是只有各种指标呈现多头排列，股票才涨得好吗？”

“不可否认，其他的技术指标都有其一定的作用。但是，最根本的还是 K 线。就拿投资者所熟悉的 KDJ 指标说吧，它是这样计算出来的：(收盘价－日内最低价的最低值)/(N 日内最高价－日内最低价的最低值)×100%。可见，众多指标也是以 K 线中的某个价格作为计算依据的，价格变动，均线和指标等才会变动，而不是指标金叉了，或均线多头排列了，价格就一定要涨。但是价格变了，指标和均线却一定会跟着价格变动。它们是因果关系：价格是因，指标是果。由‘因’可以推出‘果’，而由‘果’却不一定推出‘因’。难怪强弱指标 RSI 的发明者韦特，一生发明了许多重要指标，有许多目前仍在被广大投资者所使用，但后来他却推翻了这些分析工具，推出了一套崭新的亚当理论：一是要顺势而为；二是市场不可测；三是技术指标有缺陷性。而黄金 K 线理论正是摒弃了传统的技术指标，并且不去预测市场的头部和底部，而是根据市场多空力量对比的客观表现来做判断，从而顺势进行操作，这与韦特的思悟不谋而合。他的幡然醒悟给予我们深刻的启迪。”

“主要启迪有哪些呢？”

“最主要的是，K线是基础和根本，这是不可动摇的。具体讲有三点：一是快，二是真实，三是不可变。K线要比各种指标领先一步，会更快地反映市场的情况是不争的事实，而不会像指标那样滞后，更有甚者，控盘主力往往通过对敲等手法来做开盘价和收盘价，影响均线和指标的假象，从而造成骗线，以达到建仓、洗盘或出货的目的。在平时的投资活动中，有许许多多的投资者上过无数次的当，造成自己投资上的亏损。而K线会忠实地记录开盘价、收盘价、最低价、最高价的每一个价格。而每一个价格的存在，都必定是真金白银的成交才会存在，哪怕是主力对敲，哪怕是只有一笔成交，但也必须有成交才行。可见，K线是诸多技术分析方法的基础和根本，是投资者必须重视和关心的分析方法，也是最有效、最直接、最超前、最真实的分析方法。再就是，股市最大的特点是变化，每时每刻都在变化，人们总是期望能够抓住变化的先机，于是便有了‘以不变应万变’和‘以变应变’两种策略。在技术分析中，也同样如此。例如，均线，它的值是每天都变化的，每天都会上移或下移，指标也同样今天死叉，过几天又金叉，总是处于不断变化之中，并且许多投资者还会修改参数，从而一下子会有几十种均线设置方法和成千上万的不同指标出现，投资者哪怕是穷其一生也学不完。因为一夜之间就会有无数的指标被投资者编出来，而K线却永远都这样，而且不是轻易就能被投资者改动的。也就是说，K线几乎就是一种不变的盘面语言。投资者应该下工夫把基本功练扎实，而不应该‘舍本逐末’地去研究一大堆千奇百怪的招数，反而忽略了最基础的、最根本的、最核心的K线。这一切，也应该说是RSI发明者韦特幡然醒悟，给我们最为深刻的一个启迪吧！”

黄金K线理论的四大法宝

“K线的确重要，投资者天天看得见它，对它是既熟悉又陌生。熟悉的是，每天都看它，但大多数人看它，最关心的还是自己的股票今天几元钱开盘，收在多少价位，至于更多的就不去想了。你十余年来费尽心血，独创了黄金K线理论，在投资者中影响很大。你能否谈谈这一理论最主要的、最基本的内容呢？”

“可以。”李丰坦诚道，“我之所以这么多年殚精竭虑创建黄金K线理论，是因为它在实战中太重要了。投资者对它陌生，主要是虽然天天看却看不太懂它，而看不懂的原因则是没有把握K线运行的规律。而我建立的黄金K线理论，正是深刻揭露K线运行规律的理论。它主要包括多空搏杀理论、相对位置理论、标志性信号理论和缺口理论这四大法宝。”

法宝一 多空搏杀理论

K线，从表面上看，就是记录价格的一种图表，无非是开盘价、收盘价、最高价、最低价这四个价格而已。但其本质上，却并非如此，我们应该抛却静态的眼光，进而动态地研究K线的内涵，透过表面的现象而看到其本质，才能掌握K线分析的灵魂与精髓。

我们知道，市场之所以存在，是因为不断地进行着交易，不同的交易结果显示出不同的价格，价格仅仅是交易过程的一个表现而已。任何一笔交易，其背后都存在着一个做多和做空的交易方，多空之间的搏杀贯穿着股价运行的始终。多空搏杀隐藏在 K 线的背后，就像茫茫大海的包罗万象、深不可测一样，多空搏杀的过程和结果，主宰着 K 线的形成和演变。

日 K 线的本质是记录多空双方在一个交易日里激烈搏杀的过程与结果。因此，K 线实质上反映多空搏杀的过程。通过 K 线，我们就能知道多空双方力量的对比状况，从而分析今后股价运行的演变趋势，得以正确把握股价的运行规律。因此，多空搏杀才是 K 线的本质。立足于此，K 线将不再是一个静态的图表和符号，而是一场残酷的争斗，是一幅活的画面，是一场正在进行着的“战争”。

表现在具体操盘过程中，一般中小投资者可能不会感受到，但在做盘主力的主操盘手身上，却会有异常的意识和经常碰到这些问题。控盘主力在进场之前就把所有的其他资金作为对手盘，无论是中小投资者，还是中小机构，都是自己的潜在对手，有时盘中突然涌入的大笔买单或大笔抛单，都会影响其操盘计划。一般来说，主力在建完仓之后，所预留的资金不会太多，主要是利用手中原有的筹码进行对敲拉升，当然也可以利用手中的筹码进行再融资。但总体上，2/3 以上的资金已经变成了筹码，就如同一头已经吃饱的狮子一样，很容易也很害怕受到攻击。如在一次操作中，李丰将账户中仅剩的1 000多万元资金全部封于买一、买二和买三三个价位上。原想以此让其他资金暂时稳定一下，停止恐慌抛售，以保证当日收盘做出预计的 K 线。但这时，不知从哪儿来的抛单，硬是把他的前两笔封单砸掉，他只得紧急让报单员撤下买三。此时，只剩下 500 万元资金了，于是股价从原来的平台形成破位，快速下跌，苦苦守了两个小时的防线被莫名其妙的做空力量所破坏,原定的操盘计划被打乱。如果不能收出预期的K线,而以一根中阴线报收,次日将遭到更多的抛盘,面临全面被套、弹尽粮绝的窘境。像这种突然的做空力量是不太容易预料的,但控盘主力必须以变应变,利用有限的资金,在恶劣的环境下,达到自己的操盘意图。因此,多空双方在盘中的斗智斗勇,拼胆略、拼实力、拼智慧、拼资金等是残酷而炽热的。

后来,李丰利用手中的500万元资金,在尾盘的2点30分左右,利用大盘反弹之际,把股价拉回了前期的平台,并且在尾盘又平掉了800万元的仓位,成功地实现了原来的操盘计划,而仅仅耗费了200多万元的资金。但是,并不是每一次都可以通过操盘技巧来化险为夷的。

类似这样的例子,我在多年操盘过程中遇到过多次。我深切感到多空双方就是你死我活的争斗。我相信,一些一线操盘的朋友也会深有感受。并不是控盘主力就一定会赢,市场对任何投资者都一样,机会均等。曾经有一次,实在守不住,第二天又有重大利空出台,所做的股票次日被无情地打到了跌停。一日之内,账面损失800多万元。其实,多空之间的残酷搏杀,天天都在上演,多美丽、多凄惨的故事都会发生。

因此,黄金K线的多空搏杀理论,说到底,其核心就是研判K线时,必须从多空搏杀的角度去认知,否则仅仅从表面到表面,是无法掌握K线精髓的。具体来说,多方和空方在K线上,是以阳线和阴线来表示的。阳线代表多方的力量,阴线代表空方的力量。当多方取胜时,股价就上涨;当空方占优势时,股价就下跌。在股价长期下跌后，当强大的多方力量进场时，就会形成底部；在股价长期上涨后，当空方力量大肆出逃时，就形成头部。因此，股价的上涨和下跌、见顶和见底，并不是因为指标的好坏、消息的影响，甚至成交量的大小，完全取决于多空力量的对比状况。而K线正是体现多空力量的一种形态。我们通过对K线的观察与分析，就能分析出多空力量的状况，从而研判股价运行的上涨或下跌，甚至是实现在操作中的抄底与逃顶。

法宝二　相对位置理论

F.A.B.A.O

相对位置理论，是黄金K线理论的第二大理论。俗话说，橘子生在南方称为橘，又甘又甜；生在北方，则又苦又涩，称作枳。一样的种子，生在不同的环境，其结果大相径庭。同样，一模一样的K线，如果处在不同的相对位置上，其含义对后市的指引作用将截然不同。

K线所处的位置，对于研判K线是极为重要的。黄金K线的相对位置理论包括以下两重含义：

一是相对位置的高低。通常K线所处的位置没有绝对的高点和低点，因此，我们只能用相对位置来表示，这取决于个人对行情高度的判断，是需要一定悟性的，但是，我们必须作一个简单的区别。一般分为相对高位、相对低位和半山腰三个位置，如图1所示。

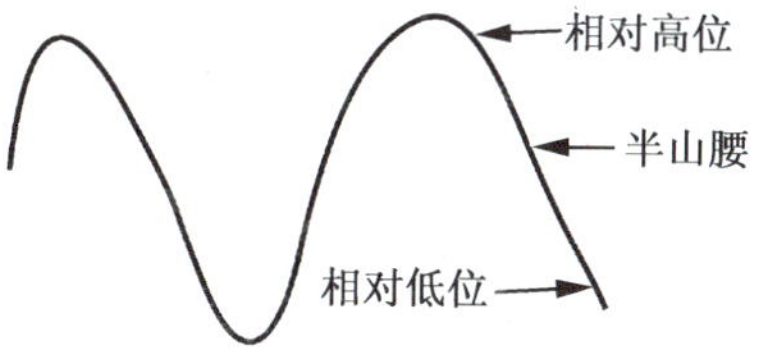

图1　K线的相对位置

因为高点和低点不是绝对的，因此，也无须过分苛求准确的定位，只是给予大概的区别即可。

二是K线所处趋势的相对位置一般分为上升趋势、下降趋势和盘整趋势三种，或叫上升通道、下降通道和横盘整理，如图2所示。

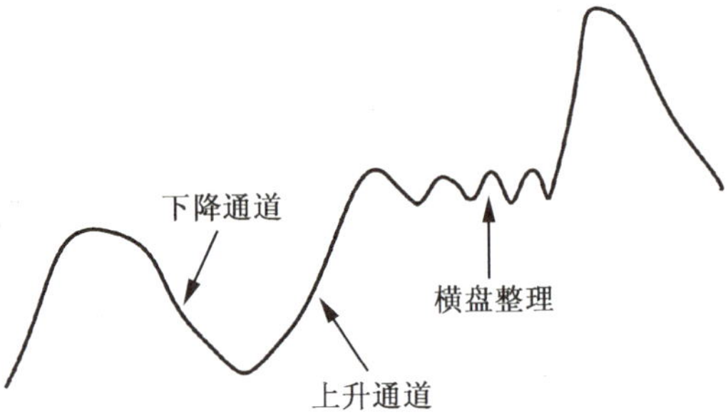

图2　K线所处趋势的相对位置

在弄明白以上的定义之后，我们在表达和研判K线之时就会有了明显的区分和相对准确的定位。

例如，同样是一根大阳线，假如出现在相对低位，那么可能就是做多力量进场建仓；而出现在上升途中，则是拉升过程；而出现在相对高位，则可能是拉升出货。图3可以说明这些情况。

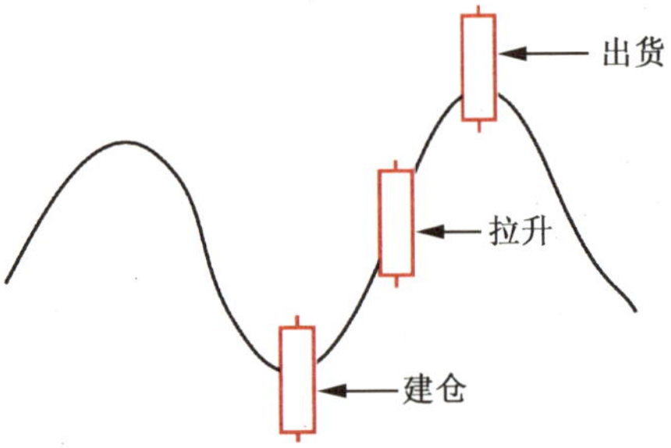

图3　K线大阳的位置与含义

实战案例一 北辰实业(601588)

这是 2006 年的一只大牛股。这只股票在上市首日,主力机构拉出了一根大阳线,这就是典型的建仓行为。此后,该股一路单边上扬,直到 2006 年 12 月 6 日,北辰实业拉出了一根带长下影线的大阳线,当天以涨停报收。至此,该股的股价已经从上市当天的 3 元多涨到了近 9 元,涨幅已达 300%。而这一根处于相对高位的大阳线,正是典型的主力拉高出货的行为。此时,如果投资者不看这根 K 线的相对位置,依然认为只要一见大阳线就认为是好的,盲目跟进,那必将会犯致命性的错误,造成极大的损失。此后,北辰实业的走势结果给予了最好的答案:该股拉出大阳后的第二天,股价稍冲高后,便封于跌停板,第三天一开盘即跌停,见图 4。

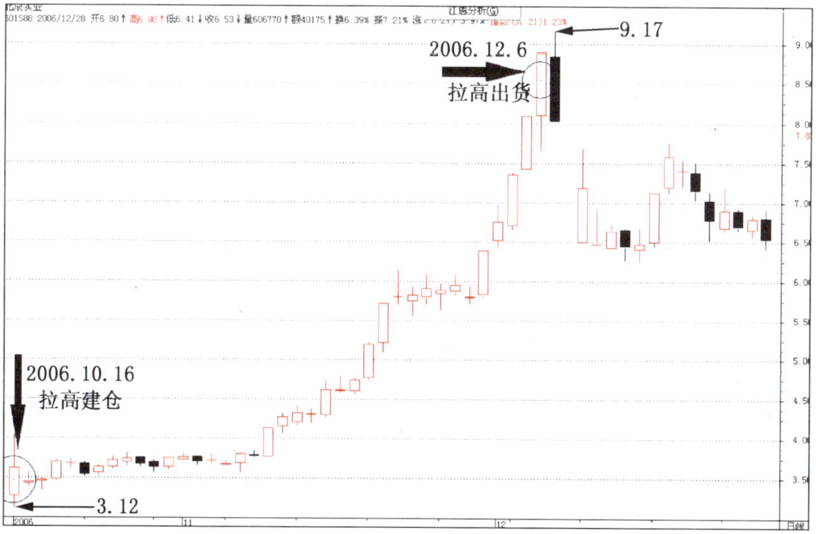

图 4 北辰实业(601588)K 线图

再如,同样的一根锤头线,出现在不同的相对位置,其含义完全不同，甚至连K线名称都截然不同。譬如，在底部区域或上升途中，它并无多大意义，也只是一般的K线而已，但在相对高位的锤头线，则可能成为“上吊线”，是一种警示性见顶信号。而出现在下降通道当中，则成为一根“舍子星”K线，其对后市有明确的指引作用。如果不加上相对位置这样一个前提，那将是一片混乱，更无从谈及准确进行研判了。

法宝三　标志性信号理论

FABAO

对于一般投资者而言，看到一根根K线，并没有什么区别，也不会觉得哪一根特别刺眼，但是对于一个熟练的操盘手来说，则就不同了，有的K线一看到它，就会使人眼前一亮，使人激动！

这如同对于一般的行人而言，不会过多地注意马路边高栏杆上的指示牌，但对于驾驶员来看，那些指示牌不但不能不看，而且必须高度重视并且依指示牌驾驶，否则就会造成违章，被罚扣分，甚至会造成车祸。没有学习交通法规和交通标志的行人，当然不会重视那些指示牌，而且也看不懂，哪个指示牌是禁止左拐弯，哪个指示牌是限速，哪个指示牌是禁止鸣喇叭。只有参加过驾校培训，并考试通过后，才可以上路行驶，那些标志已经被牢牢记在脑海之中，行路时只要按照指示牌走就不太会犯错了。

同样，在看K线图的时候，必须知道哪些K线是标志性的，具有特殊含义的，如果不知道，就会出错，就会被“罚款”（赔钱）。就像交通信号灯一样，K线也会有明显的信号，只要知道这些信号，就不会闯红灯了。因为K线也会发出明确的见底、见顶或警示性见顶、警示性见底等重要信号。投资者必须要知道，哪根 K 线是标志性的，它发出的信号有什么含义，只有搞清楚了，才可以“畅通无阻”，如图 5 所示。

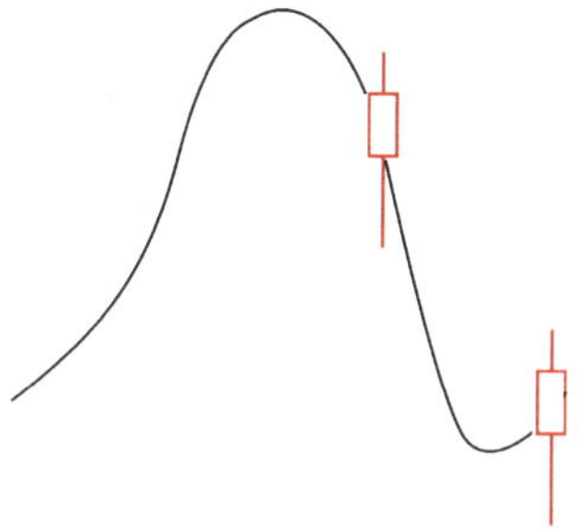

图 5　下跌中继 K 线与底部见底 K 线

图中的两根 K 线，都是标志性的 K 线，它们发出了不同的信号。前者，告诉我们股价还要继续下跌，应卖出股票，回避风险；后者，告诉我们已有做多力量进场，应注意抄底了。如果看懂了这些 K 线信号，研判行情和具体操作时就会简单很多。

很难想象，一个看不懂交通信号灯和交通标志的驾驶员开车上路是什么结果。同样，看不懂 K 线标志和 K 线信号的投资者，在操作股票的时候，也是非常不可思议的，其结果可想而知。

然而，在 K 线的“海洋”里，有着数以百计、千计的 K 线，要全部弄个明白，不是件易事。在实战中，我们只要择其主要的弄懂就够了。就像盖大楼一般，有的是普普通通的一砖一瓦，有的则是一根顶梁柱。我们必须学会区分这些 K 线，然后对那些重要的 K 线，予以高度重视，读懂它的真正含义。如同前面所说的交通信号灯，有的 K 线告诉你见顶了，有的告诉你见底了，有的告诉你即将见顶，有的告诉你即将见底。如果能够识别这些 K 线，那么在操作中就不会犯“闯红灯”的低级错误。黄金K线标志性信号理论，就是要告诉投资者，有的K线是标志性的，它会给出很好的信号，帮助我们研判股价的运行。根据多年实战经验，具体的标志性K线和信号含义，主要有两种类型：一种是确认性的标志性K线，另一种是警示性的标志性K线。

确认性的标志性K线

顾名思义，确认性的标志性K线信号，就是它一旦出现，往往意味着主力的进场和离场，或者说是头部和底部确立。它的可信度很高，我们应该给予足够的重视，也是平时操作的一个重要的客观依据。

确认性的标志性K线，其实常见的只有两种：一是大阳线和大阴线，二是带长上影线的K线和带长下影线的K线。

大阳线

这是投资者司空见惯的一种K线。但真正能够重视它、弄得懂它的含义并能深入了解它的内涵，而且能按照它的意图去操作的，却并不多见。其实，阳线代表着做多的力量，相对低位的大阳线则意味着主力进场。这样的K线，标志着底部的到来，而且主力的行踪已经被这根K线表露无遗了。这就是一个确认性的信号，我们可以在大阳线当天或在其以后的回调中逐步分批进场，紧跟主力的步伐，买在相对低位，等待主力机构的拉升。

例如，2006年8月10日，中国联通(600050)和长江电力(600900)两只个股在同一天拉出了一根大阳线。而此前这两只个股均随大盘一路下跌。这样的大阳线明确地告诉我们，主力机构进场了，我们应该跟着主力机构走。其后，这两只个股一路震荡上扬，股价越走越快，均走出了长期上涨的大牛行情，股价由拉出大阳线那天开始都翻了 1 倍还要多(见图 6、图 7)。

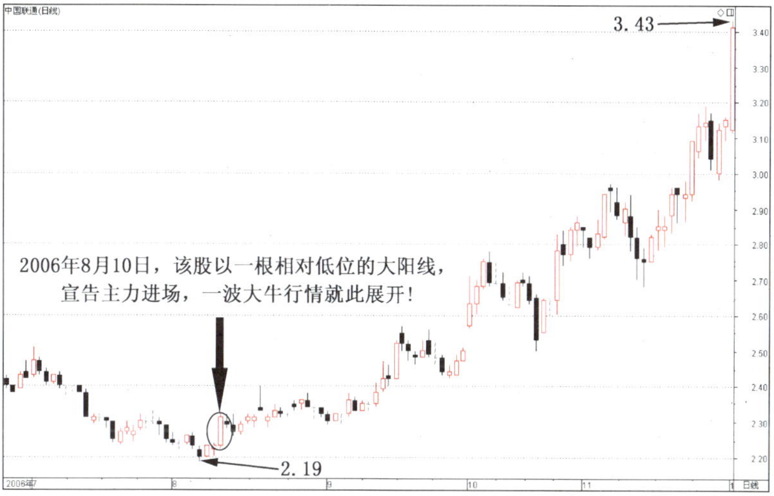

图 6　中国联通(600050)K 线走势图

图 7　长江电力(600900)K 线走势图

再如，ST 盛润(000030，现名富奥股份)这只股，在经历了长期下跌后，于 2006 年 8 月 8 日以一根低位大阳线拉开了一轮涨势的序幕(见图 8)。

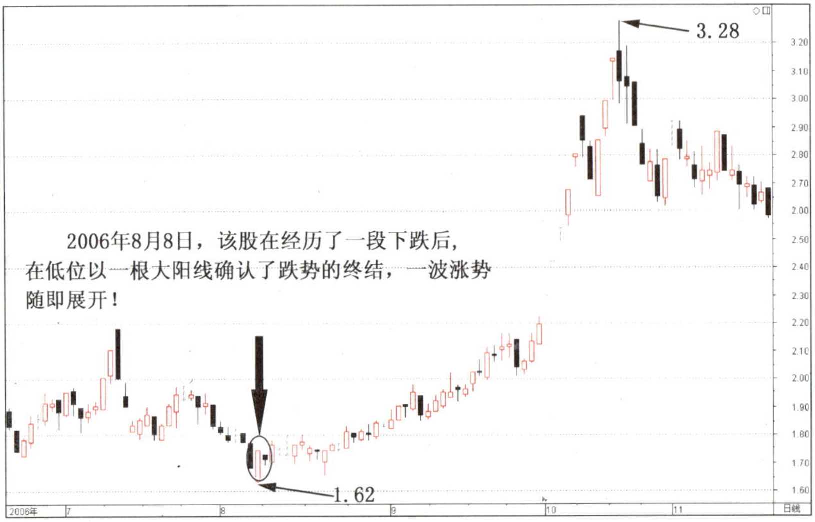

图 8　ST 盛润(000030)K 线图

类似这样的例子举不胜举。无论是大盘还是个股，主力机构大多数是高举“红旗”打出一根大阳线宣告进场，如同举行重大工程的奠基仪式一样。这样的 K 线一根足矣，这就是所谓的“一根 K 线定乾坤”的道理。

同样，主力机构离场的时候，也会明确地告诉我们，该撤退了，那就是相对高位的一根大阴线。打仗是闻鼓进军，鸣金收兵。股市中的主力则是拉大阳线进场，拉大阴线出货。关键是我们要学会认识这样的 K 线信号，学会判断这样的标志性 K 线所发出的含义，然后遵照信号进行操作，紧跟主力的步伐，而不要犯见了低位大阳线以为仅仅是反弹就割肉离场，看到高位大阴线，以为是正常回调，逢低买进而一路被套这样的错误。

大阴线

阴线代表做空的力量。大阴线代表强大的做空力量。相对高位的大阴线意味着大量资金的出逃，即主力机构在出货。既然机构已经离场，那么我们还有什么好留恋的呢？

这里，仍以长江电力和中国联通为例。看看它们在2004年2月2日的"头部"是如何用标志性K线告诉我们的（见图9、图10）。

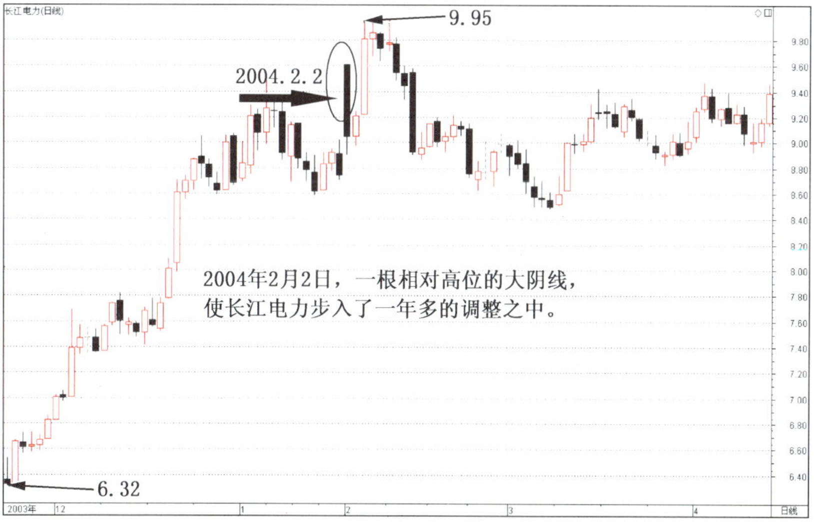

图9　长江电力(600900)K线图

当然，由于主力机构的进场建仓和出货离场是需要相当长的时间的，有时候，我们会看到相对低位的大阳线出来之后，股价还会有所下跌，以及相对高位的大阴线出来以后，股价还会有所冲高，那就是机构所用的诱空建仓和诱多出货的手法。

图 10　中国联通(600050)K 线图

至于在弱势市场中，机构打一根阳线进场，但随后市场环境不好，主力无法按既定计划拉升股价，而再次减仓，就会造成一般投资者所认为的反弹行情，但即使如此，我们也有足够的时间以保本为原则来执行离场操作。

而在强势市场中，机构会打出一根大阴线来进行洗盘，这时候投资者往往难以判断，但即使是洗盘，通常也会有一个阶段的调整，可暂且退出。一则离场可以回避这段调整，二则等股价重新启动时，我们完全可以再次跟进。

异常大阳线和大阴线

在相对低位的大阳线和相对高位的大阴线之中，有一种 K 线属于异常的 K 线，它有别于一般的大阳线和大阴线。这就是操盘手常说的“老鼠仓”K 线。

(1)低开大阳线(送礼线)。这是一种特殊的K线形态。有时,一只个股在运行中的某一天,突然以跌停板开盘,然后迅速拉升,当天大涨,甚至会由跌停拉到涨停。这样的K线,叫低开大阳线,又叫“送礼线”。它往往意味着底部的到来或即将开始快速拉升。

实战案例二 太原刚玉(000795)

2007年1月16日,该股以跌停开盘,然后迅即拉起,一天内就涨了15%以上。之后,短短7个交易日,利润就有73%(见图11)。

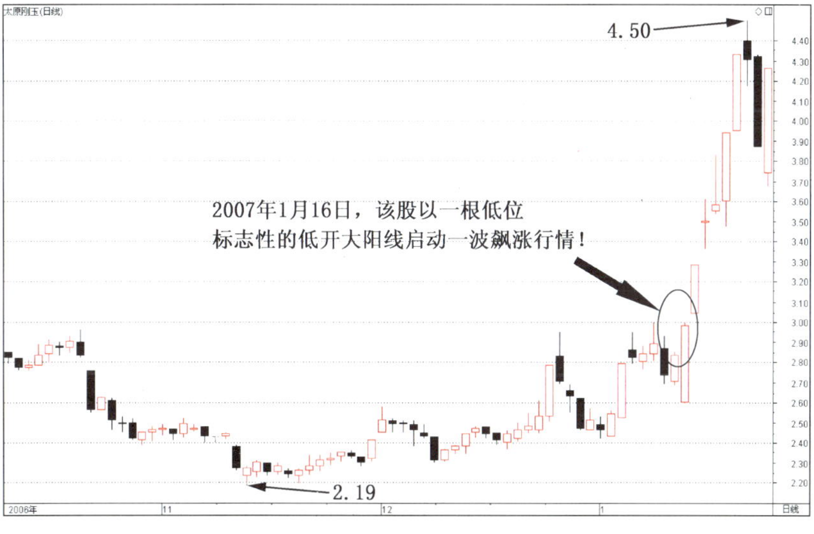

图11 太原刚玉(000795)K线图

实战案例三 上港集团(600018)

2002 年 12 月 27 日，该股一开盘便采取凶狠的手法，以跌停将长期整理平台击穿，当天拉出一根顶天立地的大阳，随即股价便很快攀升(见图 12)。

图 12 上港集团(600018)K 线图

实战案例四 歌华有线(600037)

该股分别在 2005 年 12 月 19 日和 2006 年 8 月 21 日，主力机构用低开大阳线的同样手法，达到洗盘及“送礼”的目的，后市涨势可观(见图 13)。

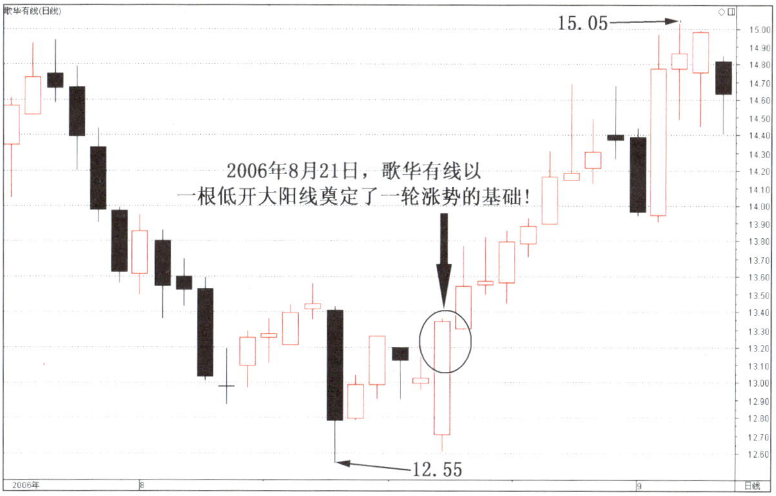

图13　歌华有线(600037)K线图

实战案例五 宜华木业(600978)

2006年9月27日，宜华木业(现名宜华健康)当天开出的一根低开大阳线，盘中震幅达11.92%，次日，一波涨势便迅即拉起(见图14)。

图14　宜华木业(600978)K线图

(2)高开大阴线。有时，一只个股在相对高位以大幅度跳空高开，开盘就是最高价，随后股价大幅下跌，收出一根高开大阴线。这样的K线，叫"墓碑线"，也戏称为"英雄纪念碑"，碑下掩埋着无数的"烈骨忠魂"。盘中这样的K线出现后，常见许多投资者竟然浑然不觉，不知下跌已经开始，依然"紧握手中股，站岗到天黑"。其实，如果认识这根标志性的K线，也就不会轻易当高山顶上的忠实"哨兵"了。

实战案例六 东方宝龙(600988)

该股2005年初在暴涨途中，于2月24日以一根巨型大阴线将股价从涨停砸到跌停，似在高高的山峰上树起一座"墓碑"，将追进的投资者全部牢牢套在山顶(见图15)。

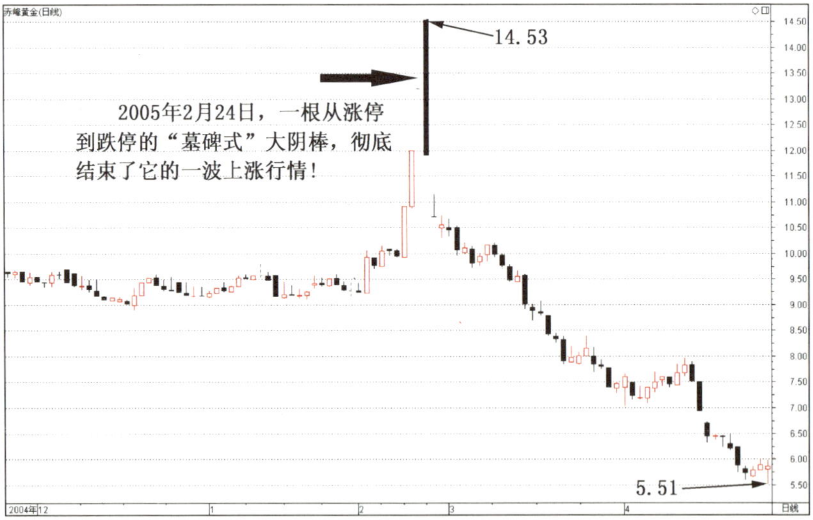

图15 东方宝龙(600988)K线图

实战案例七 保利地产(600048)

2007 年 1 月 17 日,保利地产在经历了半年之久的大涨后,在高位出现了一根标志性的“墓碑线”,终结了一波凶猛的涨势,股价开始下跌(见图 16)。

图 16 保利地产(600048)K 线图

实战案例八 浦发银行(600000)

2004 年 2 月 5 日,一根标志性的“墓碑线”出现后,浦发银行的一波涨势宣告结束,股价开始狂泻(见图 17)。

图 17　浦发银行(600000)K 线图

实战案例九 邯郸钢铁

2006 年 6 月 2 日，邯郸钢铁在上涨途中出现的一根高开大阴线，标志着上涨行情的结束(见图 18)。

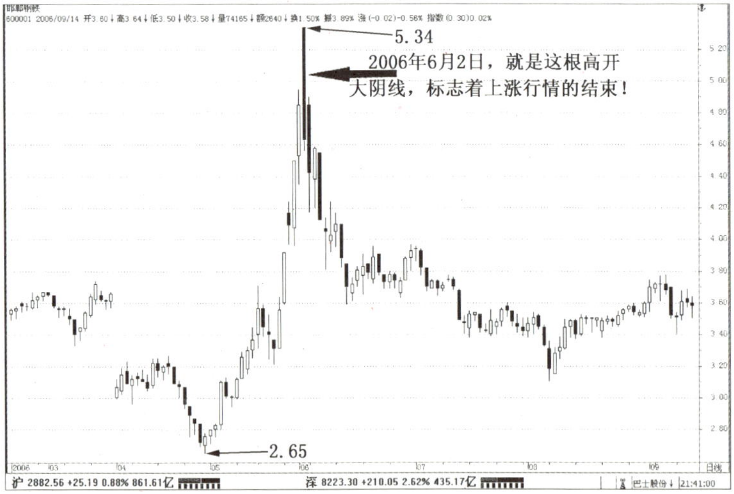

图 18　邯郸钢铁 K 线图

长影线

在确认性的标志性K线中，除了大阳线和低开大阳线，以及相对高位的大阴线和高开大阴线外，还有一种形态特殊的K线，也是投资者最容易犯错误的一种标志性K线，即带较长上影线的K线和较长下影线的K线。

(1)长上影线。带长上影线的K线，一般投资者认为，长上影线意味着抛压盘很重，上档有阻力。因而，见到长上影线就认为不好。其实，应该予以区别对待。我们必须要看这根K线出现的相对位置。根据黄金K线的相对位置理论，我们把长上影线的标志性K线分为两种：一是相对低位的长上影线，我们称之为“指南针”；二是相对高位的长上影线，我们称之为“避雷针”。

其一，指南针。相对低位的长上影线往往具有向上指引的作用。通常是主力向上拉升，试一下上档抛压的轻重所造成的试盘K线。这种K线，通常意味着股价将大幅上扬，是一种确认性的买进信号，故称为“指南针”。

实战案例十 厦门空港(600897)

2003年底，该股经长期下跌至低位，在12月至2004年1月间，其K线图上多次呈现出长上影线，显示主力在试盘，不日，一波升浪便得以展开(见图19)。

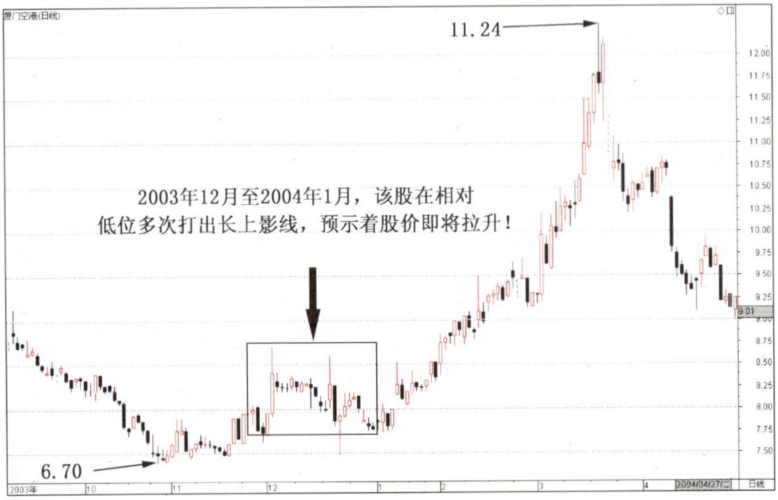

图 19　厦门空港(600897)K 线图

实战案例十一　白云机场(600004)

2007 年 1 月 4 日，白云机场以一根具有标志性的长上影线，拉开了 2007 年上涨的序幕(见图 20)。

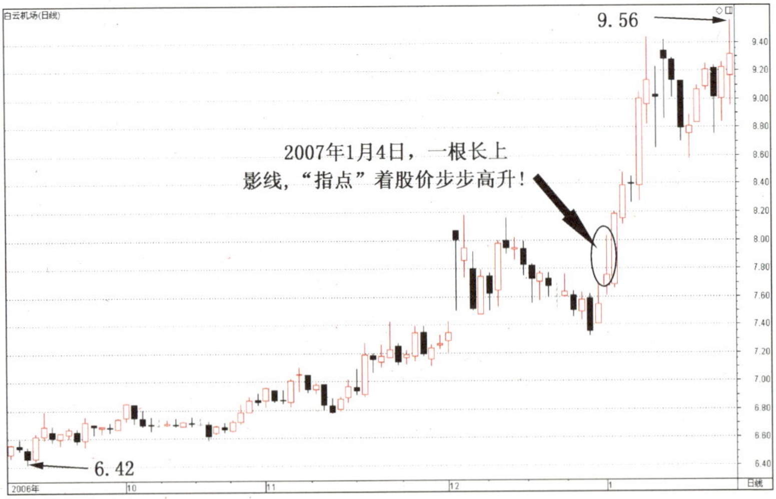

图 20　白云机场(600004)K 线图

实战案例十二 徐工科技(000425)

2006年12月28日,该股(现名徐工机械)在经过了一段较长时间的盘整后,在相对低位拉出了一根带有长上影线的K线,预示着一波涨势的来临(见图21)。

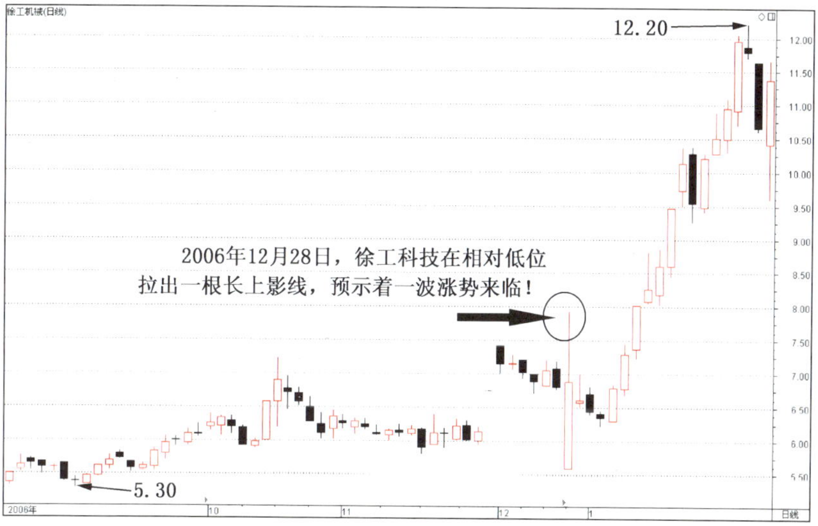

图21 徐工科技(000425)K线图

其二,避雷针。相对高位的长上影线,往往是主力机构大幅拉高出货,当天即大幅下跌,使盲目追进者高位套牢。这是典型的机构大肆出货所留下的痕迹,如同一根耸立云霄的避雷针。这种K线信号,通常意味着头部的到来,是一种确认性的卖出信号,故俗称为"避雷针"。

实战案例十三 海虹控股(000503)

2006 年 5 月 16 日，海虹控股在相对高位的 K 线图中留下了一根长长的上影线，当日震幅 20.51%，换手 27.82%，次日股价打至跌停，此后连日下跌(见图 22)。

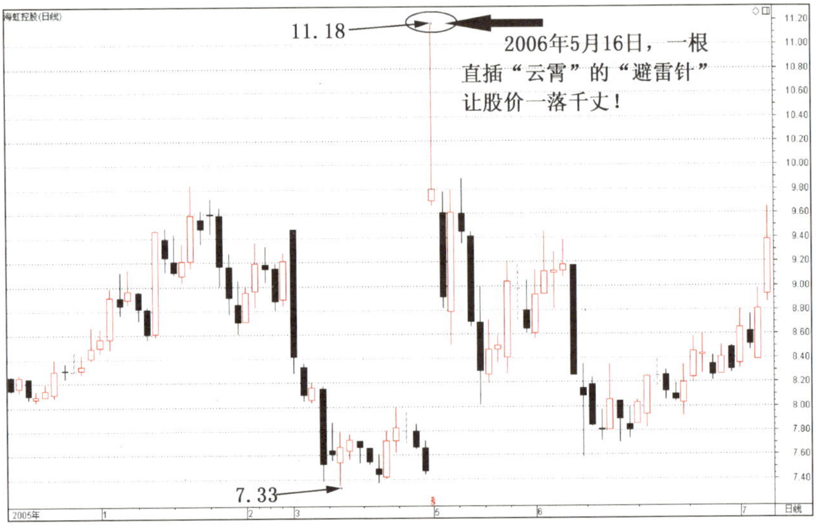

图 22 海虹控股(000503)K 线图

实战案例十四 上海梅林(600073)

该股经过 2003 年底的一轮爆炒后，主力为达其出货目的，不断诱多，不时拉出涨停，吸引众多投资者进场接棒。2004 年 2 月 18 日，主力故伎重演，股价再封涨停，人们纷纷跟进，不料，第二天一根高位的长上影线暴露了主力的诱多意图。看不懂这根 K 线含义的投资者，被迫套在了山顶为它“站岗放哨”(见图 23)。

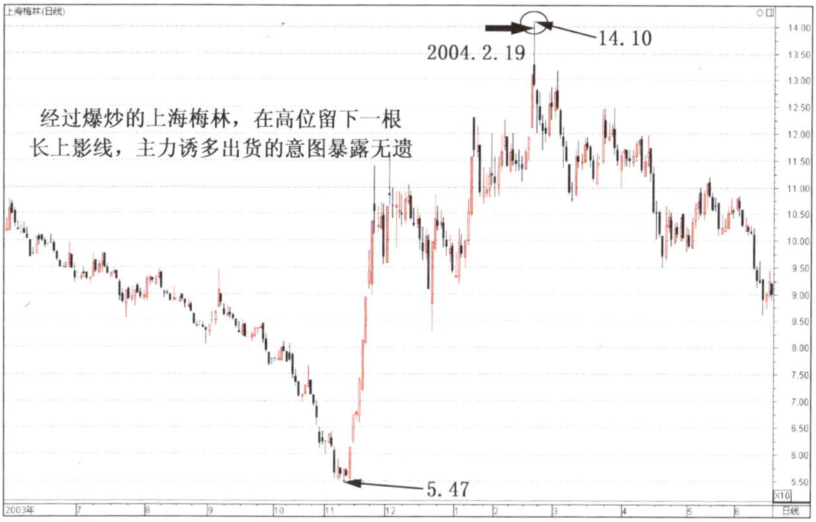

图23　上海梅林(600073)K线图

(2)长下影线。一根带有很长下影线的K线，投资者往往会以为下面有支撑。其实，对于这种K线也必须进行区别对待，如同前面讲过的带长上影线的K线一样，只有看K线的相对位置，然后才可以进行判别。

根据黄金K线理论，我们把处于相对低位的长下影线，称为“定海神针”，是见底的确认性信号。而处于相对高位的长下影线，称为“空方试探”，是股价即将大幅下跌的确认性信号。

其一，定海神针。它相对低位的长下影线，往往是做多力量大规模进场所造成的。这意味着主力机构进场了，股价即将进入拉升过程中。这样的K线，是一种确认性的买进信号。

实战案例十五 浦发银行(600000)

2005 年 6 月 8 日,该股在历经一波下跌后,在相对低位出现了一根长下影线,意味着主力进场,不久,一轮升势启动(见图 24)。

图 24　浦发银行(600000)K 线图

实战案例十六 中原高速(600020)

2006 年 7 月,该股经历了长达一个月的急速下跌之后,在 8 月 21 日打出了一根长下影线,明确地意味着跌势已止,股价即将拉升,步入涨势(见图 25)。

图25　中原高速(600020)K线图

其二,空方试探。它相对高位的长下影线,往往是主力护盘无力的表现,而不是投资者所认为的强支撑。这样一种K线,往往有向下指引的作用,是做空力量出逃所导致,也是一种确认性的卖出信号。如新疆德隆的三大重仓股,在连续跌停之前,无一例外地经常收出带长下影线的K线。

实战案例十七　ST屯河(600737)

2003年下半年,应该是ST屯河主力最痛苦和最无奈的日子。其K线走势图中那一根根高位的长下影线,已明确地告诉你主力已"回天无力",该股"气数已尽",暴跌即将来临(见图26)。当然,这只是庄股时代的特例。

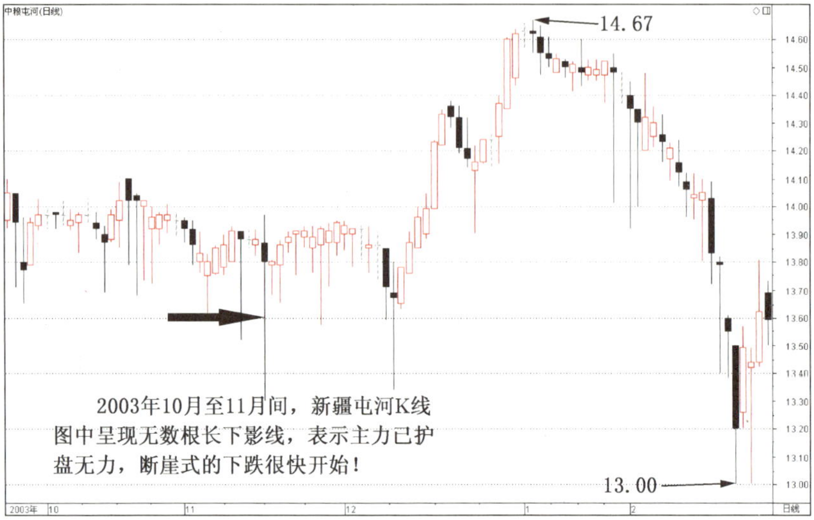

图 26　ST 屯河(600737)K 线图

实战案例十八 北辰实业(601588)

该股自 2006 年 11 月一路快速拉升之后，于 12 月 6 日收出一根带长下影线的大阳线。大多数投资者浑然不知这是主力出逃前的征兆，反倒以为其支撑强，看高一线，纷纷抢进。其实，这根高位的长下影线，已明确地告诉你，主力机构已经在拉升出货了。如果能够认识这根 K 线，就可以躲过其后的三个跌停板了(见图 27)。

图27　北辰实业(601588)2006年12月6日K线图

实战案例十九 上证走势

2000年8月23日，上证K线走势中，拉出了一根近70点的下影线。之后，连续上涨4天，眼看就要再创新高，但其后连续暴跌6天，下跌将近300点。如果提前知道高位长下影线的信号含义，逢高减仓，就可以轻松逃过一劫(如图28)。

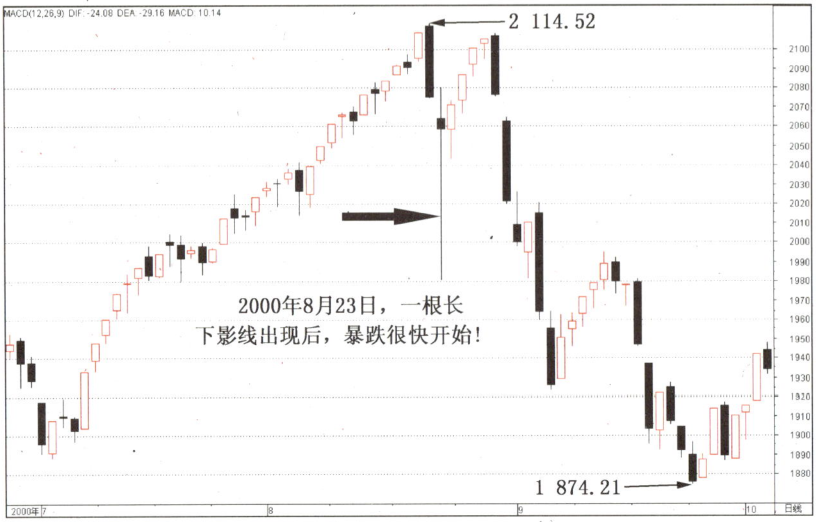

图 28　上证指数 2000 年 8 月 23 日 K 线图

警示性的标志性 K 线信号

警示性 K 线信号，是标志性 K 线的又一个重要组成部分。通常，它的信号发出，会给我们在实战中的研判与操作带来意想不到的效果。这是一个极为重要的提前量，即在大盘或个股发生见顶和见底的确认性信号之前，就能敏锐地洞察到大的机会或风险，超人于前，快人一步。这是广大投资者梦寐以求的先知先觉境界。但警示性信号，仅仅是起提示和提醒作用。其后的走势变化性很大，不能当作确认性信号来使用。当然，如果能够结合黄金 K 线相对位置理论及具体的市场环境，则完全可以先人一步进行抄底和逃顶。但有一点，警示性信号提醒我们即将变盘，能给出这样的提示，在千变万化的股市当中已经十分难能可贵了。

一般而言，警示性K线信号主要分为三组：

第一组是警示性见底和见顶的倒转锤头以及上吊线；

第二组是十字星以及连续十字星；

第三组是孕线。

这三组K线出现之时，通常意味着变盘即将发生，是比确认性K线更领先一步的K线信号。

倒转锤头——警示性见底信号

倒转锤头乃警示性见底信号之一（如图29）。

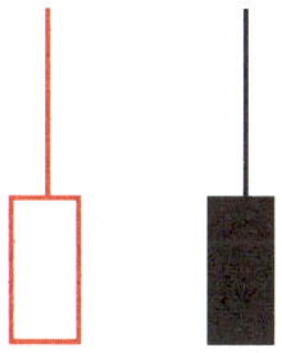

图29　倒转锤头

这种K线的特征，是上影线较长，实体较小，阳线与阴线均可。但阳线信号更强烈一些，而阴线的信号则相对隐蔽一些。它的前提条件必须是在股价调整了一段时间后的相对低位。这种K线的含义是主力机构试探性的进场建仓，但规模不大。因此，盘中K线留下一定的上影线，并且实体不大，一旦主力资金认为时机成熟，那么，接下来将进一步加大建仓力度，从而导致一根大阳线的出现，使底部得以确认。因此，这种K线发出的信号只能是警示性的，而一旦确认性信号出现，那么，抄底将会从容不迫。

例如，2005年7月11日大盘上证指数收出了一根阳线倒转锤头，大盘收于1 011点，几乎以最低点收盘，逼近前期最低点998

图 30　上证指数 2005 年 7 月 11 日后 K 线走势图

点，并且K线带着较长上影线（见图30）。当时，大多数投资者认为大盘又要跌破千点，向800点进军了。殊不知，这正是主力进场的信号，只是很多投资者看不懂，明明是“红军”来了，还以为是“鬼子”进村来抢劫了。结果，次日，大盘打出1 004点的低点后，大涨40多点，一根长阳“气吞万里如虎”，大牛行情由此轰轰烈烈展开。事隔几日，2005年7月19日深成指则收出一根阳线倒转锤头，其后，大盘连拉阳线，向上狂飙（见图31）。

图31 深成指2005年7月19日K线走势图

再如，白云机场(600004)在2006年4月25日股价创新低后，收出一根倒转锤头的K线，此后成为2006年的最低价。另外，在2006年12月29日，股价经过长达一个多月的调整后，再度收出一根倒转锤头，其后便是一轮加速拉升(见图32)。

图32 白云机场(600004)K线图

由此可见，倒转锤头这一K线信号非常敏锐，也比较准确。但因为它的欺骗性比较强，几乎收于最低的股价和较长的上影线，而这种信号，投资者往往认为还要大幅下跌，根本不会意识到底部的到来。这是值得警觉的。

上吊线——警示性见顶信号。

上吊线为另一种警示性见顶信号(见图33)。

图33 上吊线

所谓上吊线，就是指在相对高位，尤其是大幅拉升后，拉出一根带有下影线的实体较小的K线，可以是阳线，也可以是阴线。通常，阳线比阴线更可怕。因为这根K线是主力机构诱多拉升所形成的，一方面留有下影线表示空方留有机会；另一方面实体较小说明上升动力衰竭。因此，这种上吊K线的出现，警示着见顶的风险。如果次日收出一根中阴线或大阴线，就可确认。

例如，2003年4月15日，上证指数连续5天快速拉升后，收出一根上吊线，指数已收在最高位，一切看起来是那么美好，均线、指标均良好，都没有发出卖出信号，更不要说见顶了。但该天的K线形态却发出了警示性见顶信号。果然接下来大盘连跌8天，暴跌近200点，跌幅达10%以上，许多个股更是跌势惨重(见图34)。

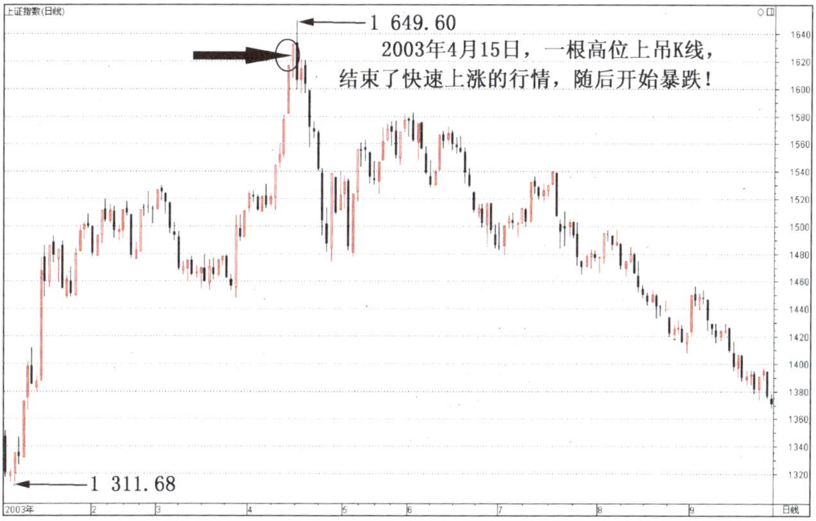

图 34　上证指数 2003 年 4 月 15 日 K 线走势图

又如,2006 年 6 月 5 日和 2006 年 7 月 11 日上证指数均收出一根上吊线,隔日后便双双大跌 80 多点(见图 35)。

图 35　上证指数 2006 年 6 月 5 日与 7 月 11 日 K 线走势图

再如，2007 年 2 月 26 日，这是猪年新春佳节过后的第一个交易日，大多数投资者仍沉浸于年前赚钱的快乐和准备年后大赚的“梦幻”之中。而这一天似乎也很给脸，大盘来了个开门红，收盘稳稳站上 3 000 点大关。于是，很多人认为 3 000 点是铁底了，大盘要冲 4 000 点了。然而，不幸却在第二天发生了。2 月 27 日，大盘暴跌近 300 点，是中国股市 10 年来的单日最大跌幅，有近千只股票跌停，大多数投资者未能逃过这一劫，但学过黄金 K 线理论的学员却都轻松逃顶。其实，这没有什么秘诀，只要看了前一天的 K 线，就会明明白白。因为 2 月 26 日的 K 线是一根上吊线，如果等到均线“死叉”再跑，大盘已经反弹了。可见，K 线是又快又准的一种研判工具，不懂 K 线，则要慢好几拍(见图 36)。

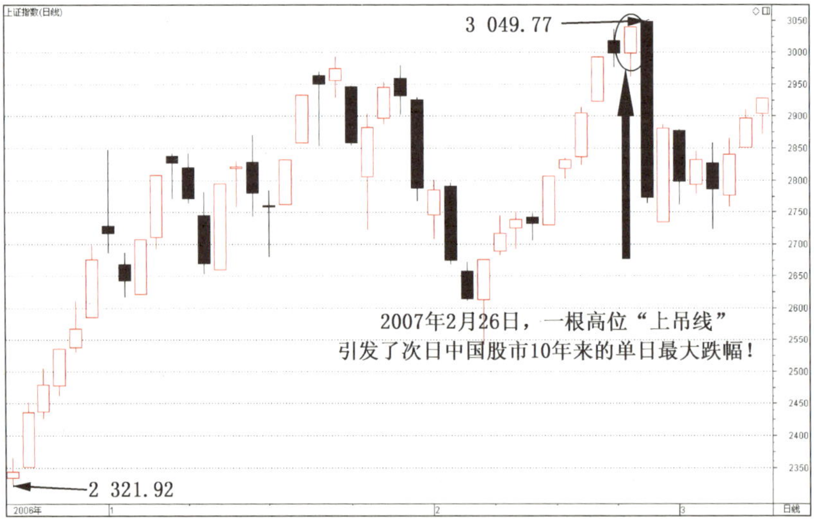

图 36　上证指数 2007 年 2 月 26 日 K 线走势图

大盘如此，个股更是经典。

例如，山东黄金(600547)在 2004 年 1 月 7 日收出一根上吊线，其后股价连续两周跌去 3 元多(见图 37)。同样是山东黄金，2006 年 12 月 4 日再收一根上吊线，随后一周内股价大跌 5 元多。

图 37　山东黄金(600547)K 线图

由此可见，上吊线这样的绝杀性 K 线，显示出主力机构是何等凶狠无情，而迷惑中的中小投资者如果对它熟视无睹，就会次次受骗。许多人等到均线死叉时再出逃，那已晚了三秋矣。

十字星

十字星 K 线，也是一种警示性信号 K 线(见图 38)。

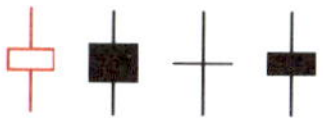

图 38　十字星

十字星K线的含义是多空双方的力量达到均衡。如果在下降或上升途中，这种K线仅仅是短暂的停留与休整，根本无从谈起警示性见顶和见底信号。如果出现在相对高位或相对低位，则往往意味着即将变盘，必须予以高度警惕。而其后一旦出现一根大阴线或一根大阳线，则头部或底部便被确认。

例如，上证指数在2004年4月7日于相对高位处收出一根阴十字星。这是一个警示性见顶信号。看到这一信号，必须随时准备离场。第三天，大盘暴跌近50点，此后连续阴跌，一直跌到998点。谁也没有想到，漫长而惨烈的下跌，竟然源于一根小小的十字星。正如传说中欧洲历史上有一位国王率兵打仗前，为自己的战马钉马掌，最后一个马钉还没钉完，急性的国王便策马奔腾而去。最后，就是因为这颗没钉的小小马蹄钉，让他的坐骑在与敌交战中马失前蹄，折送了一匹优秀的战马，而一匹战马也折送了一位国王，从而葬送了整个帝国。许多人对于微小的细节性的K线没有认识到其重要性，从而导致被套长达1年之久。同样，从1 783点的头部向前寻找，我们会发现一轮上涨达700多点的行情，同样源于一根十字星，那就是2003年11月13日1 307点的那根底部阳十字星K线。如果投资者能认识到这根千金难买的黄金K线的标志性和警示性，既可成功抄底，坐享一轮涨幅巨大的中级行情，又可以成功逃顶避免一大段损失（见图39、图40）。

图39 上证指数2003年11月13日K线走势图

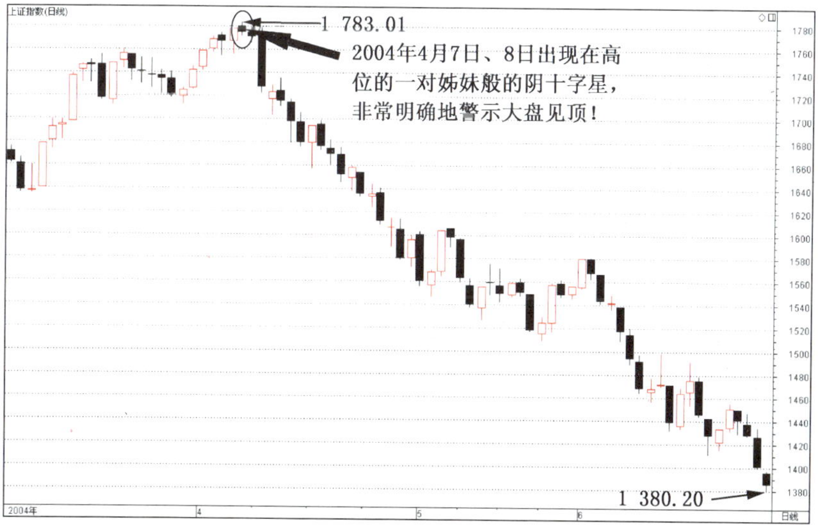

图40 上证指数2004年4月7日、8日K线走势图

以一根阳十字星开始，又以一根阴十字星结束。看似巧合，其实绝非偶然。看懂黄金K线者，一根K线便知头与底，看不懂者，

茫茫然如盲人骑瞎马，夜半临深潭，危险之极而浑然不觉！

连续十字星

这是十字星K线的一种特殊形态，也是一个更加强烈的警示性变盘信号。

既然一根十字星说明多空双方力量达到均衡，那么，连续十字星则意味着多空双方僵持时间已经很久，绷紧的弦就要断裂，均衡即将被打破，迅猛的变盘就在眼前。

例如，2001年6月26日、27日、28日、29日连续四个交易日，大盘连收四根阳线十字星。此时，大盘的点位在2 213点到2 237点，在窄幅的20多点的空间内徘徊，变盘即将发生。但数千万股民竟然麻木不觉，此时的大盘尚在2 200点之上啊，怎么肯离场！此后，无情的大盘如水银泻地，一路狂跌，长达4年之久的熊市由此展开。李丰当时轻松逃过这一头部，并非侥幸，而是源于对黄金K线炉火纯青的掌握和挥洒自如的运用。而此后，有许多同在机构操盘的朋友，根本不听李丰的劝告，还在盲目看到3 000点，他真的无言以对。直到2001年7月30日，大盘暴跌108点，多少机构此时由于触及融资的平仓底线而被强行平仓，次日便爆仓出局，一无所有不说，还要负债累累。即便当时以月息30%来寻找资金以追加保证金，都无人愿给，多少优秀的操盘手在此折戟沉沙，更何况广大中小投资者。要怪，只能怪自己，不能“夜观星象”而知明日有暴风雨。其实，懂得黄金K线中的标志性K线，不就是“看星象”的秘诀嘛；否则，纵使夜夜对着天空发呆，天天看着K线发傻，也是丈二和尚摸不着头脑，不知其然，更不知其所以然。

这里，让我们回头再看一下那曾成就少数英雄而折杀无数股民的标志性K线吧(见图41)。

图41　上证指数2001年6月后的K线走势图

再看一个个股的例子。

2003年11月13日之前，“5·19”行情的龙头股上海梅林如同得了禽流感的瘟鸡一样，连绵阴跌。但在11月7日、10日、11日、12日在相对低位连开四根十字星，上下波动幅度很小，此时多少投资者看到即将死叉的KDJ指标和像瀑布一样压下来的均线而斩仓出局。但就在11月13日，上海梅林一根大阳拔地而起，此后，两周之内股价从4元涨到8元，竟然翻番。李丰曾碰到一位在大涨前卖出的投资者，追悔莫及地说：好像主力长了眼睛一样，我刚刚全部割肉，它便连续涨停。是不是就差我这几千股呢？其实，这种怨天尤人而不自思悔过的投资者，又何止他一人呢？还是怪自己太相信那些该死的均线和指标吧。如果看懂K线，怎么会犯这样低级而愚蠢的错误呢（见图42）。

图42　上海梅林(600073)2003年11月13日K线图

孕线

顾名思义，孕线即前一日的K线包着次日的K线。通常，有两组孕线，是非常重要的警示性信号（见图43）。

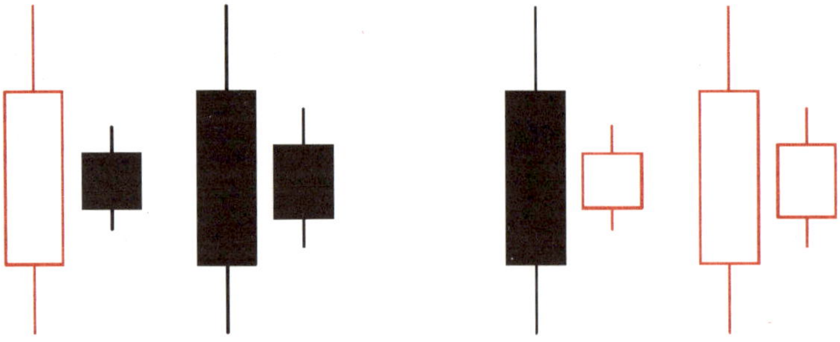

图43　孕线

图43中，通常左面一组K线如果出现在相对高位，是警示性见顶信号。如，前日以大阳线报收，正常走势次日应跳空高开，结果次日开盘却跳空低开，而且以阴线报收。根据黄金K线理论，该涨不涨，应该看跌，这是一个警示性见顶信号，很有可能前一交易日主力机构在拉升过程中已经出货。次日的一个低开使追高进场的投资者根本没有获利离场的机会，但仍心存侥幸地以为调整一下是正常的，还会继续上涨！但是如果接下来一根大阴线，则宣告头部的成立，下跌开始。

这种K线的含义也是极其清晰的，在相对高位收出一根阴线时，已经说明有做空力量出逃，次日跳空高开，本应上涨，但却仍以阴线收盘。根据黄金K线理论，该涨不涨，应该看跌，这里的高开只是又一次诱多出货而已。这又是一个操盘意图非常明确的关键性K线。

所以，我们反复强调，要看懂K线，就必须从多空搏杀的本质、相对位置的确认上作为根本出发点，才能读懂主力的操盘意图，从而读懂K线天书！

另外(右边)一组K线中的道理与此相同，聪明的投资者应该可以举一反三，触类旁通。

在相对低位出现的和正是主力机构悄然试探性建仓

的结果，如果能够读懂这根警示性K线信号，则当然应该知道提醒自己该干什么，该买还是该跑，一目了然！

还是举例说明一下吧。

在2004年著名的短命反弹行情——“9·14行情”中，正是9月14日上午开盘后出现的这根孕线发出警示性见底信号，导致大盘连续大幅上扬，而在9月27～28日，在大多数投资者还在幻想1 500点之时，两根孕线悄然而生，大盘正是从此迈向跌破千点大关的万丈深渊的(见图44)。

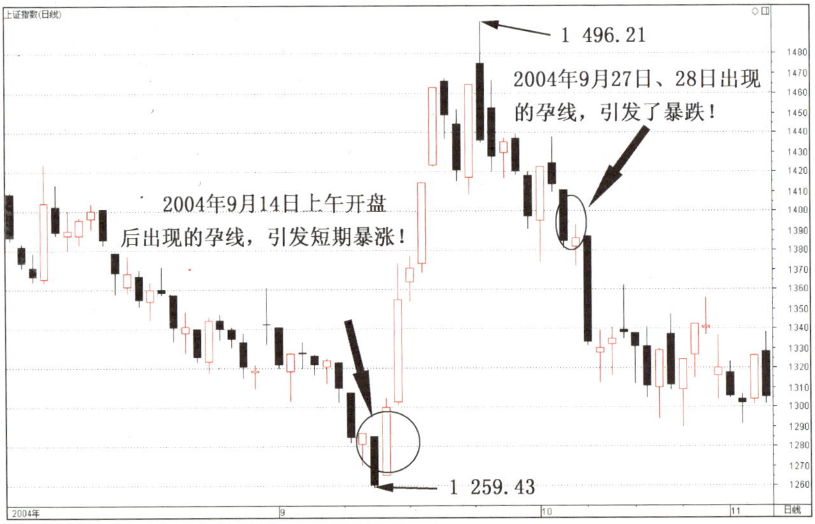

图44 上证指数2004年9月27～28日K线孕线图

法宝四 缺口理论

FABAO

在K线的运行过程中，有一种极为特殊而又重要的现象，那就是跳空缺口。通常情况下，K线的运行是连贯的，缺口的出现使K线运行有了中断，这种当日K线与前日K线之间的中断就是跳空缺口。

缺口，在日本蜡烛线中一般称为窗口，有时也称为裂口。其实，无论叫什么，无非都是非常形象地比喻出了缺口的样子，最重要的是要理解缺口形成的原因及其含义。

实战经验告诉我们，缺口往往是主力资金或先知先觉的投资者在次日坚决买进或坚决抛出所形成的。因为开盘的价格比上一个交易日的最高价高出许多，或比上一个交易日的最低价低开许多，从而使K线出现中断。通常，主力资金为了迅速脱离底部而作出跳空缺口，使前一日割肉的投资者无法买回；或使股价快速打压，远离头部区域，使高位接盘的投资者深度被套而不忍割肉。再者，往往会在重要的阻力位或支撑位附近出现缺口，有时做向上的跳空缺口可以迅速摆脱前期的阻力位，使抛压减轻，或迅速向下做突破缺口，打穿支撑位，使认为有支撑的投资者来不及作出正确的判断和操作。

按照缺口理论，一般把缺口分为三种类型。

第一种　是按缺口所处的趋势而划分为上升缺口和下降缺口。通常把上升趋势中的缺口叫作上升缺口，把下降趋势中的缺口叫作下降缺口（参见图45）。这也正是黄金K线相对位置理论所反复强调的K线的研判要看相对位置。缺口的研判，同样要看其所处的相对位置。

第二种　是按照K线的周期不同而划分为日K线缺口、周K线缺口、月K线缺口和年K线缺口等。通常情况下，年、月、周K线中的缺口并不多见，周K线中的缺口对中长期走势有较好的指

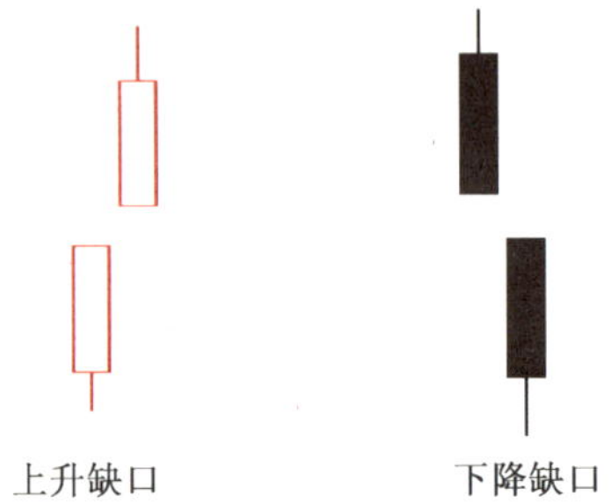

图 45　上升缺口与下降缺口

导作用，而日 K 线中的缺口由于更加贴近市场主力资金的运作意图，而被格外看重。所以，我们平时以日 K 线缺口为主要研判依据。

第三种　是按照缺口在单一趋势中所处的位置不同，划分为突破缺口、持续缺口和竭尽缺口（参见图 46）。这种缺口性质的划分，对于一轮上涨行情或下跌行情的分析与研判，有着非常重要的指导意义。因此，我们以此类划分为重点分析对象。

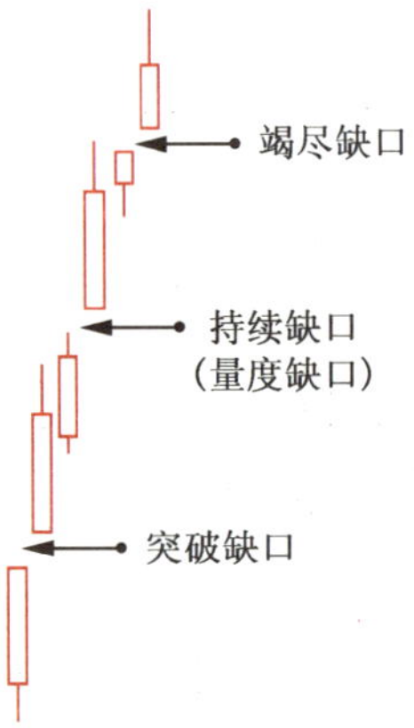

图 46　上升趋势中的三种缺口

突破缺口

顾名思义，突破缺口是指行情刚刚开始时出现的第一个跳空缺口。这个缺口是一轮行情上涨或下跌的开始，是一个极为重要的标志性信号。因为缺口是由大规模资金集中做多或做空所造成的。因此，一旦一个向上的突破缺口出现，往往意味着一轮较大的行情开始了；而一个向下的突破缺口出现，则往往意味着一轮较大的跌势开始了。因此，在缺口理论中，最重要、最核心的问题就是突破缺口。

突破缺口是黄金 K 线理论中的一个确认性信号，是见顶或见底的一个重要研判依据。

例如，2005 年 7 月 22 日，上证指数以 1 026 点跳空高开，并且当天大涨 2.52%，迅速脱离 1 000 点这个“危险”的整数关口，其后一轮轰轰烈烈的大牛市就此展开（见图 47）。

图 47　上证指数 2005 年 7 月 22 日 K 线走势图

而上证指数 2002 年 1 月 31 日的跳空缺口也是一个突破缺口，也是大盘从 1 339 点上涨到 1 693 点这一轮中级反弹行情启动的重要标志。

此外，1996 年 9 月 23 日留下的缺口和 1999 年“5·19”行情中 5 月 20 日留下的向上突破缺口，都是一轮上涨行情的开始。

同样，向下的突破缺口也至关重要。

例如：2001 年 7 月 30 日，大盘以 2 056 点跳空 9 点低开，并且留下一根实体达 100 多点的大阴线，宣告一轮大熊市的展开（见图 48）。

图 48　上证指数 2001 年 7 月 30 日 K 线走势图

如果投资者能及时在缺口出现时离场，那么就可以避免长期被套所带来的资金损失与精神折磨，但当时大多数投资者仍沉浸在“2 100点附近有支撑”的梦幻之中。

再如，上海电力(600021)这只个股在2003年10月29日上市后，一路震荡上扬，走势极为稳健，但在2004年4月16日这天，突然间大幅跳空低开，留下了一个向下的突破缺口，使前期连续5个交易日的7.80元附近的支撑位立刻变成阻力位，而在7.80元附近买进的投资者根本来不及反应，便已被深套。此后，该股股价一路单边下跌，一直到跌破上市当天的最低价(见图49)。

图49　上海电力(600021)K线图

再如，保利地产(600048)，在2007年1月18日留下了一个向下的突破缺口，标志着一轮调整行情的开始(见图50)。

可以说，在缺口理论中，最重要的就是突破缺口了。发现了向上的突破缺口，及时跟进可以享受一段大幅拉升所带来的快乐；发现了向下的突破缺口，及时离场，可以避免一段大幅下跌所带来的痛苦。

图 50　保利地产(600048)K 线图

而在缺口理论中，由于持续缺口可以有好多个，有时一轮行情中只有一个缺口，那么，所谓的持续缺口、竭尽缺口根本就不存在，因此，**只有突破缺口是最重要的、最真实的，也是最容易搞清楚、最容易把握的。**

持续缺口(量度缺口)

尽管突破缺口是最重要的，但我们还要谈一下持续缺口，因为持续缺口有一个独特作用，那就是量度作用，因此，有时持续缺口也叫量度缺口。

谈到持续缺口，就不得不多做一些说明。由于持续缺口可以没有，也可以有许多个，所以比较难把握。通常情况下，除了强势逼空行情和单边下挫行情这两种情况之下，一轮行情一般只有三个缺口。

缺口理论中有句名言叫“三跳空，气数尽”。这似乎与《曹刿论战》中所讲的“一鼓作气，再而衰，三而竭”不谋而合。在多数情况下，的确如此，无论是大盘还是个股，三个跳空缺口之后，都会有一个修正原来趋势的过程，即向上趋势的行情中出现三个缺口，通常会见顶或出现调整，向下趋势的行情中出现三个缺口，通常会见底或出现反弹，明白了这一点，对我们后面要讲的竭尽缺口也会比较容易理解。

对于持续缺口的量度作用，通常也是建立在这个基础上的。其量度的方式是：持续缺口与突破缺口之间的距离翻一倍上去就是高点。由于高点的出现，强势行情中会超过一些，而弱势行情中会不到一些。因此，建议投资者根据不同的市场环境作决定。通常情况下，许多量度位置都会不到一些，因此，使用时要留有一段空间给别人去赚，贪婪往往没有好果子吃。根据多年操盘的经验，给别人留有余地就是给自己留有余地，最无情的刀客也要懂得刀下留情，其实是给自己留情。下面举例说明。

例如，2005 年从 1 004 点启动的第一波行情中，7 月 22 日出现了向上突破缺口，8 月 8 日出现了持续缺口，这两个缺口之间的距离是 105 点(1 131 点减去 1 026 点)(注：缺口的计算均以开盘价为准，因为缺口的形成就是一个开盘的跳空高开或低开所造成的，无论上升缺口或下降缺口，那种以最高价、最低价等计算者均无客观依据)。按照计算，上方的高点应在 1 131 点加上 105 点，即 1 236 点附近(注：有些投资者往往对于指数的计算过于吹毛求疵，一定要精确到几点，其实毫无意义。实战中，只要计算大概就可以了，因为本身就只是一个预测而已，通常以取整数为准）。

因此，根据大概的计算，高点在 1 230 点附近，算出这样的点位，只是提醒我们，在这个点位附近很可能见到一个高点，或者说可能出现一定的调整，具体的还需根据前面所讲的黄金 K 线予以确认（见图 51）。

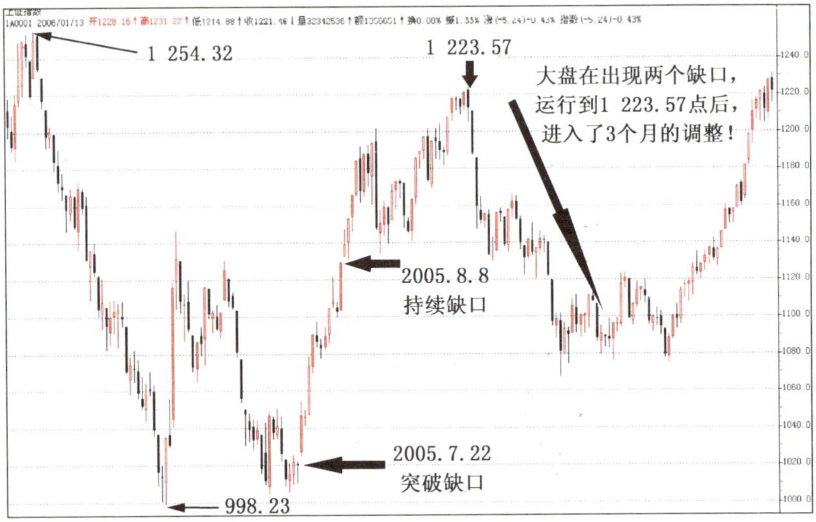

图 51　上证指数 2005 年 7 月 22 日 K 线走势图

这一轮行情刚好到 1 223 点，出现了长达 3 个月之久的调整期，指数也从 1 223 点回落到 1 067 点止跌，才重新走出上扬行情。

又如，1 307 点到 1 783 点的这段行情（见图 52）。

图52　上证指数K线图

2003年12月10日上证指数以1 449点开盘，留下了向上的突破缺口，2004年2月4日大盘再次跳空高开，以1 652点开盘，留下了持续缺口，这两个缺口之间的距离是203点。根据持续缺口的量度，上方的高点应在1 652＋203＝1 855点。而事实上，大盘涨到离1 800点稍差一点的距离，1 783点就见顶了。这也是为什么反复强调要“刀下留情”，当然更重要的是我们可以提前知道，1 800点附近可能要见的一个高点。这时，再根据黄金K线的标志性K线进行操作，则可万无一失。

再如，1 339点到1 693点的行情中。2002年1月31日，大盘以1 413点跳空高开，留下突破缺口；2002年3月5日，大盘以1 529点跳空高开留下持续缺口，两个缺口之间的距离是116点，根据量度的计算，其高点应在1 645点附近，因此在1 650点附近可能会出现调整。而事实上，1 650 点附近大盘确实出现了大幅震荡，但其后冲到 1 693 点才见顶，然后一路下跌，一直打穿 1 339 点（见图 53）。

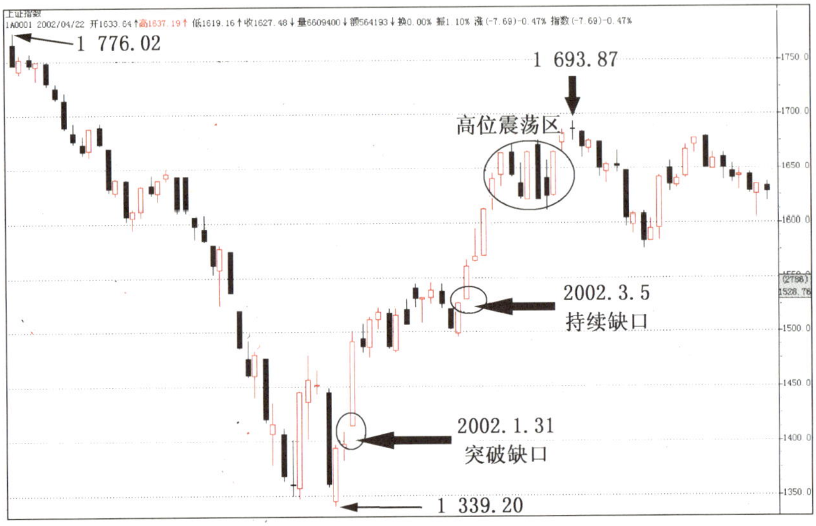

图 53　上证指数 2002 年 1 月 31 日后 K 线走势图

因此，对于持续缺口量度作用的使用应当灵活运用，不能生吞活剥，生搬硬套。**其重要的意义是，提醒我们要在那个区域附近注意可能的调整**，那种以某点为准的做法在实战中意义不大，因为头部与底部永远都不是孤孤单单的一个点，而是一个区域。

竭尽缺口

有些时候，一轮行情之中，仅有突破缺口和量度缺口，竭尽缺口根本就不出现，但有些行情却有竭尽缺口。而竭尽缺口最大的实战意义是给我们发出警示信号，这是竭尽缺口与突破缺口的头部或底部的确认信号及持续缺口的量度作用所不同的。

通常当一轮上涨行情越走越高，又出现跳空缺口时，我们要高度警惕。往往此时会使做多能量耗尽，通常竭尽缺口会在较短时间被予以回补。下跌行情也一样，长期下跌之后，再次大幅跳空低开，会使做空动能衰竭，从而导致底部的到来。因此，竭尽缺口是一个警示性信号，给我们及时抄底和及时逃顶作出提前提示。

例如：中国联通(600050)在2003年底至2004年初的一轮行情中，2003年12月23日以3.90元开盘留下突破缺口，2004年1月6日以4.32开盘留下持续缺口。我们知道，其高点应在4.74元附近，这只是一个估算。但当中国联通在2004年2月2日再次跳空高开，留下竭尽缺口之时，说明此轮行情已经结束。此后，中国联通调整长达2年之久(见图54)。

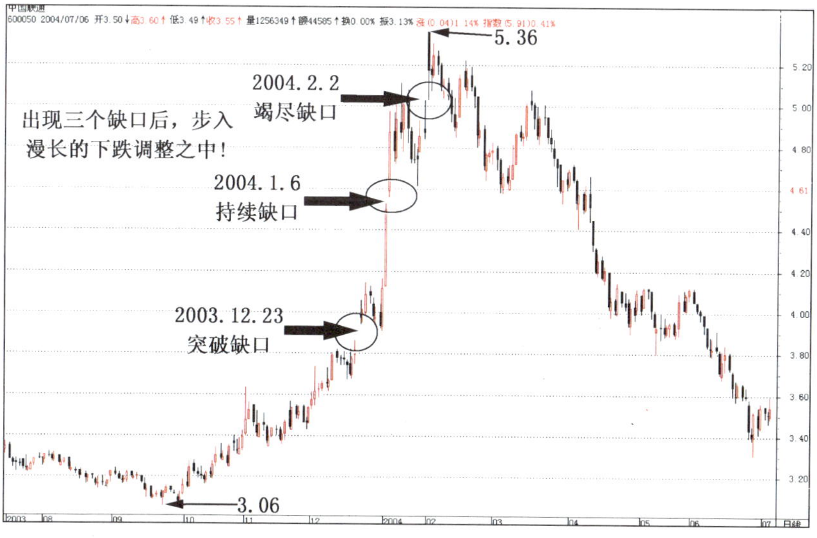

图54　中国联通(600050)三种缺口的K线图

再如，中国石化(600028)从 2004 年 1 月 7 日开始大幅调整，一路阴跌，中间并无缺口，但在 2005 年 5 月 24 日跳空低开，留下一个缺口，像这种长期下跌后再向下的缺口，就是一个竭尽缺口。再经过一段时间下跌后，在 2005 年 6 月 6 日到达底部，从此踏上漫漫牛途(见图 55)。

图 55　中国石化(600028)2005 年 5 月 24 日后 K 线图

我们对突破缺口、持续缺口和竭尽缺口的应用及实战意义进行了分析，最后再谈一下缺口的回补以及阻力和支撑作用。

一般投资者认为"缺口必补"。**其实，很多缺口是不会补的，只是一旦回补缺口之时，缺口应该起到重要的阻力和支撑作用。**

如 2003 年 12 月 10 日大盘留下一个跳空缺口，其后，近两周的时间，每次打到缺口附近，指数都被拉起，直到一根大阳线拔地而起，一轮加速上扬行情展开(见图 56)。

图 56　上证指数 2003 年 12 月 10 日 K 线图

值得注意的是，缺口理论是 K 线理论中的一个重要组成部分，对股价的运行有着重要的指导作用，只是在使用时，不可拘泥于条条框框之中，而应根据具体情况加以灵活运用。因为缺口是 K 线运行中的特殊现象，因此，对缺口的认识及应用也是非常关键的。

黄金 K 线实战

一条 K 线，两种颜色，三个部分，四种价格。别看它简简单单，他却能通过一根根红色、绿色的 K 线，准确判定哪里是“头”，何时是底。通过一条条上下影线，就能预知股价的未来走势。在实战中，他把黄金 K 线理论运用得炉火纯青。

发现大鳄鱼，抄底逃顶

听着李丰对黄金K线基础理论的阐述，我真切地感到一根简简单单的K线，内涵竟如此博大精深。无疑，读懂它，对实战具有十分重要的意义。

顿时，心头涌现出了许多投资者平时问得最多的一些问题。

“为什么投资者买股票总比市场慢半拍？总想买个低价，抄个底，可是一买就被套；总想卖个高价，逃个顶，可一卖它就大涨，股票和大盘的顶底真是最难让人搞懂的啊！”

采访中，当我把投资者操作中遇到的最棘手、最头痛的问题提给李丰时，他回答说：“那是投资者对顶底的特征还不太清楚。抄底逃顶虽然是大多数投资者梦寐以求的愿望，但是，如果没有正确的方法去实现，那就只能是梦想与空谈。如果使用错误的方法，还可能会偷鸡不成反蚀把米，赔了夫人又折兵。刚刚‘抄底’买入，便被深度套牢，刚刚‘逃顶’离场，股价便大幅拉升，结果变成了‘抄顶逃底’。类似的悲剧故事，在证券市场几乎天天上演，甚至不断地重复，许多投资者的资金也随着这一系列错误操作和一遍遍的重复错误而付诸东流，甚至血本无归。”

“那么，在实战中怎样才能做到抄底逃顶呢？”

“最重要的有三点要先弄明白。**首先，要知道头部和底部形成的原因；其次，要知道头部和底部形成的过程；最后，要知道头部和底部形成的表现形式。**”

“你认为头部和底部是怎样形成的呢？”

“不同的投资者有着不同的理解，可谓五花八门，但真理只有一条。黄金K线理论认为：底部的形成是由于大规模做多力量进场，并且彻底战胜做空力量，由主导做多行情的力量所导致的。正是多空力量对比的结果，多方完全获胜，才使底部得以成立。同理，头部的形成是由于做空力量的大规模出逃所导致，主力资金的出逃便形成了头部。”

“当然，头部和底部的形成是需要一个过程的，也即多空双方力量此消彼长的转化过程。罗马不是一日建成的，大规模资金的进出需要一个筹码与资金的交换过程，所以，大资金的进场和出逃也不是一蹴而就的，而是一个循序渐进的过程。通常，主力做多资金会在股价大幅下跌之后，先开始试探性地进场，然后做一些打压建仓或横盘建仓或推升建仓的动作，时机成熟后便会大规模进场，彻底击垮做空力量，从而开始大幅上扬的拉升。在创造了足够的利润之后，到了相对的高位，达到了获利目标，主力资金便会大规模地离场，做空力量开始出现，直到做空力量大肆出逃，头部便无情地形成了。”

“主力是非常狡猾的，进场和出逃哪能让人知晓呢？等一般投资者知道时，股价还不早就涨得老高，或跌得面目全非了？”我问。

“这个问题的确很重要。”李丰回答说：“这也正是我们要寻找的头部和底部的表现形式。任何新生力量的加入或离开一定会打破原来的平衡，必定会使多空力量的对比状况发生改变，因此，必然会留下蛛丝马迹的。正如大鳄下水之时一定会激起浪花，鲸鱼浮到浅水面时一定会喷出高高的水柱一样，任何事物都不会悄然而无痕迹，更何况是大规模的资金进出市场。因此，当我们看到大的浪花或者高高的水柱时就可以发现鳄鱼或鲸鱼的存在。”

“那么，从K线的运行中，怎样才能发现这些‘大鳄’下水或出逃呢？”

“对于一般投资者来说，及时洞察主力进出场，的确是件难事。但是，只要细心观察，也并非不能察觉。”李丰说，“诚然，当大资金进场之时，一般都会尽其所能地去掩盖，有的投资者常常会被假象所迷惑。通常大资金进场之时，均线系统都是空头排列，技术指标都呈现死叉状态，成交量也极其低迷，人们根本无法用这些来做判断。但是，在K线上却无法掩饰，因此从K线上观察则会容易得多。”

“是吗？”

“对。因为大资金一进场，就意味着K线形态将发生变化，我们会明显地发现，一连串的阴线之后，阳线来了，阳线逐渐多了起来，阳线实体大了起来。这些正是做多力量或快或慢进场的标志，抓住这样的标志，就可以跟上主力资金的步伐，跟随主力进场。同理，头部形成时，阴线会多起来，我们也可以在第一时间跟随主力离场，实现逃顶。”

“平时投资者用金叉进、死叉出，难道没用吗？”

“这正是你前面提出的投资者的操作为什么总是慢半拍的根本原因。那种金叉进场、死叉离场的理论是缺乏依据的。试想，股价上涨了好几天之后，甚至几百点以后，各种指标才会金叉，甚至有的均线还不会金叉，那时才进场的资金，即使是大资金也是慢了好几拍的、比较迟钝的资金，绝不会是先知先觉的主力，如果跟着这样的主力，后果可想而知。所以，这种理论是从表面到表面，从假象到假象的，如果不抓住事物的本质与先机，就无法抓住大资金运行的轨迹，更无法及时实现抄底逃顶。而只要抓住K线，大资金运作的一举一动便会一览无余。”

“K线的形态非常之多，判断主力进出场不容易啊！”

“虽然说在K线表现上有多种形态，但归根结底却只有一条，做多力量进场表现在K线上就是阳线出现，并且数量增多，实体变大了，底部也越来越近。当一根标志性的K线出现，则意味着底部确立了，一般来说，底部的确立只是一根K线而已！头部同样如此。”

“今天（注：2007年1月31日）大盘出现急速下跌，几十只股票跌停，跌幅在5%以上的两市有五六百只，深市下跌更是凶猛，深成指收盘下跌了7.62%，是近10年来所不曾有过的单日最大跌幅了。”我指着电脑上那绿油油的盘面，问李丰：“我从你的网站上注意到，1月25日，在你们公司网页的头版头条位置，你写了一首诗‘山雨欲来风满楼，大盘调整已展开；短线操作对震荡，严控仓位防风险。’此后，大盘每天震荡下行，单日震幅都在100点以上，今天又暴跌，真应了你的话，看来，你真是神算了，莫不是你看出了什么玄机？”

“我又不是诸葛亮，哪有什么神算？我只是从K线形态上早有察觉罢了。”李丰指着K线图说：“还记得吧，2007年1月开市后，你刚来采访没几天，我就说大盘已进入了高位震荡的敏感区，时刻得防范风险。果然在连续上涨后，上证指数在1月10日出现了一根阴‘上吊线’，这是个警示性信号。紧接着，此后两日连拉两根中阴线，看得出，主力机构已有出逃迹象。但那些天，人们的头脑热啊。尤其是1月22日，大盘跳空高开，留下了一个25点的缺口，市场是一片欢呼声。其实，这个缺口是竭尽缺口，已明确告诉你，此后大盘上涨已无力了。1月23日，大盘再次收出了一根上吊线，你看，我画的圈还在上面。记得我当天给你讲，这是个警示性见顶调整的信号，那会儿，你不是也还不太信嘛。1月24日，大盘收出了一个阳十字星，预示着变盘。当天差不到5个点就要创3 000点的历史新高了，可就是攻不上去。此时明显多方力量已经衰竭。接着，25日一根低开大阴线便耸立盘中，那首诗就是那天早晨我发到网页上去的，并通过电话、短信、邮件让所有股友回避大盘风险。26日，又是一个低开，幸亏当天将22日跳高的那个缺口回补上，要不，那可是个吓死人的‘孤岛反转’，是最最厉害的杀手啊！”

这时，李丰把K线图向前推移着，继续说道：“你再看非典肆虐的2003年4月15日那天，大盘在上涨途中出现了一个警示性信号——上吊线，接着就是一根大阴棒和变盘的高位十字星。当时均线都未死叉，结果此后暴跌6天，把许多人都跌晕了。这时，如果看到刚刚死叉的指标才想到逃，没想到，刚割肉出局，大盘4月28日又开始强劲反弹了。而我早有所料，在出现警示性的上吊线时已离场，等到28日许多人出局时，我却在这天进场狙击当天上市的白云机场，大获全胜。再看一下，2004年4月1 783点的高位，也是连续出现警示性的上吊线、十字星，随后大盘开始一路不回头的下跌。回忆当年，对照今日，历史往往会重演，是何等的惊人相似啊！”

说到这，感慨的李丰顿了一下，对记者说："还记得前几天咱们和银河的老总一起吃饭时，他不也说，股市暴涨暴富的效应，使现在每天新开户的排长龙，员工们加班加点，有时饭都顾不上吃。上面正式发出红头文件，要全国各地的营业部对股民进行防风险教育，这种做法，可是多年很少有过的呀！这从市场面、政策面上看，不也说明股市的调整来临了吗？"（见图57）

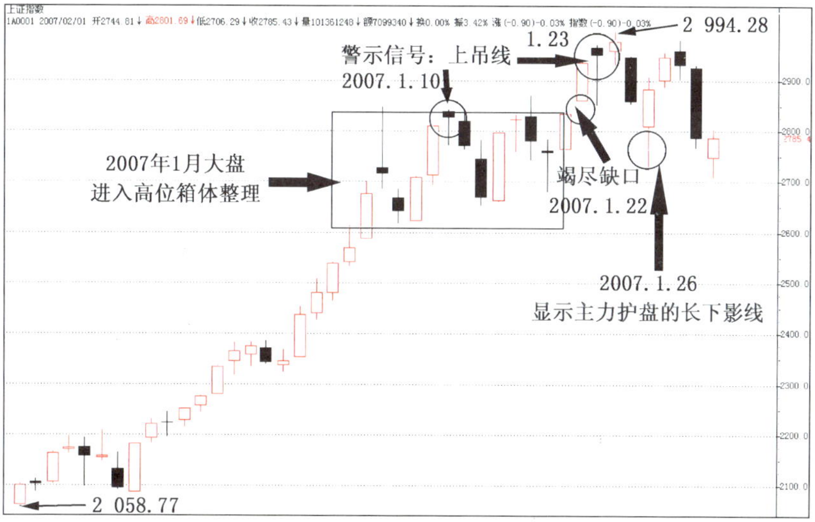

图57　上证指数K线图

"在个股的买卖点把握上，你是否也是按照黄金K线的抄底逃顶发出的信号做的呢？"记者问。

"是的。黄金K线的抄底逃顶法则，不仅适用于大盘，对个股的操作也如此。把握好一只股票的高点与低点进行操作，是获利的关键。"

"你能否用你操作过的实例来印证一下呢？"

“就拿我对新希望这只股票的操作举例吧。”李丰一边说，一边在电脑上调出了新希望(000876)的K线走势图：“2005年11月中旬，大盘已经从998点上涨到1 100多点，但新希望却一路调整。2005年11月11日之后的5天，新希望在相对低位连收五根十字星，这是一个明显的警示性变盘信号，即有先知先觉的资金在逢低建仓。2005年11月18日，新希望拉出一根涨3.28%的阳线实体，说明机构建仓的步伐在加快。其后，两周股价继续小幅下跌，说明机构打压建仓意图更加明显，我便在此处分批少量买入。直到2005年12月1日，收出一根倒转锤头的K线，说明底部就在眼前，快速拉升即将开始。于是，加大建仓力度。2005年12月2日，新希望拉出一根实体近5%的大阳线，说明强大的做多力量进场。这是一根确认性的黄金K线见底信号，重仓出击的时刻到了！底部的确认，其实只要一根K线而已。这根大阳线告诉我一轮中级行情就在眼前。此时，股价只有6元左右，而且该股基本面良好，又拥有众多题材，尚未股改，这样的股票一定是只大牛股。我不断加重仓位，直到达到预期的进场资金量。其后，该股横盘整理一周之后，快速涨停，不久便停牌股改。此时股价已上涨20%，收于7.05元。随后，该股实施股改10送3，送股后，又进行了长达近两个月之久的宽幅震荡，我用部分资金反复做T+0，不断降低手中的持股成本。2006年3月29日，又是一根大阳线拔地而起，说明洗盘整理已经结束，真正的主升浪到来了。果然，其后新希望在一个月之内从6元附近，上涨到10元左右。此时，K线上连续出现较大实体的阴线，说明主力资金已经在出货离场了。于是，我也紧跟主力步伐，不断逢高减仓，分批分量在 10 元附近兑现获利。接着，新希望的 K 线图出现了高位大幅震荡的走势，这是典型的机构减仓出货迹象。不断出现的大阴线也告诉我们，阶段性头部到了，调整即将展开，此时不逃顶，更待何时？黄金 K 线信号告诉我们该离场了。在相对低位的大阳线出现后进场抄底，在相对高位的大阴线出现后及时离场，这就是黄金 K 线的抄底逃顶的神奇而准确之处。此后，新希望长达 1 月之久的调整，股价从 11.58 元一路下跌到 8 元多，直到 8 月 22 日开始，又是 3 根十字星 K 线，提示我们要变盘了，8 月 28 日，一根大阳线再次出现，并且留下一个突破性跳空缺口，一轮新的上涨行情又开始了！”（见图 58）

图 58　新希望(000876)K 线图

预测未来股价走势的“黄金尺”

几乎每个投资者在自己的炒股生涯中，都有过这样的一种经历：好不容易骑上一匹黑马，可三下两下，就让它给跌下马去了。“我才赚了几毛钱就跑了，你看它现在股价都涨了10多元了，真气死人啦！”半途被震出局，眼睁睁看着狂奔的黑马绝尘而去，谁又能不为之感到惋惜呢？还有，股票下跌，许多人赶紧去补仓，有的跌5角钱去补，有的跌8角补，还有的给自己定个标准，跌去1元钱补。可往往是越补越套，直到“弹尽粮绝”，只好望着手中继续下跌的股票而无奈地叹息！

“有什么办法，让投资者能骑上黑马跑完全程，下跌时又能免受套牢之苦？”针对常见的又一问题，记者问李丰。

“有。黄金K线就能帮助投资者解决这个问题。”

“具体办法是什么呢？”

“其实，很简单。就是用上下影线作指引。在上涨途中，只要出现上影线，就不要急于卖出。而在下降途中，只要出现下影线，就不要急于补仓。”

“不是都说，出现上影线，说明上档压力大，抛压重；而出现下影线，说明下面有支撑吗？为什么出现上影线不能卖，出现下影线不能买呢？”记者有点不解。

“这正是投资者常犯的一个错误和操作上的一种误区。”李丰说：“黄金K线的上下影线对未来走势具有指导作用，它会让你骑上黑马，享受到最大的利润，直到终点。而在下跌途中，能避免屡买屡套的尴尬被动局面出现。

这种方法，就是黄金 K 线理论中所明确指出的：**上升通道之中绝大多数的上影线将被打掉；下降通道之中绝大多数下影线也将被打掉。”**（见图 59）

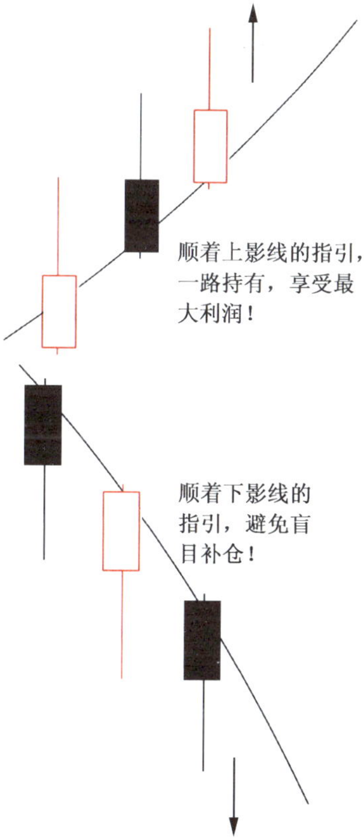

图 59 上升通道与下降通道上下影线的指引

上影线代表着有一定阻力，下影线代表着有一定支撑，道理是有一些，但在一定的趋势当中，不但没道理，反而是完全错误的。这也是我们要强调的黄金 K 线相对位置理论。主力正是利用投资者的这些认识上的误区，通过一定的操盘手法来达到其目的的，而无数的散户也是因此而上当的。

另外，必须要说明的是有一种上影线和下影线是例外，上影线不会被打掉，下影线也不会被打穿，那就是前面所讲的标志性见顶或见底的K线信号。

此外，当下降趋势形成之后，投资者看到下影线后，还可以先行卖出股票，等股价下跌以后，可以在低位补回，这样股票没少，钱却多了，这叫倒差价。这是降低成本，实现解套的一种重要方法，但前提必须是知道股票抛掉后股价会下跌。这就需要黄金K线理论的帮忙了。

实战案例二十 两面针(600249)

2006年10月，大盘一路单边上扬，而两面针却单边下跌，直到2006年11月20日一根大阳线拔地而起，主力进场了。此后，该股一路震荡盘升，上升途中不断出现上影线。12月5日一根上影线后，连跌三天。从技术图形上看，它已经很难看。但根据黄金K线理论，上升通道中的上影线还会被打掉，因此，这只是上升途中的洗盘而已。果然，12月11日，又是一根阳线宣告洗盘结束，上升行情开始。但次日又是一根带较长上影线的阴线，如果不能通过K线读懂机构的操作意图，以及不能知道其后股价的运行，往往很容易被主力中途赶下车，其后股价继续大幅拉升，12月18日又是一根上影线的阴线，次日即将上影线打掉。12月20日，一根很长的上影线的阴线收出，接下来又是3天阴线。这根超过5%的上影线令众多中小投资者害怕，认为有很长的上影线是很重的抛压，再次被赶下车。25日，该股又以一根长上影线的阳线收盘，其后股价继续大幅上扬，28日、29日及2007年1月4日，天天带有上影线。这种K线，对于不懂黄金K线理论的投资者而言，每天都是一种痛苦的考验，每天都有被洗出去的可能。但两面针的股价还是按照黄金K线理论所讲的上升通道中的上影线被打掉的规律天天创新高。其后，2007年1月9日、12日、17日，上影线指引着股价向上攀升，直到1月30日、31日两根较大的阴线出现，宣告阶段性头部的来临。此时，股价已经从7元左右上涨到了14元多，股价翻了一番（见图60）。

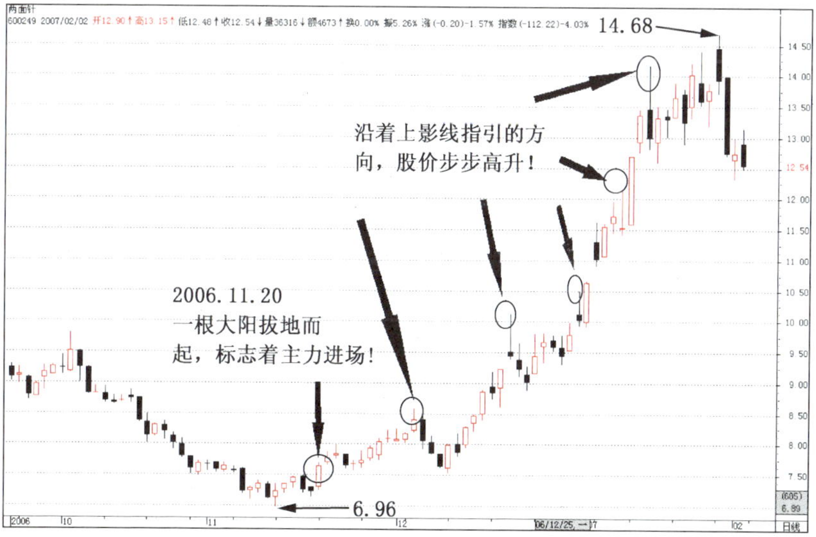

图60　两面针(600249)K线图

投资者如果不懂K线运行的规律，中间就有太多次被洗盘出局的可能。如果懂得黄金K线理论，则可以一路持有，顺着上升途中上影线的指引，直到股价翻番，享受骑上牛股走完全程的快乐；否则，好不容易抓到一只牛股，又被“牛角”顶下来，空留后悔与遗憾。

由此可见，上升途中的上影线，只不过是控盘主力不断的盘中洗盘，以及向上试探拉升的常用手法而已，不懂主力运作意图，摸不准“牛脾气”的人，一定是与牛股无缘的。

实战案例二十一 茅台 JCP1(580990)

茅台权证于 2006 年 5 月 30 日上市之后，连拉两个涨停。第三天大幅震荡，6 月 2 日一根大阴线宣告调整行情的开始。6 月 5 日又收出一根带很长上下影线的中阴线，许多投资者以为下影线有支撑，股价应该止跌了。果然，接下来两天连续收出两根阳线，甚至有的投资者被套后根本不想割肉出局，反而补仓买入。这正是多数投资者平时操作中经常犯的致命而低级的错误。因为根据黄金 K 线理论，下降通道中的下影线通常是要被打掉的，那么，看到下影线，应该在反弹时离场。很多投资者往往担心，万一抛掉又涨上去怎么办？这是因为他们对股价运行的趋势和方向判断不准，甚至是错误的判断。如果能够知道黄金 K 线上下影线的指引理论，又何需担心呢？果然，两天反弹之后，第三天又是一根大阳线，而且又带有下影线。正是这样的下影线让中小投资者抱有一线希望，而迟迟不肯割肉离场。结果导致越陷越深，越套越牢，最终成为被下影线这盆“温水”煮熟的“青蛙”。2006 年 6 月 13、14 日，又是两根下影线，15 日再次反弹，6 月 19 日又是一根下影线，其后两天又出现反弹。这种打出下影线然后反弹，又把下影线打掉，就是下降趋势形成后的经典运行K线。只有这样，中小投资者才会被套在脖子上的绳索越绞越紧，直到窒息而亡（割肉）。6月26日，又是一根带下影线的阳线，这根给许多投资者以希望的要命的下影线，其实又在指引股价继续下跌，反弹又是出货良机，最要不得的就是越跌越补的无谓牺牲。

其实，补仓不是因为要摊薄成本，而是只有股价上涨了，才可以补仓。什么时候会上涨，那就是要有主力资金进场，打出见底信号的K线后才会上涨，在没有主力资金重新进场之前，任何时候补仓都是错误的。有的投资者抱有“死猪不怕开水烫”、“我就不信它不涨”这样的消极与赌气的情绪，只能成为下跌趋势中滚滚车轮下的牺牲品。只有看懂下影线的妙用，才会知道即使套牢了，也应趁反弹离场，以减少损失，因为下影线还是要被打穿的呀！到2006年7月11日，茅台权证已经沿着下影线的指引整整跌了一个多月，股价已经从4元跌到了1元附近，如果看不懂K线，还在看下面的指标金叉了、要涨了……是多么的幼稚与可笑，殊不知，哪怕指标金叉，股价却可以照跌不误，K线才是主力机构及股价运行的真正先导（见图61）。

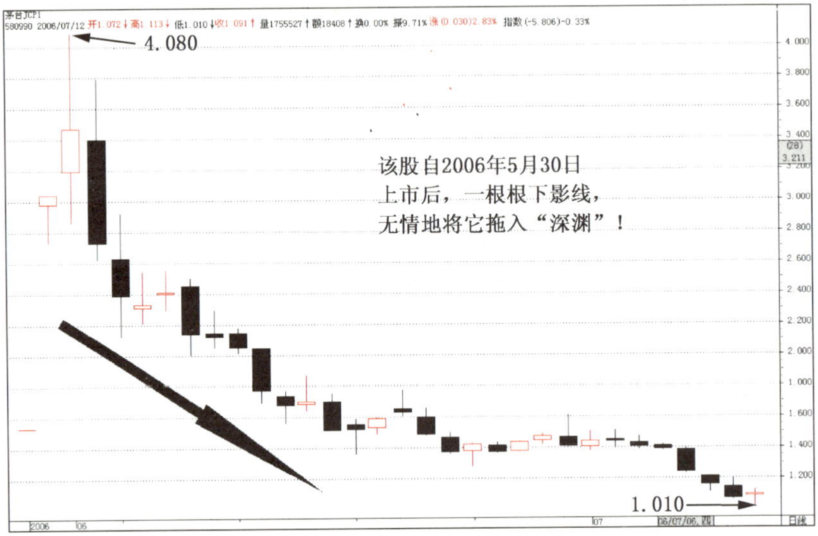

图 61　茅台 JCP1 K 线走势图

挖掘快速飙涨黑马绝技

在日K线中，如何能寻找到强庄主力的动向和股票“腾飞”的起涨点，捕捉到快速拉升甚至连续涨停的超级黑马，挖掘出能够长期上涨的大牛股？他的黄金K线九大操盘定式中的三种操盘模式，袒露了他的绝技与获暴利的“天机”。

2007年1月始，大盘进入高位震荡和调整期，绿多红少。许多人面对下跌的大盘和天天缩水的账户，无奈，叹息。而我发现李丰和他的学生们却表现得非常从容镇定，在剧烈震荡和下跌的行情中，他们不仅不亏钱，还常常能狙击到涨幅前列的强势股。后来，才发现，他们原来有一个专门捕捉飙涨强势股的操盘定式。那是李丰在机构操盘多年积累的结晶。经我的“软磨硬泡”，他把九大操盘定式中，捕捉连续涨停和在底部买入上涨最快股票的三个最主要的黄金操盘定式，无私地袒露出来，以飨投资者。

“斜阳西下”——寻找长期上涨大牛股的操盘定式

这是股票在下跌中的一种独特K线形态，也是主力被套式建仓的一种操盘定式，更是我们发现长期上涨大牛股的一种好方法。

✲ 定式特征

这一操盘定式的特征是：股价长期一路阴跌，主力被套其中，为自救，股价一路下跌，一路打压，一路吸筹。其形态极其完美，似“斜阳西下”一般。尽管是下跌，但K线运行得非常有规律，常常呈现出小阴小阳连续小幅下跌走势，规则而“漂亮”。正如一支训练有素的部队，即使是“撤退”，也是有条不紊。

✲ 判断方法

只要在一只长期下跌股票的K线运行中，发现了“斜阳西下”，对于它有规律的下跌，不仅不要慌张，反而应引起高度重视。这一独特的K线形态，正是发现长期上涨大牛股的一种前兆。常言道，重套出黑马，这种主力控盘程度很高、K 线运行极规则的股票，极有可能成为长期上涨的大牛股，是我们实战中狙击的极佳目标。

✲ 操作要点

(1)“斜阳西下”的 K 线形态，一定要处在相对低位，而绝不能在相对高位；否则，这种连续的下跌，便不是主力打压建仓的行为，而是在派发出货。

(2)K 线运行要有规则，不能“乱七八糟”。因为越规则，说明主力控盘程度越高，日后的暴发力度才会更大，“牛气”才会冲天。

(3)当发现“斜阳西下”的定式出现后，不要急于介入。而介入的条件是，一定要等到标志性信号的出现和确认；否则，介入得早，就要经受主力打压、建仓、洗盘这一漫长过程的折磨。只有当启动的信号发出时介入，才能轻松骑上快马和主力一道驰骋。

(4)这种操盘定式不光在熊市中常见，在牛市的调整行情中也会出现。尤其是在股票长期下跌或阶段性调整之后，“斜阳西下”定式往往更为多见，只要留心观察，必有所得。

实战案例二十二 中国远洋(601919)

该股于 2014 年 5 月 12 日以后，股价小幅回落，且非常有规律，可谓“稳中有跌，跌幅有限”，经过长达一个多月的下跌，跌幅也只有 10%，走出标准“斜阳西下”的操盘模式，随后在 2014 年 6 月 27 日一根放量带上影线的阳线宣告行情开始，此后股价稳步上涨(见图62)。

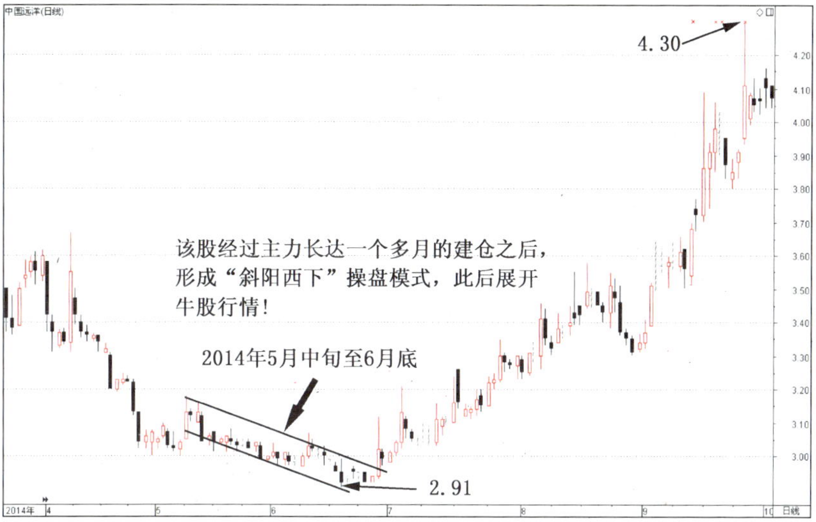

图62　中国远洋(601919)K线走势图

实战案例二十三 上海机场(600009)

2006年3月，该股在下跌途中，一段很有规则的小幅波动下跌，主力控盘程度很高，几乎天天收出阴十字星，形成了一幅典型的“斜阳西下”图画。随后，该股触底反弹，一路上扬，成了一只长期上涨的大牛股，至2007年1月，股价涨幅已达100%以上(见图63)。

图 63　上海机场(600009)K 线图

实战案例二十四　首创股份(600008)

2006 年 7 月 25 日至 8 月 7 日，在首创股份的 K 线图中出现了“斜阳西下”走势，此后，该股一波涨势随即展开(见图 64)。

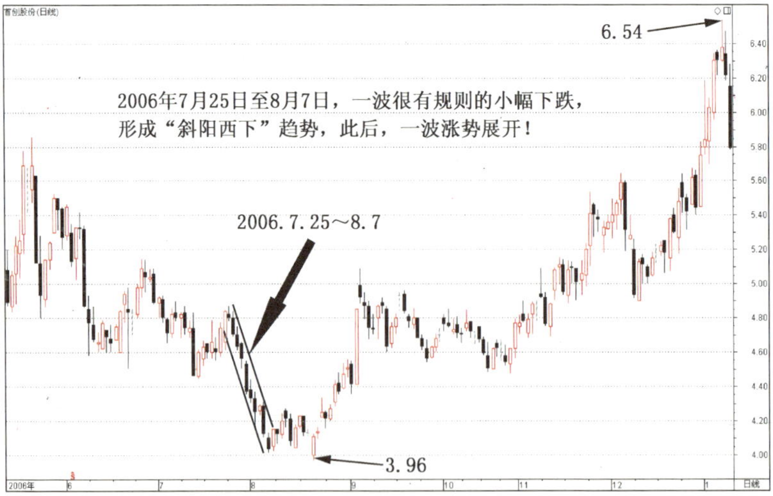

图 64　首创股份(600008)K 线图

“平台破位”——寻找短期快速拉升大黑马的操盘定式

平台破位式是主力机构采取横盘建仓，然后快速打压洗盘，将前期平台跌穿，使众多投资者割肉离场，然后快速拉升的一种操盘模式。

✲ 定式特征

（1）股价下跌一段时间，时间可长可短。

（2）股价进行了一段时间的横盘。通常，K 线以小阳、小阴、十字星为主，K 线波动幅度不大。

（3）股价快速打压，连续大阴线，通常为一到三根阴线，有时一根大阴线，有时两三根，不会再多。

（4）跌破平台后，股价并不下跌，反而拉大阳线或连续阳线，返回平台甚至超过平台。

✲ 操作要点

（1）股价要处于相对低位，或该股基本面良好，股价被低估。

（2）平台的时间不宜过长，通常在 1 个月左右。

（3）平台内的 K 线运行波动幅度越小越好，K 线运行状态越简单越好。

（4）跌破平台时，不要急于参与，而是要等到股价回升之后，或一根见底信号的 K 线出现之后，才可大胆买入。

（5）有时弱势市场中或相对高位的平台下跌，是出货走势，千万要加以区别。

实战案例二十五 漳泽电力(000767)

漳泽电力经过长期下跌后，又在2014年4月25日和28日，连续两天暴跌，收出两根大阴线；随后从4月30日开始股价企稳，不再大幅杀跌，转而变成长期横盘，一直到2014年6月18日；横盘将近两个月后，在6月19日再次破位下行，收出大阴线，完成了标准的“平台破位”操盘模式；在6月底，该股逐步上行，在混合所有制利好预期的推动下，不断走高（见图65）。

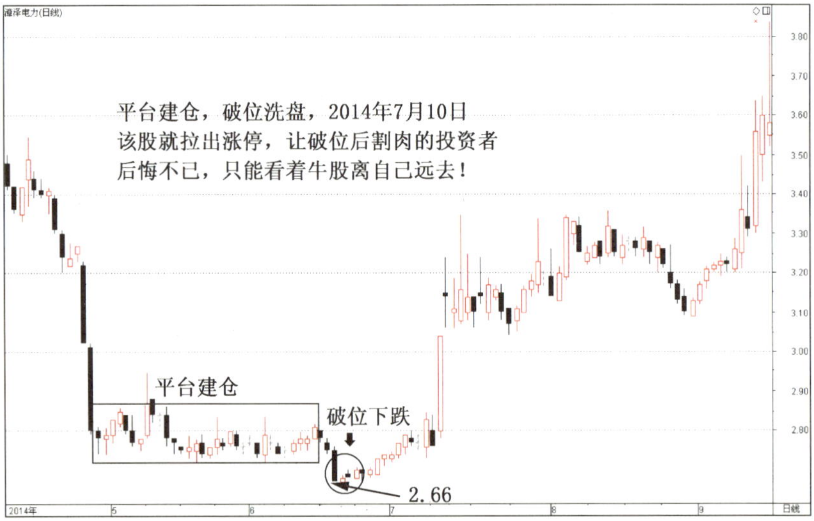

图65 漳泽电力(000767)K线图

实战案例二十六 太阳纸业(002078)

2006年11月16日该股上市以后，股价便长期处于横盘状态，一直到2006年12月25日。而此时，大盘从1 900点一路拉升到

2 400点，股市一片飘红。但该股长期横盘不涨也就罢了，在大盘快速拉升天天上涨的时候，该股竟于2006年12月26日开始连跌三根阴线，将长达1个月之久的平台击穿。此时，所有均线系统都已死叉，并且呈现空头排列，各项指标也出现死叉，股价大跌10%左右。当持有该股的投资者忍不住割肉离场，另寻“黑马”之时，太阳纸业却如一匹出栏疯马一样，短短3个星期，股价从18元左右拉到28.80元，上涨近60%。其实，黑马就在眼前，但如果看不懂主力机构的操盘意图，甚至不懂这是一种典型的操盘模式，那么，黑马只会擦肩而过。如果能够看懂，那么，当太阳纸业这匹黑马破位之时，正是我们要骑上它的时候。而一旦K线拉出，我们便可以稳稳当当地跨上这匹黑马，骑上一程，享受一下风驰电掣般拉升的感觉(见图66)。

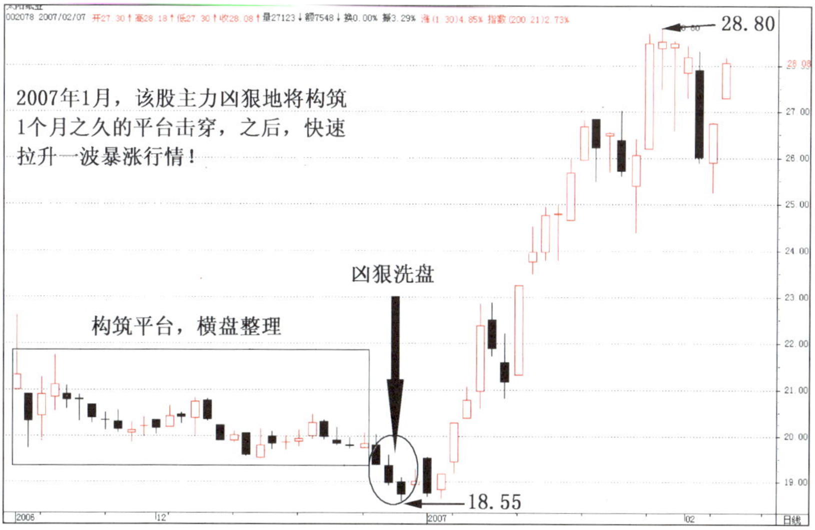

图66　太阳纸业(002078)K线图

实战案例二十七 力诺太阳(600885)

从 2004 年 12 月 20 日始，该股经过长期下跌之后，开始构筑了一个极为漂亮的平台。此时，大盘正跌破几年的历史大底 1 300 点，连续下挫，而力诺太阳却一路横盘，不为大盘连创新低所动。直到 2005 年 1 月 28 日，该股似乎也经不住大盘跌穿 1 200 点整数关口的考验，开始破位下跌，将精心构筑 1 个月之久的平台打穿，连续 3 天 3 根大阴线，股价下跌 10%还多。在如此恐慌的氛围中，持有该股的投资者纷纷逃命，但在 2005 年 2 月 2 日，力诺太阳以一根大阳线宣告大黑马的启动。在随后两周的时间内，股价连拉涨停，短短 11 个交易日，股价从 2.45 元拉到 4.36 元，上涨近 80%。对于这样的黑马、烈马，没有过硬的技术，当然只有被它狠狠甩下去再踢两脚了。但如果知道黑马的脾气，有良好的骑术，这样连续涨停的黑马正是好骑手的最爱(见图 67)。

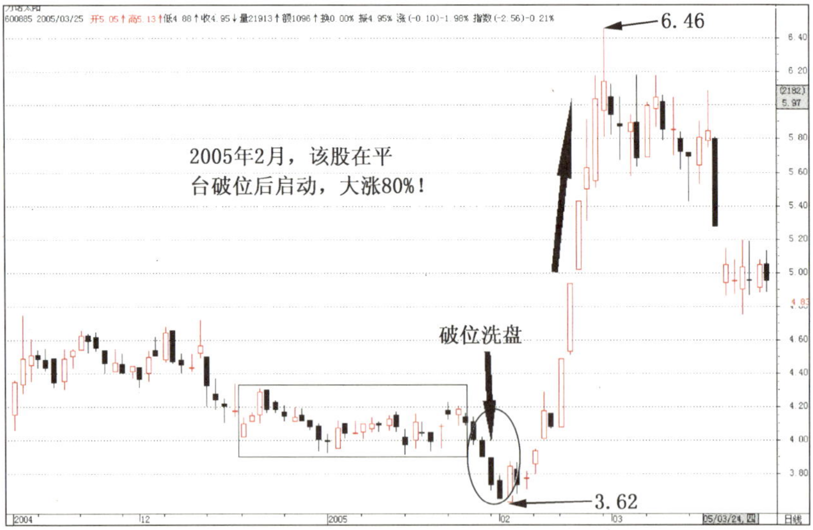

图 67 力诺太阳(600885)K 线图

类似的例子举不胜举。有兴趣的读者还可以看一下海虹控股(000503)2004年9月14日平台破位后的疯狂拉升表演,那也是惊天地,泣鬼神,上天入地。

值得特别强调的是平台破位的操盘模式,主力机构做盘手法极其富有耐心,而且打压与拉升的手法相当凶狠,能够骑上这样的黑马一定是赚钱很快的有效方法。因而要求投资者在使用时,必须提前跟踪,熟悉股性,而且在股价启动之时,才能动手。操作时还必须做到胆大心细,干净利落,稳、准、狠,"富贵险中求",最危险的地方,往往是最安全的。

"九曲回肠"——寻找3年持续上涨股票的操盘定式

九曲回肠的模式,通常是较大的主力机构或多家机构联合选取质地优良的蓝筹股进行长线操作的一种固定操盘模式。由于走势曲曲折折,反复上涨,故称"九曲回肠"。这种模式所走出来的个股往往牛气冲天,其上涨幅度通常在3倍以上。

✲ 定式特征

通常股价运行于一个较长时期的上升通道之中,而这种通道中的K线波动幅度较大,往往呈现反复震荡上扬走势,其通道一般在3个月左右,甚至1年或者更长。

✲ 操作要点

(1)股价处于相对低位。因为大主力进场一定不会在高位,只有较低的建仓成本才会走出长期牛股。

(2)起初股价波动较大,往往上涨三五天又回调三五天,因此,操作时应采取高抛低吸的反复波段操作。

(3)当股价进入快速拉升时,则应持股较长一段时间,改变原来的短期操作的思路。

(4)通常看K线时应进行复权处理,否则,因为除权而使K线运行难以辨别。

(5)一旦发现此种操盘模式,就要极有耐心地操作,不能着急,否则容易被洗出去。对此种操盘模式的个股要进行"利润最大化"的长期操作,将大牛股骑到底。

实战案例二十八 铁龙物流(600125)

2003年10月8日,该股以一根大阳线开始启动牛股征程。尽管此时大盘仍处于反复下跌过程当中,但此后长达半年的时间,该股走出"九曲回肠"的操盘模式。其后该股更是不理大盘的涨跌,一路将"大牛曲"进行到底。长达3年多的时间反复走高,股价翻了5倍以上。这样的大牛股,如果不知道这是长线主力的运作模式,那么再有耐心,也会被这只勤勤恳恳不断震荡拉升的火金牛甩下来,从而失去获得长线暴利的机会。只有提前知道这种操盘模式的牛股往往可以连续上涨3年,股价可以上涨3倍以上,则可以心中有乾坤,与牛股相伴到"黎明"(见图68)。

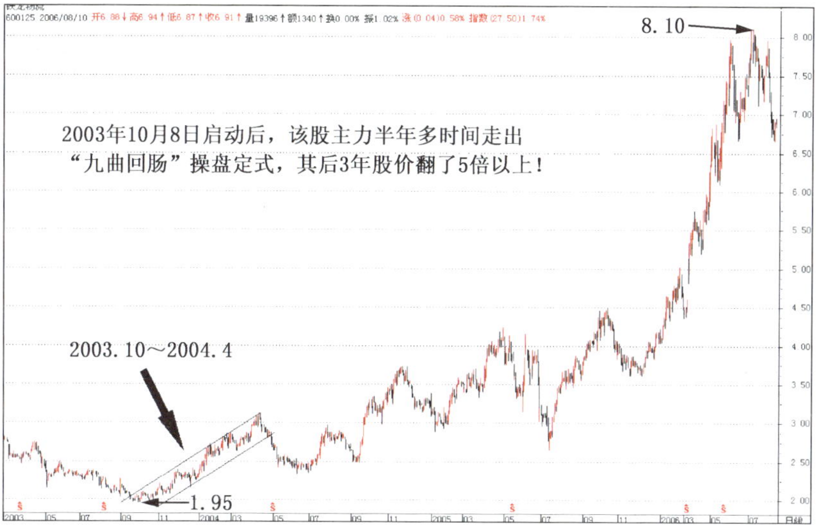

图 68　铁龙物流(600125)K 线图

实战案例二十九　上港集团(600018)

该股从 2004 年 6 月 28 日开始启动，走上漫漫牛途。此后长达 1 年时间，走出“九曲回肠”操盘定式。其后该股反复震荡上扬，直到整体上市后，更是如疯牛一样，短短 1 个月股价再翻番。如此牛气冲天的股票，股价连续上涨两年多，已经翻 3 倍了，牛市进程仍在不断推进。这样的大牛股千里难寻，一只足矣！又何必每日忙忙碌碌，丢西瓜拣芝麻的，忙到最后如同“狗熊掰玉米，两手空空”。

但是，对于这种牛股的操作必须有足够的耐心和过硬的技术，反复操作，那种根据均线及指标进行操作是无法把握好小波段操作的。因为太慢，而且往往容易做反。只有根据 K 线，才能较好地把握。另外，必须坚定信心跟“牛”走，不到翻倍不放手(见图 69)。

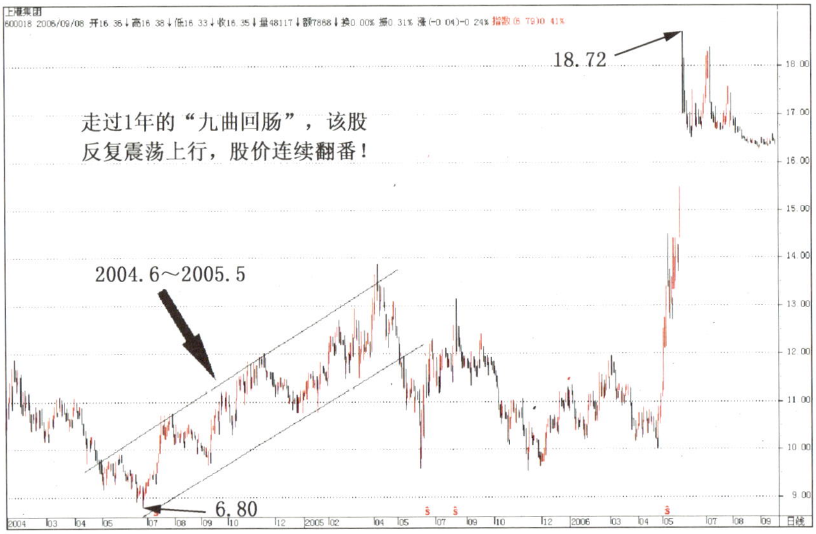

图 69　上港集团(600018)K 线图

实战案例三十 新文化（300336）

该股自 2012 年 7 月 10 日登陆创业板，盘中一度到达最高价 32.96 元，此后一路下跌，股价几乎打对折，直到 2012 年 12 月 3 日的 18.02 元才企稳。此后震荡上扬，尤其是自 2012 年 12 月 28 日后，一直到 2013 年 4 月 16 日长达 4 个月的时间形成“九曲回肠”操盘模式。该股为影视传媒行业，主力正是看中其行业前景和公司潜质才大举建仓，长期持有，一只大牛股就此诞生，股价连续翻番，不断创出新高（见图 70）。

图70　新文化(300336)K线走势图

实战案例三十一　中国联通(600050)、长江电力(600900)

这两只在2006年行情中明显慢于大盘的个股，不约而同地在同一天，即2006年8月10日开始走上大牛征程，并且都走出相同的“九曲回肠”操盘模式，而且时间都是3个月多。此后进入快速拉升，2007年1月，这两只个股股价才刚刚翻一倍，此后“牛途”不可限量。像这样的大牛股，绝对是超级大主力才可以运作，而超级大主力的选股一定是大牛股。其运作也一定是大手笔。炒股要听党的话，买股要跟主力走，买大牛股要跟超级大主力走，这才是股市大智慧，操盘大境界(见图71、图72)。

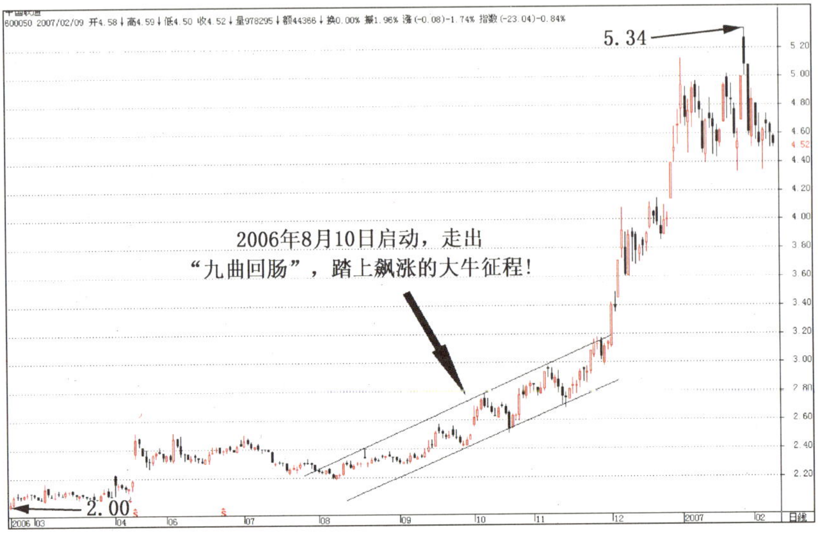

图 71　中国联通(600050)K 线图

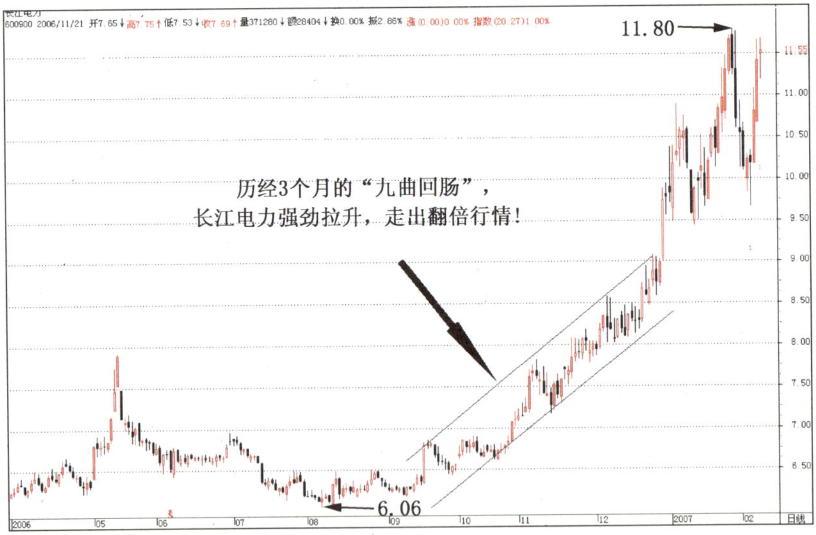

图 72　长江电力(600900)K 线图

在讲到黄金K线的操盘定式时，李丰最后对记者说道："黄金K线的操盘定式共有九种，无论过去、现在还是未来，主力的操盘手法难以改变，最多在细节上做些处理。由于牵涉太多机构操盘秘密，其他六种更具杀伤力的操盘定式不便公开，仅愿有缘者得之。

黄金K线"心法"八则

股海茫茫，时而"钱途"似锦，时而恶浪冲天。黄金K线"心法"八则助你战"心魔"，顶风浪，让财富之舟驶向胜利的彼岸。

黄金K线"心法"之一
赚自己能看得到的钱

在股市中，许多投资者往往会感叹：为什么我刚把股票卖掉，它就涨停。为什么我只赚了5角钱就跑掉了，它却上涨了5元钱？其实，非常简单，你知道它要涨停吗？你知道那只股票要涨5元钱吗？不知道。如果知道，那怎么会跑呢？**"所见即所得。"你的认识水平达到什么程度，那就是你该赚的钱**。再者，许多投资者往往看到大盘涨了，自己的股票不涨，甚至还在下跌，而涨停板上涨停的股票一片一片的，此时往往会心浮气躁，甚至气急败坏。其实，没有这个必要。你知道那些股票要涨停吗？不知道。因此，不是你的，就不要强求，否则只会徒增烦恼而已！只有努力提高自己的技术水平，不断加强自己的正确判断能力，提高自己“看得到”的水平，才能真正踏踏实实地赚属于自己该赚的钱。股票市场是一个充满诱惑与陷阱的地方，既是天堂，又是地狱。对有智慧有能力的人而言，股市是自动提款机，对于没有技术没有能力的人而言，股市是老虎机，有多少吃多少。所以，股票市场中的机会与财富是为智者所留，只有不断努力提高自己的认识水平，赚自己看得到的钱，才是股市中的长久生存之道！

黄金K线“心法”之二

当步子走乱时，先立正

每个投资者在股市里都难免犯错误，重要的是能及时改正。但常见一些人心里很浮躁，有的亏损了，想扳回来，结果，不停地追涨杀跌，犯同一个错误，陷入了恶性循环之中。这样做，不仅没能挽回失误，亏损额却越来越大。这时，暂停下来，无疑是最明智之举。就像一支队伍步子走乱了，先立正，然而再开步走，就会好了。面对错误和亏损，如果暂停盲目的操作，让自己的大脑冷静下来，好好总结一下犯错误的教训，再重新开始，方能进入良性循环的操作。

黄金K线“心法”之三

截断亏损，让利润奔跑

一些投资者往往资金量不大，打开账户一看，股票一大堆，而且“最难得的”，就是每一只都是套牢的。什么原因造成的，那是因为错误的思路决定的。操作中，往往投资者会把刚刚解套的股票以及赚一点钱的股票抛掉，又去补其他被套的股票。结果，越补越套，卖好留劣，致使手中的股票都是“套牢盘”。其实，这是完全错误的，这样的结果是非常严重的。正确的做法是“截断亏损，让利润奔跑”，即将套牢的股票走掉，去加仓已盈利的个股，绝不允许让套牢的股票越套越深，亏损越来越大，而应让赚钱的股票为你赚得更多，而不是让赚钱的股票只赚个零头就放掉。这样赚时只有一点，亏时却是一大块。相反，应该让自己“大赚小赔”，只有这样，才会使利润不断增加，而不是一天天缩水。

黄金K线“心法”之四

集中优势兵力打歼灭战

有一句话，叫“穷人孩子多”。我们有许多投资者的账户里面往往像是一个垃圾桶，什么股票都有，而且一大堆，有的人甚至都记不住自己有什么股票。试想，这种操作方式怎么可能有好的收益。之所以买很多股票，就是因为哪一个也吃不准，而这种“分散兵力”的做法，只会使自己顾头难顾脚，如同摆了一个地摊。而正确的方法应该是优中选优，集中自己的资金针对较有把握的2～3只股票进行操作，而且把资金分批买入或卖出。如果你将资金分成几份去买一只股票，不是同买十几只一样吗？而一旦能够集中资金做少数几只股票，则胜率会大大增加。通常大资金也不会将股票打得很散，有的主力机构几亿资金做庄时也不过打一只股票而已。我们常讲要战胜庄家，那种一个人战胜十几个甚至几十个庄家的事情，怎么会有呢？能够集中精力战胜一两个庄家就不错了。兵家最忌分兵，而只有集中优势兵力打歼灭战，做好一个再做另一个，才会每战必胜！

黄金K线“心法”之五

不打无把握之仗

一些投资者往往在股票套牢之后，才会着急，才会去看它的基本面如何，指标如何，给自己找足够的借口以及理由，使自己继续持有这只股票，认为一定会涨上去的。这种“马后炮”以及“掩耳盗铃”式自欺欺人的做法只会越亏越多。在没有买股票之前干什么去了呢？正确的操作应该在买入股票之前研究该股的基本面、技术面，甚至消息面，做好充分的准备，做到心中有底，胸有成竹，然后制订详细的操作计划，如建仓的价位、资金的分配，以及目标价位等。如果没有任何准备，用3分钟去决定一次操作，这样的操作必定"十赌九输"，而只有经过事前的充分准备才进行的操作，才会赢多输少，即使出错也有补救措施。这样才能使自己的资金非常的安全，才会使自己立于不败之地。

黄金K线"心法"之六

先保值，后增值，安全第一

进入证券市场，就是为盈利而来，但往往许多投资者"偷鸡不成反蚀把米"，甚至"赔了夫人又折兵"。这是因为忘记了最根本的原则："先保值，后增值。"有些投资者往往一只个股赚了许多，不肯走，又跌下来，还想着它涨，结果，由赚变亏，却依然盲目持股，直到亏损累累，忍不住下跌的风险，最后却因极度恐慌而割在"地板"之上。常言道，"资金为王"，我们在操作中一定要把资金管理放在第一位，做到安全第一，保值第一，其次才是增值盈利。

黄金K线"心法"之七

良好心态

投资股市要做到"四不"：不贪——贪与贫仅一点之差；不

惧——恐惧源于无知；不悔——世上永远没有后悔药吃；不躁——急躁容易犯错误。投资者若能做到以上四条，则自然心如止水，荣辱不惊。凭本事赚钱心安理得，没赚也不急不躁，再等目标，股市永远有机会。只要有良好的心态，才能战胜自我，立于不败之地。

黄金K线“心法”之八
寻找属于自己的盈利模式

股票市场中的方法都是正确的，又都是错误的，巴菲特靠投资取胜，索罗斯靠投机赚钱。关键是寻找适合自己性格与认识水平的盈利模式，找到这种模式，然后不断加以改进，并持之以恒地坚持，就一定会成功。而不是一天三变，每天都在找“赚钱绝招”，这样只会害了自己，使自己无所适从。因此，股市中成功的方法永远只有一条：那就是要找到适合自己的盈利模式，不断完善并永远坚持之。两者缺一不可，找不到属于自己的盈利模式，永远是盲目操作；找到了，不能完善并坚持如同没有；既能找到又能坚持，就必定成功。

采访后记

8年过去了。2014年国务院出台了“新国九条”，其中很重要的一项是鼓励和支持私募基金发展。2014 年 5 月，李丰所在的华展金丰投资管理有限公司取得了由中国证券投资基金业协会颁发的私募基金管理人牌照，成为开展私募证券投资、股权投资、创业投资等私募基金业务的合法金融机构。记者采访时得知，他们已经先后投资了文化传媒、影视、环保、新材料及互联网等多家公司，同时他们成立的阳光私募股票基金也正在稳步发展。作为与李丰交往多年的“忘年挚友”和新闻人，从内心为他的进步感到由衷的高兴，也祝愿他与他的华展投资在中国金融这块沃土上能不断创新，蒸蒸日上！

“涨停王”组合

捕捉
涨停绝技

刘磊　俞斌杰　职业投资人刘磊、俞斌杰捕捉涨停板九大绝招

索罗斯名言：当你对一项交易拥有巨大的信心时，你必须寻找咽喉、要害之处！

在跌宕起伏的股票市场，他们以绝妙的组合和超人的智慧，勇擒飙涨黑马，专门狙击涨停，挑战“今天买入，明日涨停”的操盘极限，战果累累，名震中国股坛……

刘磊

生于 1971 年

黑龙江齐齐哈尔人

大学文化

网　名

开心猪

入市时间

1999 年

俞斌杰

生于 1983 年

浙江湖州人

大学文化

网　名

神剑

入市时间

2001 年

投资风格

善于寻找涨停板启暴点

在快速绝杀中制胜

投资格言

缜密思考

细心研究

修炼扼住主力咽喉、要害之功

篇首语

——成功的“磨砺石”

2015年初，当我时隔8年之久，重访当年叱咤中国股市的“涨停王”组合——刘磊和俞斌杰时，我的心一直在猛烈地激荡：

真没想到，8年前他们珠联璧合，狙击涨停的神技威震四方，8年后他俩竟都成了著名的私募基金经理。虽各战南北，有了各自新的组合，但他们的神勇绝技更胜当年。

北京的“神剑”与我采写过的同在《民间股神》第三集中的“顺手黑马”于2013年年底发行“天乙1期阳光”私募基金。2015年1月11日我有幸在北京参加该基金成立一周年庆典会，其间，再次相遇“神剑”，当年敢冲敢杀的“涨停王子”，如今变成了一位沉稳成熟的江湖私募经理。他深有感触地对我说:“白老师,离你第一次采访我时已快10年了,10年里发生了很多事情,那段年少轻狂的幸福时光已经离我远去,每个人都在成长,而我对股市的理解也在不断地改变。我也从过去的激进抓涨停,到现在追求稳健的价值投资。在股市生涯中,我最喜欢那句带有哲学气息的‘太阳底下无新鲜事’,而如今,我也懂得了在茫茫股市,除了安全,还是安全。学会生存,才能成长。”

交谈中,“顺手黑马”也向我直夸赞他的搭档俞斌杰:“白老师,‘神剑’在当年狙击涨停中锻炼很大,盘面敏感度极强,操作手法凶狠、沉稳,他可是阳光私募基金行业极少数的几个80后基金经理之一,我们基金成立一年战绩能做到翻番,他可是功不可没啊!”

“涨停王”组合的另一位骁将刘磊,不久前,我也曾亲临济南大明湖畔探访他。在行情低迷之时,我欣喜地看到他的业绩却在不断翻番,几年来资金规模越做越大,在阳光私募行业堪称“航母级”。他也从当年的“涨停王”成功转型为一个管理和操作巨额资金的阳光私募经理,成为江湖私募行业中的一位佼佼者。

在岁月的流逝中,在风雨无常的行情中,刘磊和俞斌杰为何一直能“青春焕发”?为何能持续不断地创造奇迹,谱写新的传奇?通过与他们在QQ、电话交流和在重访中探寻,我深深地感悟到,他们的成功,有一个“秘密之点”——那就是离不了当年“涨停王组合”那段岁月的磨砺:他们日夜不间断的交流,完美默契的配合,智慧灵光的碰撞,以及果敢、剽悍操盘风格的反复锤炼,终将使他们这对亲如兄弟的“涨停王”组合的操盘技艺达到了炉火纯青的地步。至今，成功后的他们再聚首，仍忘不了携手并肩作战的那年，那月，那日……

引子：巧遇“涨停王”组合

2007 年 3 月 24 日，深圳。

这是中国股市值得铭记的日子。这一天，中国首届私募基金会议在深圳隆重召开。

这一天，来自全国各地的私募基金经理们第一次阳光化地亮相于中国股坛，有林园，有雷曼兄弟，有德摩资本……

然而，在众多的代表中，有一位白白净净的年轻人，他矮小的身材，戴着一副眼镜，并不引人注目，几乎谁也没有意识到他的存在。

这位年轻人是谁呢？

他叫刘磊，是会议应邀的一位特殊代表，来自山东济南的大明湖畔。他的身份是一个闻名于大江南北的“涨停王”组合的代表。

他的“涨停王”组合的伙伴名叫俞斌杰。比他小一轮，俩人都属猪，和其他“敢死队”当日追涨停板的做法所不同的是，他们往往头天介入，第二天股票涨停，被广大投资者赞誉为机智的“涨停王”。

自 2005 年这对“涨停王”组合成立后，他们虽然一个在济南，一个在北京，但通过网络，通过超人的智慧，连连创造佳绩，不仅震撼了京城，震撼了泉城，也震撼了股天下的所有投资人。

当刘磊参加完首届私募基金会前来向师弟“汇报”并商讨今后的计划时，我抓住这对“涨停王”组合在京的良机，昼夜不停地挖掘他们抓涨停制胜股海的秘诀。

现将他们实战组合共同激战涨停的绝技及部分交割单真实地笔录下来（注：在2015年重访刘磊和俞斌杰时，他俩对捕捉涨停板的绝技一文进行了认真修改，增加了许多他们新操作的案例，使老绝技焕发出了新的光彩）。

绝技一 “散户坑”催生涨停黑马

✲ 投资要点

（1）个股建仓拉高后进行长时间的平台整理，量能配合合理，呈典型价增量升、价跌量减趋势。

（2）在此平台整理末端，主力通过缩量洗盘，使其K线形态出现“散户坑”。

（3）当“散户坑”“埋葬”了无数散户之后，主力再度激活股价，放量走高，形成价增量升之势。

（4）当股价运行到“散户坑”右边的平台临界点附近时，主力以剽悍手法，将股价一拔冲天，放量涨停突破平台，短线主升浪开始。

实战案例一 北矿磁材(600980)

2010 年 3 月 4 日～6 月 17 日，北矿磁材拉高后进行了长达 3 个月的平台整理，股价一直在 15 元上下做横盘整理。该平台量价配合合理，价增量升，价跌量减，并未出现主力减仓迹象。自 2010 年 6 月 18 日始，主力开始向下缩量洗盘，一直到 2010 年 7 月 21 日形成散户坑。2010 年 7 月 22 日，主力盘中大单启动，强力涨停，挖坑结束，股价震荡走高，并在 8 月 30 日以涨停突破前期平台，加速上涨，在随后两个月股价翻番！（见图 1）

图 1 北矿磁材(600980)散户坑

实战案例二 宜安科技(300328)

该股于 2014 年 9 月 30 日前放量拉高后进行平台整理，平台整理中出现多个头部，显示此乃主力进一步吸筹表现。2014 年 12 月 18 日冲击高点后，主力迅速无量打压，形成散户坑。2015 年 3 月 3 日一举放量涨停，短线主升开始(见图 2)。

图 2 宜安科技(300328)散户坑

实战案例三 陆家嘴(600663)

2006 年 3 月 29 日～9 月 25 日，陆家嘴进行了长达半年的平台整理，股价一直在 7～8 元做窄幅横盘整理。该平台量价配合合理，价增量升，价跌量减，并未出现主力减仓迹象。自 2006 年 9 月 25 日始，主力开始向下缩量洗盘，一直到 2006 年 11 月 26 日形成散户坑。2006 年 11 月 27 日，主力盘中大单启动，强力涨停，突破前期整理平台，短线主升开始(见图 3)。

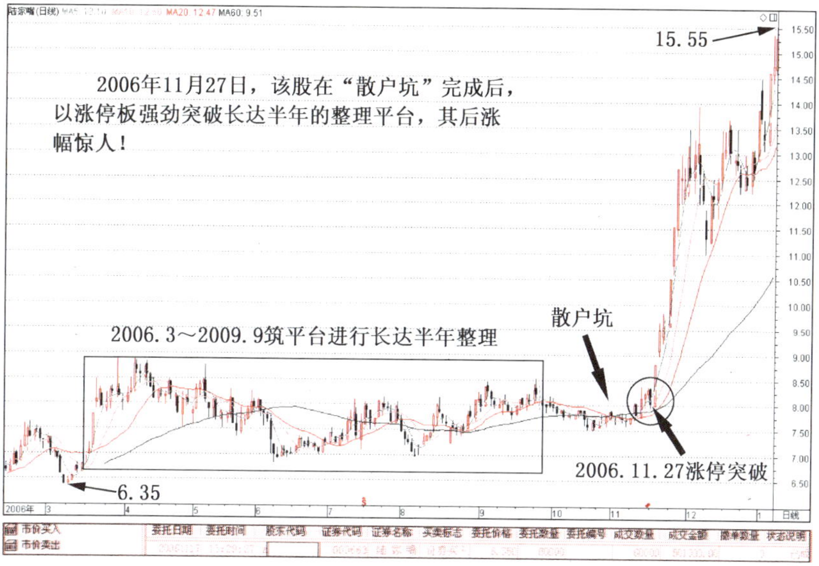

图3 陆家嘴(600663)走势图

✲ 操盘回忆

当时整个大盘热点比较散乱，一直缺少一只领军的龙头股来领导市场的板块热点。2006 年 11 月 27 日那天，我正在翻查自己的自选股，突然对陆家嘴的形态似乎有相识的感觉，盘口的异动迹象非常强烈。当时正与工作室的朋友谈笑间，陆家嘴开始放量启动。由于该股的股性非常活跃，处于平台突破的关键点，就果断吃进陆家嘴。买入后，该股即继续放量拉升，盘中稍做整理，突然几笔大单直接将其拉至涨停。主力手法凶狠，从盘口分析已经很明显地判断出该股短期内有翻倍的可能。

✲ 实际运行结果

介入后，9个交易日该股短线涨幅超过50%，成为当时市场的领头羊。截至2007年3月27日，陆家嘴涨幅已经超过140%。

实战案例四 鲁银投资(600784)

该股于2006年6月6日前放量拉高后进行平台整理，平台整理中出现多个头部，显示此乃主力进一步吸筹的表现。2006年10月16日冲击新高后，主力迅速无量打压，形成散户坑。2006年12月18日一举放量涨停，短线主升开始(见图4)。

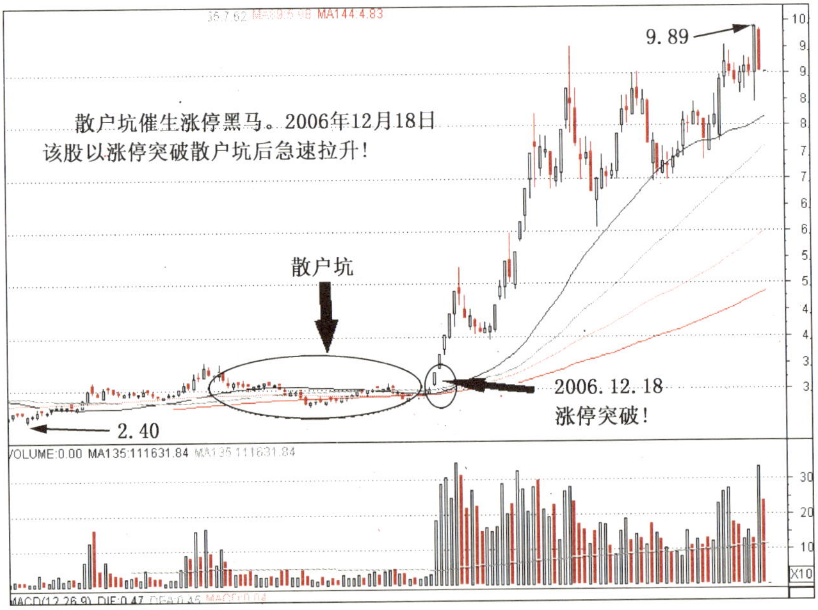

图4 鲁银投资(600784)走势图

2015 年重访俞斌杰和刘磊时，他们补充道：上面所说的散户坑一般是指在低位区域，在整理的末区，而我们今天要补充的散户坑是在中位区域。从市场的形态来讲，是前期出现了一定的涨幅，而在中途进行整理洗盘的形态。从形态上来讲，或是头肩底形态，或是双底形态等，而从筹码的角度来讲，是为了提高市场的整体持仓成本。

实战案例五 中科三环(000970)

该股属高端稀土永磁概念。2010 年下半年大幅拉高后进行平台整理，在 2011 年接近一年做中位平台整理，随后在大盘不济的情况下，开始无量挖坑，在半年周线处止跌回升，做出一个头肩底形态下的散户坑，于 2012 年 5 月 2 日放量涨停突破正式拉升，伴随着对业绩释放的肯定，在随后的 48 个交易日里，涨幅超过 50%(见图 5)。

图 5 中科三环(000970)走势图

绝技二　涨停，从“彩虹桥”上腾飞

这是“形态短线必杀技”的第二种抓涨停的方法。

✲ 投资要点

(1)个股建仓呈震荡走高趋势，主力在震荡建仓中洗盘，量价配合合理，呈典型价增量升、价跌量减趋势。

(2)在主力建仓平台整理末端，逐步放量激活股价，突破上升趋势阻力线，并在趋势阻力线上方形成“彩虹桥”走势。

(3)当股价运行至临近“彩虹桥”末端之时，再度放量，突破在即。

(4)此刻，主力凶悍地将股价拉至涨停，打开上升空间，主升之道就此展开。

实战案例六 美盛文化(002699)

该股主力前期拉高后形成长时间横盘整理、震荡走高趋势。2014 年 9 月开始股价突破前期高点，出现“彩虹桥”。2014 年 9 月 2 日，该股正临近整理末端之际，主力在“桥头”急速拉升，以涨停突破，开始新一波上涨(见图 6)。

图 6　美盛文化(002699)“彩虹桥”

实战案例七 清华同方(600100)

该股主力前期拉高建仓,出现震荡走高趋势。2007 年 1 月 8 日,股价突破上升趋势线,并在趋势线上方出现“彩虹桥”。2007 年 1 月 18 日,该股正临近整理末端之际,主力在“桥头”急速拉升,以涨停突破,短线主升浪开始(见图 7)。

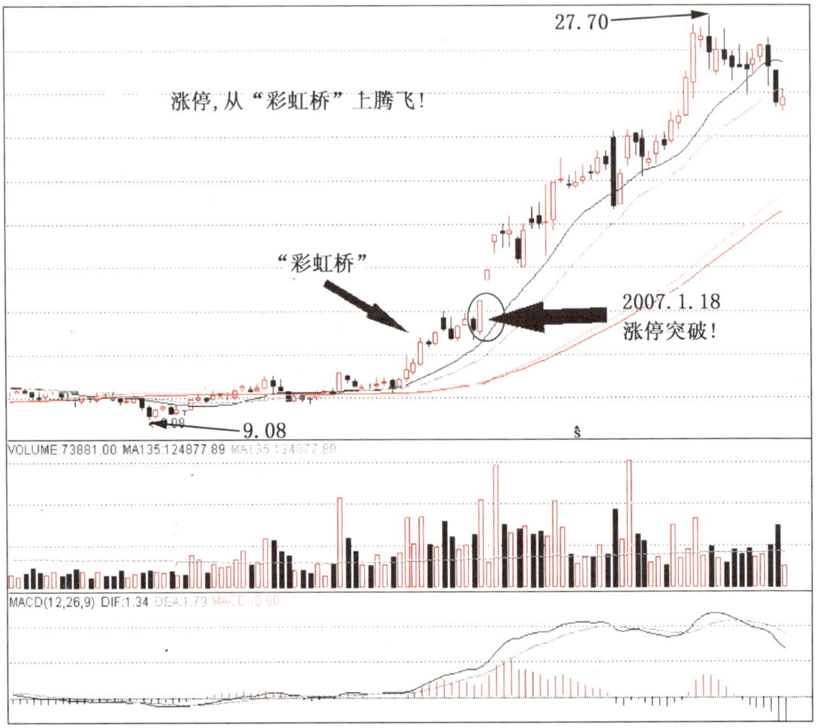

市价买入 市价卖出 对买对卖 撤单[F3] 查询

委托日期	委托时间	股东代码	证券代码	证券名称	买卖标志	委托价格	委托数量	委托编号	成交数量	成交金额	撤单数量	状态说明
20070118	10:01:39	A	600100	同方股份	证券买入	13.490	33000		19355	261098.95	13645	部撤
20070118	10:03:08	A	600100	同方股份	证券买入	13.490	33000		13645	.00	0	已成
20070118	10:57:13	A	600100	同方股份	证券买入	13.920	13000		0	.00	13000	已撤
20070118	10:58:45	A	600100	同方股份	证券买入	13.920	13000		13000	.00	0	已成

图7　清华同方(600100)走势图

✲ 操盘回忆

对清华同方的认识要追溯到几年前。该股在我们老股民的心中历来是科技股的龙头,其龙头的地位具有不可代替的作用。对于它,我们也是格外关注。已经看了好几个星期的清华同方,其形态正在按照操盘的手法和我们的判断不断演化,显示出短线以及中线完美的爆发迹象。2007年1月8日,该股放量冲高,盘中几笔大单欲封涨停。当时，给我们强烈的第一感觉是：第二个活生生的陆家嘴，主力实力非凡，此系大庄所为！从盘口看，鉴于主力并无坚决封涨停意愿，我们估计它在这个位置对趋势线的突破将进行巩固。因此，当天并没有介入。

在随后7个交易日里，主力继续震荡洗盘，巩固成果，完成经典“彩虹桥”的构筑。2007年1月18日，该股早盘逆市放量拉升，我们迅速下单，果断跟进，下午主力逆势巨量封涨停，飙升之路从此开始。

✲ 实际运行结果

清华同方在短短3个交易日短线涨幅超过28%，成为当时市场的热点龙头。截至2007年3月16日，该股涨幅已经超过100%。

在重访“涨停王组合”时，他们说：在这几年的股票行情中，“彩虹桥”的技术走势可以说发挥得淋漓尽致，且不说单一的个股行情走势，而是从板块的共振性考虑，“彩虹桥”的成功率在所有的大牛成长股上都得到了很好的验证。我们基金操作的中国中铁、中国铁建，就是很明显的“彩虹桥”走势。

实战案例八 中国中铁(601390)

该股经历了两个多月的“彩虹桥”走势，在国家高铁“走出去”战略下，资金不断在“彩虹桥”上吸纳吃货。从前期的压低震荡吃货，到这段时间的拉高吃货，主力游刃有余。终于在2014年12月8日大盘长阳爆发，该股涨停加速，直接走出了波段主升浪，涨幅高达80%。

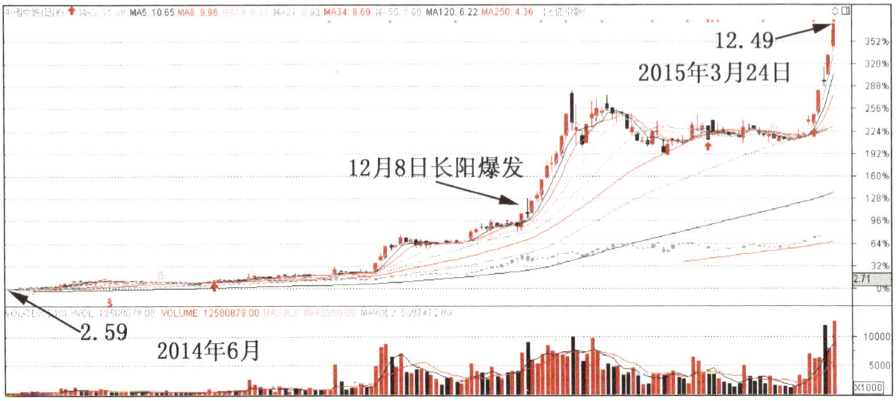

图 8　中国中铁(601390)K 线走势

绝技三　“散户坑＋彩虹桥”催生超级大黑马

投资要点

一只大牛股的诞生，不只是单一的技术形态，而常常是由多种形态组成的复合形态。“散户坑＋彩虹桥”就是一种比较常见的大牛股复合形态。当它们出现时，我们应该高度重视，把握启动时机，及时跟进，往往会有丰厚的回报！

实战案例九 南天信息(000948)

南天信息于2013年11日至14日见7.23元的阶段低点后，构筑窄幅整理平台。2014年2月加大建仓力度，于4月建仓完毕。之后，该股开始缩量洗盘至2014年5月9日形成散户坑并停牌。复牌后，该股连续涨停。此刻，该股股性已经完全激活，"散户坑"大致完成。随后，该股震荡走高，形成"彩虹桥"走势，随着"彩虹桥"形态的构筑完毕，股价迫近平台历史高点！次日该股早盘高开后，便直接放量冲击涨停！突破长达1年的平台整理，短线进入主升之路，一气呵成，连续4个涨停板(见图9)。

图9 南天信息(000948)的"散户坑"与"彩虹桥"

实战案例十 杭萧钢构(600477)

杭萧钢构于2005年7日21日见2.40元的历史低点后，构筑窄幅整理平台。2006年4月26日，该股主力放量拉高，加大建仓力度，于7月建仓完毕。之后，该股开始缩量洗盘至2006年12月27日形成长达3个月的双底散户坑。次日，该股放量拉高，至双底颈线位。此刻，该股股性已经完全激活，散户坑大致完成。随后，该股震荡走高，形成“彩虹桥”走势，随着“彩虹桥”形态的构筑完毕，股价迫近平台历史高点！次日该股早盘高开后，便直接放量冲击涨停！突破长达1年的平台整理，短线进入主升之路，一气呵成，连拉11个涨停板（见图10）。

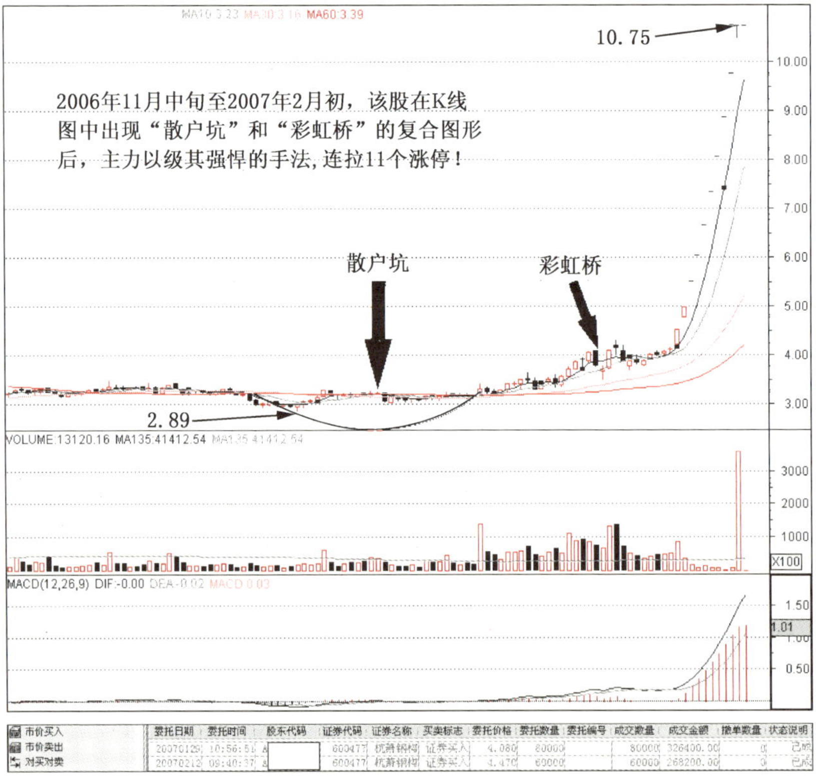

图10　杭萧钢构（600477）的“散户坑”与“彩虹桥”

✲ 操盘回忆

2007 年 1 月中下旬，个股鸡犬升天，此时为私募坐庄的个股进行拉升提供了良好的市场环境。杭萧钢构就是一个典型的例子。我们对它的形态早已纳入自选股，庄家坐庄的迹象很明显，2007 年 1 月份不断地放量震荡，以及盘口异样的表现形态，我们判断此股将在近期有突破的表现。2007 年 1 月 29 日，该股放量涨停，“彩虹桥”有构筑完毕的迹象。于是，我们便在涨停打开之际介入。本以为主力即将突破，然而随后大盘大幅下跌，该股主力顺势而为，进一步清洗浮筹，股价至 20 日均线止跌。随即该股小幅放量走高，再次逼近平台高点。2007 月 2 月 12 日，主力高举高打，早盘巨量封住涨停。在涨停板打开时，我们又一次加仓。随后，该股一笔5 000手大单封住涨停，至此再也没有打开涨停。

✲ 实际运行结果

该股连续涨停 10 个交易日，股价涨幅超过 153%。

实战案例十一 中信证券(600030)

时间：2010 年 10 月～2014 年 11 月。

说到完美的复合形态，不得不提我们最喜爱的 600030，这个复合形态周期比较长，2010～2014 年长期做一个平台，在正式突破那一天之前，一直在我们的自选股里面，里面包含了“散户坑”与“彩虹桥”等一系列底部多头复合形态。2014 年 11 月 21 日，该股一个放量突破新高，成为我们的焦点目标，22 日更是以平台历史巨量跳空高开，成为一波主升的开始，随后成为阶段性行情领头羊，带领大盘攻击 3 500 点。短短 32 个交易日，该股涨幅最高达 146％左右。

图 11　中信证券(600030)走势图

绝技四　涨停板必杀技："4 连阳＋1 阴切线"

投资要点

(1)股票拉高建仓后，形成中继平台整理，量价配合合理，此整理阶段该股形成多个头部，但头部区域量能缩小，主力并未有出货迹象。

(2)整理末端，股价出现 4 小连阳，量能呈逐步放大过程，5 日均线呈多头上升趋势。

(3)当4连阳出现后的第五个交易日,K线呈小阴整理,量能迅速萎缩。

(4)当5日K线组合形成典型的“4连阳+1阴切线”后,次日股票涨停突破,波段上涨行情展开。

实战案例十二 凤凰光学(600071)

该股大幅拉高后,于2014年8月~2015年1月进行长时间平台整理。2015年1月15日至20日,该股连续出现逐步放量4连阳,5日线顺势多头攻击。1月21日,该股形成1小阴切线,次日该股放量涨停,一举突破前期下降通道,个股进入上升趋势(见图12)。

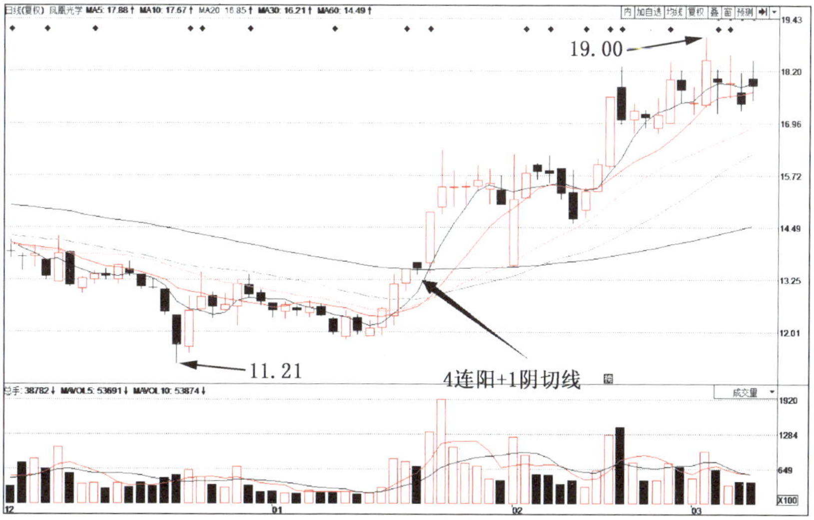

图12 凤凰光学(600071)“4连阳+1阴切线”走势图

实战案例十三 特变电工(600089)

该股拉高建仓后，于 2006 年 5 月 22 日～12 月 11 日进行长时间平台整理。在此平台整理中，量价配合合理，并未出现主力出货迹象。随着整理平台末端的结束，2006 年 12 月 13 日至 12 月 18 日，该股连续出现逐步放量 4 连阳，5 日线顺势多头攻击。12 月 19 日，该股形成 1 小阴切线，次日该股放量涨停，一举突破前期整理平台，个股进入主升之路(见图 13)。

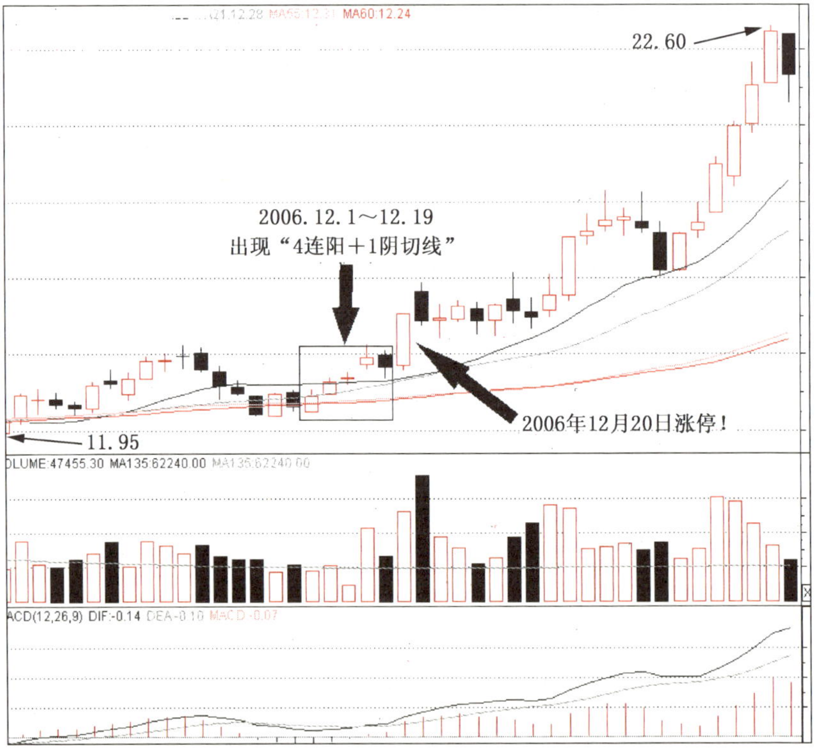

图 13 特变电工(600089)“4 连阳＋1 阴切线”走势图

✼ 操盘回忆

每个股票都有自己的技术时间轮换，到了特定的时间与特定的空间，就会产生很大的变盘概率。我们对这点一直深信不疑。操盘室内，我们还是很忙碌地工作着，对于每只短线自选股都严密地监视着。

2006 年 12 月 18 日，特变电工这一只早已进入我们视线的股票正不断地被我们翻到盘面上来：这天已是第 4 个小阳了，离变盘点很接近了！明天是关键点，也应该是买入点。

第二天一开盘，该股小幅高开，随即主力顺势打压，我们就在 5 日线附近等着它。位置到了，该下单了。迅即，我们果断重仓买入（见图 14 交割单）。收盘的前几分钟，在盘口上我们看到主力抢单的急切心情，决定跟主力抢时间，我们又一次加大建仓力度。

成交时间	证券代码	证券名称	操作	成交价格	成交数量	发生金额	合同号	股东代码	摘要
2006-12-19 10:39:40	600089	特变电工	买入	13.530	2525	34163.25	00203121	A257433638	正常交易
2006-12-19 10:39:40	600089	特变电工	买入	13.530	1000	13530.00	00203121	A257433638	正常交易
2006-12-19 10:39:43	600089	特变电工	买入	13.530	300	4059.00	00203121	A257433638	正常交易
2006-12-19 10:40:02	600089	特变电工	买入	13.530	3800	51414.00	00203121	A257433638	正常交易
2006-12-19 10:40:03	600089	特变电工	买入	13.530	2300	31119.00	00203121	A257433638	正常交易
2006-12-19 10:40:08	600089	特变电工	买入	13.530	500	6765.00	00203121	A257433638	正常交易
2006-12-19 10:40:08	600089	特变电工	买入	13.530	2000	27060.00	00203121	A257433638	正常交易
2006-12-19 10:40:15	600089	特变电工	买入	13.530	7575	102489.75	00203121	A257433638	正常交易
2006-12-19 11:19:31	600089	特变电工	买入	13.420	500	6710.00	00203478	A257433638	正常交易
2006-12-19 11:19:34	600089	特变电工	买入	13.420	4500	60390.00	00203478	A257433638	正常交易
2006-12-19 11:21:14	600089	特变电工	买入	13.400	1100	14740.00	00203479	A257433638	正常交易
2006-12-19 14:43:42	600089	特变电工	买入	13.640	340	4637.60	00205224	A257433638	正常交易
2006-12-19 14:43:42	600089	特变电工	买入	13.640	4660	63562.40	00205224	A257433638	正常交易
2006-12-19 14:45:16	600089	特变电工	买入	13.650	1483	20242.95	00205451	A257433638	正常交易
2006-12-19 14:45:16	600089	特变电工	买入	13.650	500	6825.00	00205451	A257433638	正常交易
2006-12-19 14:45:16	600089	特变电工	买入	13.650	1000	13650.00	00205451	A257433638	正常交易
2006-12-19 14:45:16	600089	特变电工	买入	13.650	500	6825.00	00205451	A257433638	正常交易
2006-12-19 14:45:16	600089	特变电工	买入	13.650	200	2730.00	00205451	A257433638	正常交易
2006-12-19 14:45:16	600089	特变电工	买入	13.650	917	12517.05	00205451	A257433638	正常交易
2006-12-19 14:53:17	600089	特变电工	买入	13.700	10000	137000.00	00205180	A257433638	正常交易

图 14　特变电工(600089)交割单

收盘了，一切都结束了，看着账户上那红色的收益，我们心里轻松极了。果然，该股第二天早盘逆势放量走高，一举封住涨停。

✲ 实际运行结果

22 个交易日,该股涨幅超过 60%。主力稳健的手法,让大家都获得了共赢。

实战案例十四 大连国际(000881)

该股前期拉高建仓后于 2006 年 6 月 5 日短线见高点,随后该股进行平台整理,构成三角形整理平台。随着整理末端的结束,2006 年 12 月 13～18 日连续出现逐步放量 4 连阳,5 日线顺势多头攻击。12 月 19 日,该股再次缩量洗盘,形成 1 小阴切线,次日该股放量涨停突破,一举突破前期整理平台,个股进入主升浪(见图 15)。

图 15 大连国际(000881)“4 连阳+1 阴切线”走势图

✻ 操盘回忆

"4 连阳＋1 阴切线"是我们短线操盘常用的绝技之一。2006 年 12 月 19 日在盘中我们先关注了特变电工，同时也发现了大连国际，盘中的抉择还是相当困难。但是，由于对操盘绝技实战性的深信不疑，我们还是在该股的尾盘进了一部分仓位。第二天，该股也是放量涨停，证实了此绝技的实战性。

✻ 实际运行结果

2 个交易日，该股短线爆发拉升，涨幅超过 20%，截止到 2007 年 3 月 27 日该股涨幅超过 130%。

实战案例十五 百大集团(600865)

该股经过近两个月的震荡洗筹，于 2015 年 2 月 11 日涨停板起动，连拉三个大阳线。然后，平台整理(缩量)。从 2015 年 3 月 16 日连续 4 天小阳线，3 月 20 日小阴线。如果熟知这一原理，在此位置介入，又连续两天收获 1 个涨停板，一个大阳线。到 4 月 7 日斩获 80%的收益。

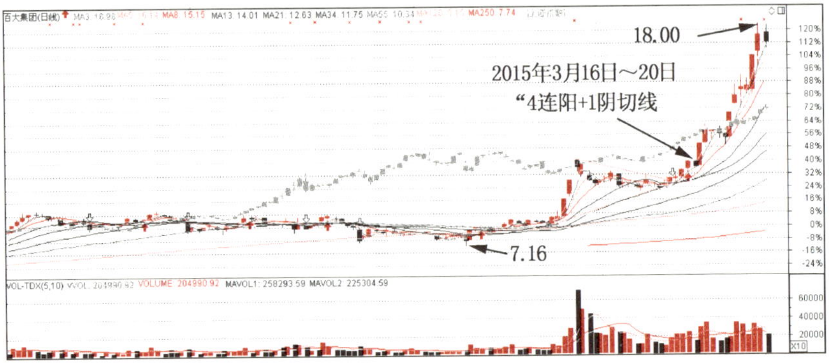

图 16　百大集团(600865)K 线走势

按图索骥

本案例为小编所加，因为在看了这个理论后，恰好实战中观察此股，想试试以此理论指导实战。在 3 月 20 日小阴线近收盘时 11 元介入，直到 4 月 7 日，斩获 80% 的收益。

✲ 扩展:"N 阳+1"

补充:"4+1"原理其实建立在K线和均线形态的基础上,因为第五根K线其本质是突破和5日均线助涨。在实战中我们又发现了N阳加1阴或者者2阴线的K线定式,其本质与"4+1"原理大致相同,同样会有很强大的涨停基因。

> **编辑余话**
> "N阳+1"的案例,读者可以对照软件,寻找案例认真练习研究总结。

实战案例十六 宁波联合(600051)

宁波联合仍是4连阳加2小阴的K线定式(2015年4月1日~4月9日)。在第2根线处介入,后面3天最高达到30%的涨幅(见图17)。

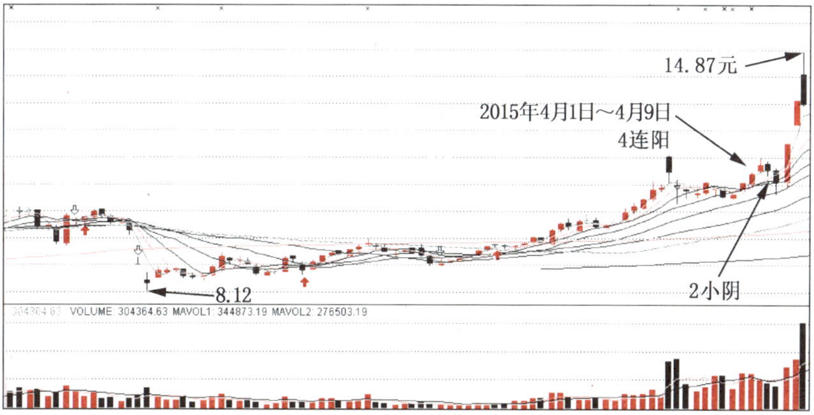

图17 宁波联合(600051)K线走势

绝技五　涨停板必杀计:“V型反转+1阴切线”

✲ 投资要点

(1)股票拉高建仓后,形成中继平台整理,量价配合合理,呈典型价增量升、价跌量减趋势。

(2)在平台整理末端,主力打压,股价急速下跌,呈量减价跌趋势。

(3)股价缩量下跌至某日(3天内,包括3天),突然放量反转拉升,突破前期下跌平台,呈V型反转走势。

(4)随后,主力再度进入最后洗盘阶段,当日洗盘结束,次日主力将股价拉至涨停,突破中继平台。

实战案例十七 中科云网(002306)

该股在股价翻倍后,于2014年2~5月形成中继平台整理。2014年4月15日,主力突然放量下跌,破位后迅速缩量,随即主力反手做多,连续涨停,形成V型反转形态。2014年8月1日,主力最后一次以小阴切线缩量洗盘,次日展开拉升,突破前期整理平台,一举创出数月新高,进入下一个主升波段(见图18)。

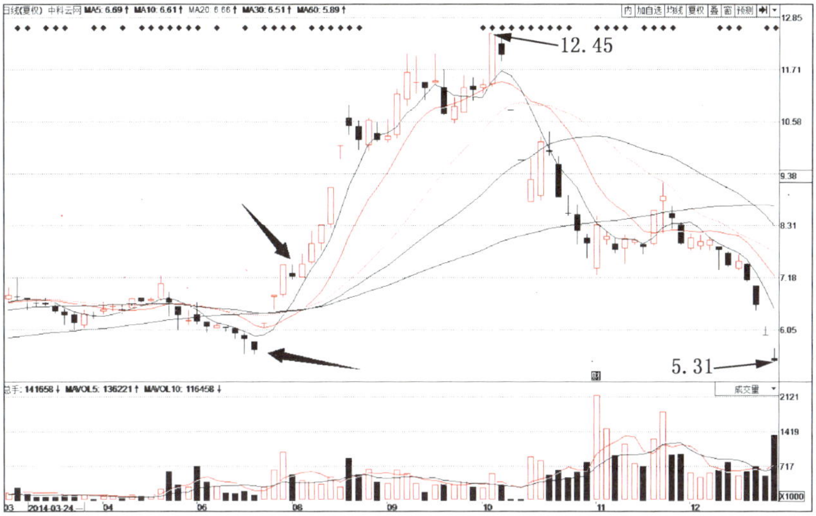

图 18　中科云网(002306)“V 型反转+1 阴切线”

实战案例十八 伊利特(600197)

该股在大幅拉升后，于 2006 年 5 月 22 日～12 月 5 日形成中继平台整理。主力在此平台大涨小回，量价配合合理，显示出筹码控制良好，股价不断逼近前期头部新高。2006 年 12 月 5 日，主力突然缩量下跌，形成缩量 3 连阴，随即主力反手做多，放量上涨，二天收复失地，形成 V 型反转形态。2006 年 12 月 13 日，主力最后一次以小阴切线缩量洗盘，次日主力涨停拉升，突破前期整理平台，一举创出数月新高，进入下一个主升波段(见图 19)。

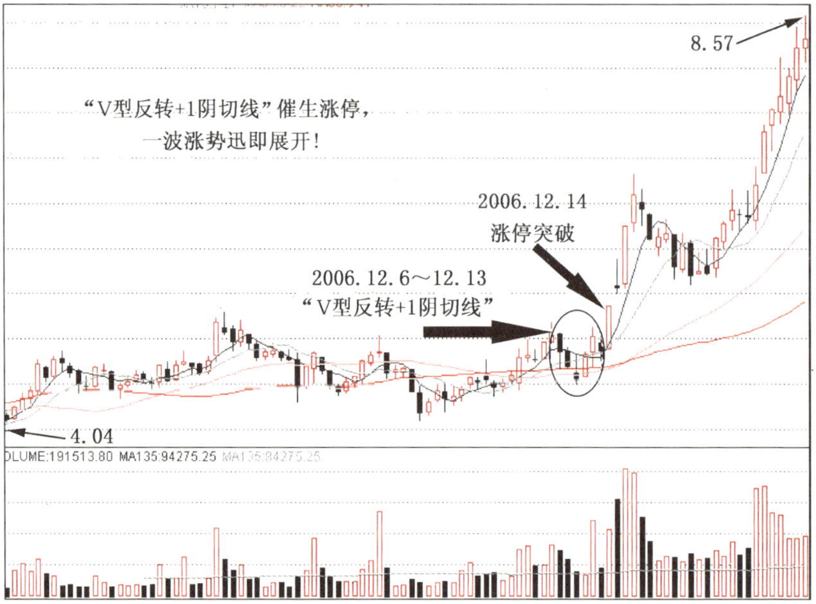

图 19 伊利特(600197)“V 型反转＋1 阴切线”走势图

✻ 操盘回忆

股市的形态是其内在价值的体现，K 线形态组合、量价配合都是短线技术必须掌握的东西。每次操盘的时候，总是要对这些要素进行精心分析。龙头黑马涨停，一直是我们所追求的。当然，这一切需要扎实的基础和不断的努力。那天在操盘室翻选自己的股票池，其实伊力特的形态早已经在我们的自选之内，只不过我们一直在寻找它的启动点。2006 年 12 月 12 日，该股分时一直在放量整理，盘口语言不断透出主力拉升的想法。下午 1 点多，随着该股成交量的不断放大，我们也不断地跟随主力一起吃货(参见图 20)。下午 2 点，该股急剧放量拉升，K 线突破洗盘高点，突破成功。随即,主力再度洗盘打压,主力压单洗盘的迹象非常明显,而我们却笑看主力洗盘。次日,该股缩量下跌,盘口主力故意示弱,主力欲借助最后的洗盘来逼出恐慌盘和短线盘。看着股价,看着成交量,我们很清楚地明白这一切!2006 年 12 月 14 日,主力小幅高开,随后高开高走,放量拉升封死涨停,一举突破长达半年的平台!

成交时间	证券代码	证券名称	操作	成交价格	成交数量	发生金额	合同号	股东代码	摘要
2006-12-12 13:41:48	600197	伊力特	买入	4.920	1300	6396.00	00204721	A257433638	正常交易
2006-12-12 13:41:48	600197	伊力特	买入	4.920	1000	4920.00	00204721	A257433638	正常交易
2006-12-12 13:41:48	600197	伊力特	买入	4.920	2000	9840.00	00204721	A257433638	正常交易
2006-12-12 13:41:48	600197	伊力特	买入	4.920	3000	14760.00	00204721	A257433638	正常交易
2006-12-12 13:41:48	600197	伊力特	买入	4.920	300	1476.00	00204721	A257433638	正常交易
2006-12-12 13:41:48	600197	伊力特	买入	4.920	2000	9840.00	00204721	A257433638	正常交易
2006-12-12 13:41:48	600197	伊力特	买入	4.920	700	3444.00	00204721	A257433638	正常交易
2006-12-12 13:41:48	600197	伊力特	买入	4.920	500	2460.00	00204721	A257433638	正常交易
2006-12-12 13:41:48	600197	伊力特	买入	4.920	20000	98400.00	00204721	A257433638	正常交易
2006-12-12 13:41:48	600197	伊力特	买入	4.920	500	2460.00	00204721	A257433638	正常交易
2006-12-12 13:41:48	600197	伊力特	买入	4.920	10000	49200.00	00204721	A257433638	正常交易
2006-12-12 13:41:48	600197	伊力特	买入	4.920	1000	4920.00	00204721	A257433638	正常交易
2006-12-12 13:41:48	600197	伊力特	买入	4.920	1800	8856.00	00204721	A257433638	正常交易
2006-12-12 13:41:48	600197	伊力特	买入	4.920	1000	4920.00	00204721	A257433638	正常交易
2006-12-12 13:41:48	600197	伊力特	买入	4.920	1000	4920.00	00204721	A257433638	正常交易
2006-12-12 13:41:48	600197	伊力特	买入	4.920	500	2460.00	00204721	A257433638	正常交易
2006-12-12 13:41:48	600197	伊力特	买入	4.920	2000	9840.00	00204721	A257433638	正常交易
2006-12-12 13:41:48	600197	伊力特	买入	4.920	300	1476.00	00204721	A257433638	正常交易
2006-12-12 13:41:48	600197	伊力特	买入	4.920	1000	4920.00	00204721	A257433638	正常交易
2006-12-12 13:41:48	600197	伊力特	买入	4.920	10000	49200.00	00204721	A257433638	正常交易
2006-12-12 13:41:48	600197	伊力特	买入	4.920	1100	5412.00	00204721	A257433638	正常交易
2006-12-12 13:41:48	600197	伊力特	买入	4.920	1000	4920.00	00204721	A257433638	正常交易
2006-12-12 13:41:48	600197	伊力特	买入	4.920	1000	4920.00	00204721	A257433638	正常交易
2006-12-12 13:41:48	600197	伊力特	买入	4.920	5000	24600.00	00204721	A257433638	正常交易
2006-12-12 13:41:48	600197	伊力特	买入	4.920	2000	9840.00	00204721	A257433638	正常交易
2006-12-12 13:41:48	600197	伊力特	买入	4.920	1400	6888.00	00204721	A257433638	正常交易
2006-12-12 13:42:21	600197	伊力特	买入	4.920	2000	9840.00	00204721	A257433638	正常交易

图 20　伊利特(600197)交割单

✲ 实际运行结果

4 个交易日,该股短线爆发拉升,涨幅超过 35%。截至 2007 年 3 月 26 日,该股涨幅超过 85%!

绝技六　涨停板有三必有五，有五必有七

刘磊告诉记者，这是在牛市行情中抓取连续涨停后涨停的一种方法。

当一只强势股从阶段底部启动后，如果连续收出3个涨停板时，由于惯性冲力，一般还有1～2个涨停板（或者连续涨幅接近10％～20％的涨幅），就像核反应“裂变”一般，一定会有连锁反应。这是许多强势飙涨股在牛市行情的一种强势特征。其通常规律是：涨停板“有三必有五，有五必有七”，即当强势股有连续3个涨停板出现后，一般后面还会有两个涨停，这就是所谓的“有三必有五”；同样，如果出现连续5个涨停板，之后通常也还会有第六、第七个涨停板，即“有五必有七”。

抓取连续涨停后涨停的具体操作方法：

（1）可以在第三个涨停板的次日，逢低大胆介入（或者股票拉回至13日或者21日平均线附近时介入）。

（2）个别股票在第三个涨停后没有马上拉升，而是在5％～15％的范围内横向震荡，可以在横向震荡中逢低介入。同理，在连续出现5个涨停板后，后面同样有1～2个涨停板或者接近还有10％～20％的涨幅。

一般从操盘实战经验看，“有三必有五”的成功率在95％左右，

"有五必有七"的成功率在75%左右。

实战案例十九 华泰证券(601688)

该股2014年11月伴随大盘及券商板块的整体走强,于2014年11月26日开始以一字涨停的方式突破历史压力位,主力手法凶悍,连续拉出3个涨停板,开板之后继续出现两个涨停板,完美体现"有三必有五"。根据"有五必有七",连续的5个涨停板,让我们对它又有了更高的期望。该股短暂调整一天后,涨停的苗头再度出现,12月4日,该股再次启动,8个交易日里出现了7个涨停(见图21)。

图21 华泰证券(601688)K线走势图

实战案例二十 鲁银投资(600784)

该股2006年6月和10月形成大型双头部，2006年12月18日开始以涨停的方式突破大型双头部，主力手法凶悍，连续拉出3个涨停板，公告复盘之后继续出现两个涨停板，完美体现“有三必有五”。根据“有五必有七”，连续的5个涨停板，让我们对它又有了更高的期望。当该股回探到13日均线附近企稳，涨停的苗头再度出现，1月18日，该股进入了新一轮的涨停周期，8个交易日里出现了6个涨停，将涨停推向了第11个，牛市的奇迹不断上演(见图22)。

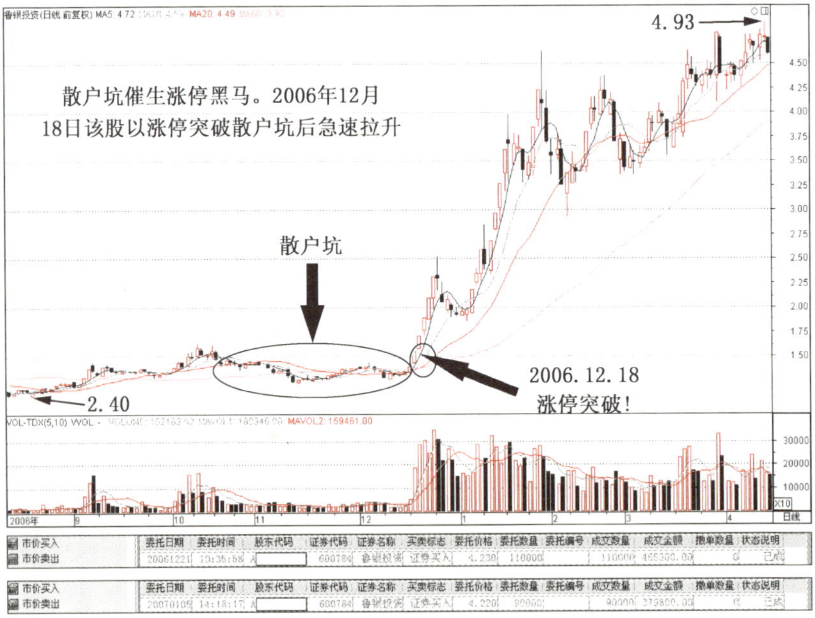

图22 鲁银投资(600784)K线走势图

✲ 操盘回忆

“大牛有形”，该股2006年6月和10月的两个水平大型双头部，很好地为将来快速翻倍打下了坚实的基础。果不其然，当延边公路、兰生股份、S太极、S京化二、金丰投资等相关“券商借壳”题材如火山爆发，券商借壳概念股纷纷崛起，该股便借助这类“被券商借壳”的朦胧利好，开始发挥“四两拨千斤”的作用。2006年12月18日迅速以涨停的方式突破大型双头部，连拉3个涨停板。此时，我们感觉到热点加朦胧利好，同时配合绝招形态的出现，超短线机会突然凸显，所以在第三个涨停板之后，根据“有三必有五”的原则，我们做好了介入准备。12月21日，该股“公布股票交易异常波动公告”，停盘半小时，10点30分，该股复盘后股价开始在均价线上来回震荡，尤其是10点33分、34分、35分，均价线几乎水平不动，股价上下震荡，机会出现，我们快速下单，随后该股再度快速拉升，冲至涨停，次日盘中不断震荡，主力尾盘半小时拉出第5个涨停，完美体现“有三必有五”。

该股的5个连续涨停板，让我们对它格外垂青，当它进入震荡回落过程，最后回探13日均线附近的时候，我们感到机会将再度出现。所以，2007年1月5日，当它明显站稳13日均线之后，我们再次果断杀入，等待第6、第7个涨停的出现。次日，主力果然迫不及待地再拉第6个涨停，并在前期头部区域震荡之后，接着拉出第7个涨停板，然后再度震荡，从1月12日开始，一口气完成第8～11个涨停，将这一牛市抓涨停黑马的绝招发挥到了极致，堪称经典。

大牛的形态越发得到验证。

✲ 实际运行结果

2007年1月8日出现第6个涨停之后，从此开始，短短16个交易日，该股上涨幅度达到惊人的130%。类似这样的例子在牛市行情中很多。比如，尽显涨停风采的界龙实业、高鸿股份、新华光、锦龙股份等皆如此。

绝技七　“倒锤子星”点亮涨停黑马

✲ 投资要点

(1)均线设置为:13、21、55、89。

(2)股价长期运行在上升通道之中，当股价不断回探到以上任何一条均线附近，并且收出阴线，随后一个交易日尽管盘中出现了上涨，但多方故意不将上涨行情延续维持下去，最终回落，以接近开盘价价位收盘，收出带有长长上影线、很短下影线的“倒锤子星”形态。

(3)这种形态的出现，意味着洗盘业已结束。在多年的实战中发现，主力为了不给刚刚出局者回补的机会，次日一般常以涨停的方式快速拉升。这种概率极大，是介入的极佳机会。

(4)只要股价回探到以上各均线附近,我们可以不必等到次日出现涨停吞掉前日阴线以确认“倒锤子星”的上攻走势,就可以于当日介入,享受即将出现的涨停板带给我们的快乐。

实战案例二十一 乐视网(300104)

该股于 2014 年底见底后,开始步入上升通道,当涨幅较大、获利盘堆积到一定程度,主力需要对它们进行清洗,所以该股在进入 2015 年 1 月底之后,出现了一次快速洗盘,将股价连续打到 20 日均线,然后快速止跌企稳。2015 年 2 月 2 日,出现阴线之后的“倒锤子星”走势。2 月 5 日,主力一个涨停,突破前期高点,随后连续拉升,完成了一波漂亮的波段行情(见图 23)。

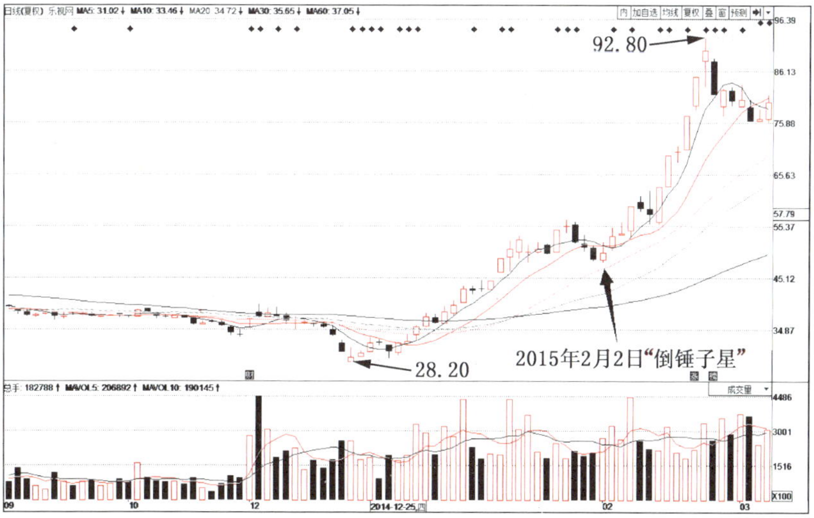

图 23 乐视网(300104)出现“倒锤子星”后 K 线走势

实战案例二十二 南方航空(600029)

该股底部建仓完毕之后,开始步入上升通道,在上升通道内缓慢推进,当获利盘堆积到一定程度,主力需要对它们进行清洗,所以该股在进入2006年12月份之后,出现了一次幅度比较大的洗盘,将股价打到55日均线,然后快速止跌企稳。12月27日,出现阴线之后的"倒锤子星"走势,12月29日,主力一个涨停,回升到前期头部附近,随后连续拉升,完成了一波漂亮的波段行情(见图24)。

图24 南方航空(600029)"倒锤子星"K线走势

✲ 操盘回忆

任何一个市场都不是孤立存在的,中国股市现在更是与国际市场紧密相连,运输物流板块的龙头南方航空的走势就是和国际油市的波动紧密相连的最好例证。

在2006年的大牛市中，很多行业板块的个股都走出了翻倍甚至翻几倍的大行情，但是由于国际油价的不断上扬，从而抑制了运输物流板块的整体发挥，随着油价的阶段性见顶回落，运输物流板块才开始有了出头之日。

作为运输物流板块的龙头，南方航空在2006年9月份开始步入上升通道。当它在上升通道内运行长达4个月之后，2006年12月26日，主力采取凶狠的手法，放量对倒砸盘，急速下跌将股价快速打到55日均线，散户和技术派被汹涌的抛盘所吓倒，纷纷抛出手中的筹码，割肉出局。但是，股价打到55日均线之后又快速回升，最终收出探底成功带长下影线的放量阴线，主力洗盘目的非常明显，也非常成功。12月27日，该股高开，不给昨天抛出的筹码回补的机会，盘中快速冲高之后，再度回落，目的是让看空者也加入到抛售的行列中来。这种经典的操盘手法，明显有走出“倒锤子星”的趋势，我们敏锐地嗅觉到了主力将要展开拉升的意图，随即快速介入。次日，该股高开冲击涨停，根本不给被吓出的筹码再度回补的机会，完成了一轮流畅的波段行情，续写了涨停神话。

这一涨停神话的产生过程，此时正是国际油价不断下跌的过程，主力对国际油价击穿下跌平台趋势的准确预测和发动南方航空等运输物流板块行情，技术准备是如此恰到好处，完美无缺。这让我们相信，基于基本面的技术是我们抓住涨停黑马的利器。

✲ 实际运行结果

随后，该股连续大幅拉升，短短12个交易日，几乎每个交易日都创出前一个交易日收盘价的新高，涨幅高达70%。

实战案例二十三 柳工(000528)

2006年9月，该股进入主升浪以后，一直在上升通道中运行，经过11月和12月初的大幅快速上升之后，开始横盘震荡。12月11日和13日两次回探13日均线，第二次回探的时候，采取阴线的方式，并且出现长下影线，洗盘目的很明确，不给当天割肉抛出的筹码再度进场的机会。12月14日，出现"倒锤子星"走势，主力再度突破意图彰显无疑；15日，该股震荡半小时之后，便开始单边上扬，最终冲至涨停(见图25)。

图25 柳工(000528)K线走势

✲ 操盘回忆

任何“领头羊”都不是单兵作战，都必须具有板块效应，才能形成一个市场热点。柳工的涨停突破拉升，就是一个很好的例证。

2006年12月11日，主力采取大幅低开的手法，在经过一次回探13日均线之后，还嫌洗盘不够充分，于12月13日再度回探13日均线。这次，主力采取长期低位放量对倒的方式，利用巨量下跌和震荡洗出散户和技术派，逼迫他们交出手中的筹码，割肉离场。在将他们清洗出局之后，尾盘快速回升，最终收出探底成功带长下影线的放量阴线。14日，该股高开，迅速拉起，被清洗出去的筹码要想再度入场只有追高，但是盘中多次快速冲高之后，最终回落，让追高者再次被套，同时引诱更多的投资者看空从而也加入到抛售的行列中来。尾盘一个小时，“倒锤子星”的走势已经清晰可见，主力即将再度拉升的目的已经昭然若揭。同时，和该股同板块的中联重科(000157)同步形成“倒锤子星”走势，具有很明显的板块效应。这充分暴露了主力即将联动的真实目的。此时不介入，更待何时！次日，两只工程机械板块的“领头羊”，形成明显的板块效应，互相配合，不断推进。柳工表现尤为突出，让我们轻松地享受了涨停板带来的盈利效应。

✲ 实际运行结果

该股出现“倒锤子星”次日涨停之后，在大盘大幅震荡的2007年1～2月，还能保持70%的上涨空间，充分显示了作为行业龙头个股的强势魅力。

绝技八　MACD临界点诞生涨停黑马

K线的运行，都是以波段组合的方式展开的，每一个完整的波段，基本上包括8～10根K线，其中，在上升通道（或者下降通道）中，一般有5～7根上涨（下跌），3根震荡下跌（回升），上一个组合运行完毕，再度进入下一个组合。两个组合之间的衔接转换K线就是临界点，我们可以用MACD指标准确地加以判断，这也是我们捕捉涨停板的一种好方法。

✲ 投资要点

（1）在上升通道中，每一个新波段组合的运行，都会从DIF的腾空而起开始算起，或者从金叉算起。

（2）腾空而起或者金叉运行到第8～10个交易日，预示一个组合即将完毕，随后进入下一个组合。

（3）如果在均线多头排列，同时面临突破前期高点的时候，一般很容易在2～3个交易日之内，采取涨停的方式进入下一个组合，突破前期高点。

（4）我们可以在进入下一个组合的第一根，或者第二根提前介入，等待涨停的出现，轻松斩获10％甚至更多的利润。

实战案例二十四 民生银行(600016)

该股2014年11月底形成多头排列之后，开始进入加速阶段，MACD曾经出现了两次腾空而起，并且严格符合8～10个交易日的运行规则。2014年12月10日，该股回探到13日均线附近，开始企稳；15日，冲高回落；17日，该股跳空涨停，随后持续创出新高(见图26)。

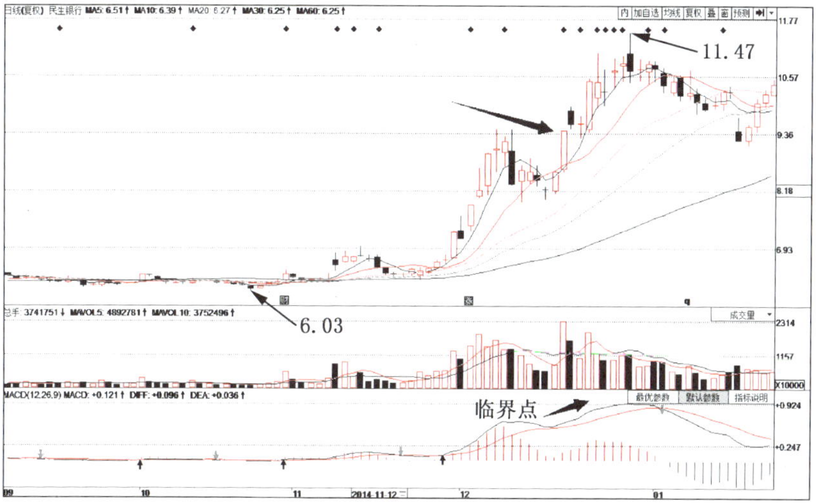

图26　民生银行(600016)MACD临界点

实战案例二十五 华菱管线(000932)

该股2007年形成多头排列之后，开始进入加速阶段，MACD曾经出现了两次腾空而起，并且严格符合8～10个交易日的运行规则。2007年3月19日，该股回探到13日均线附近，完成了最后的洗盘动作，开始企稳，3月20日，冲高突破，回落，3月21日，该股的阳线收在20日的上影线里，DIF开始腾空向上，主力突破欲望异常强烈。次日开盘，该股稍作横盘，便一口气冲击涨停(见图 27)。

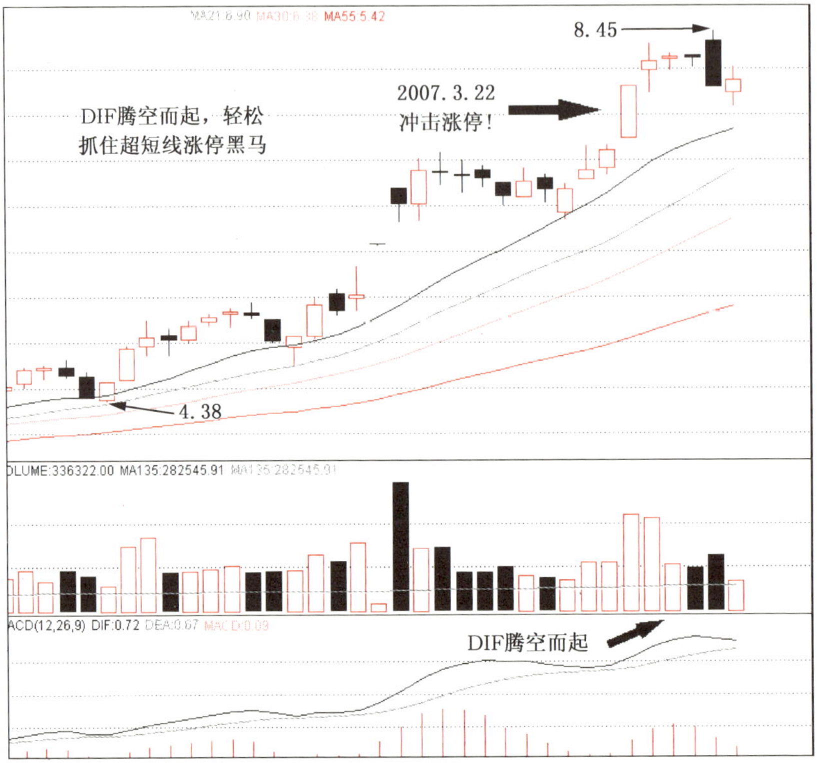

图 27　华菱管线(000932)K 线走势

✲ 操盘回忆

这只股的飙升可以说是 MACD 腾空而起的典范。该股在最后的加速阶段，出现了三次腾空而起，并且每次都伴随着长阳出现，甚至涨停出现，这很好地反映了 MACD 组合的提前预示功能。

2007 年 3 月 19 日，在消息的作用下，华菱管线大幅低开，直接开在 13 日均线附近，完成了最后的洗盘动作并企稳。3 月 20 日，冲高突破，然后回落。这种并不是真正的突破，而是留下长长的上影线。它表明主力一方面要洗出前期头部被套的筹码，让他们赶快出货，如果不出就有再度被套的可能；另一方面，给近期介入获利的筹码有冲高见顶的错觉，同样是赶他们下车。3月21日，该股盘中长达3个小时的横盘震荡，继续清洗前期头部筹码和获利盘。不料，最后一个小时，该股快速启动，在上影线里收出阳线，DIF开始腾空，主力突破欲望异常强烈。此时，应果断追涨，我们在收盘前10分钟左右敲单买入。次日开盘，该股跳空高开，站上头部，不给卖出者任何低价位买入的机会。在横盘将近半小时之后，便一口气冲击涨停，让我们不得不佩服主力的狡诈、凶狠与魄力。当然，我们也佩服自己的判断与魄力，不仅搭乘了主力的顺风船，享受到拉升带给我们的快乐，还培养了良好的心态，同时又让主力给我们送了一个大大的红包，资金又拉出了长阳。

✲ 实际运行结果

继涨停之后，该股次日最高上涨5%左右，短期获利相当丰厚。

实战案例二十六 西藏天路(600326)

该股突破2006年6月份新高之后，出现了回抽，并且是两波回抽，在MACD图形上表现为在0轴附近两次金叉，然后再度向上突破。2007年3月26日，当第二次金叉运行到第9个交易日的时候，该股不再创出前一个交易日新低，并且高点比前一个交易日高点要高，且有企稳迹象明显。3月27日，借助利好消息的配合，顺利在第 10 个交易日腾空而起，冲击涨停，再次突破(见图 28)。

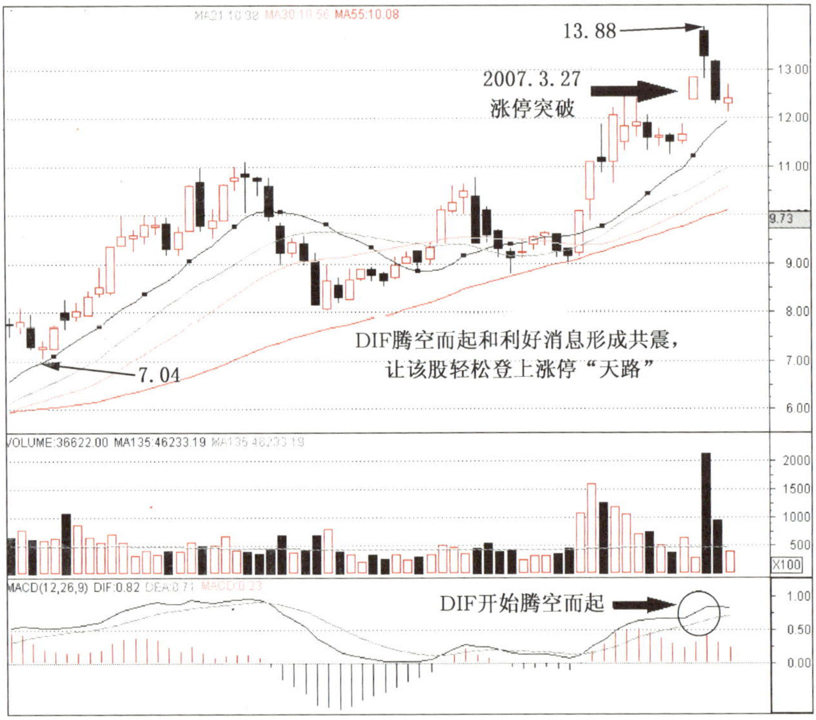

图 28 西藏天路(600326)K 线走势

✲ 操盘回忆

在牛市行情中，一个利好消息都会在股市里得到放大发挥。面临临界点的个股，一旦遇到利好消息之后，很容易采取涨停方式来放大利好消息。尤其是和 MACD 的临界点结合起来，形成共震，这种效果就会更加明显。该股就为我们验证了这一判断。

3 月 27 日，国家增资 3 000 亿元建设西藏的消息，对西藏板块无疑构成利好作用，这样对西藏天路来说，就形成了共震效应。因此，开盘不久，西藏天路便封冲至涨停，并带领整个西藏板块大涨，MACD的时间周期和基本面的利好消息如此巧合，实在令人叹为观止。

✲ 实际运行结果

该股27日涨停之后，次日再度大涨8%，充分显示了MACD腾空而起位置的涨停力度。

绝技九　透过分时图发现涨停先兆

这是一个通过分时图和事物的“相似法则”发现涨停板先兆的方法。

一位投资大师有句名言：“太阳底下无新鲜事。”一个主力一个性格，都体现在图形上。不管是长周期的月线、周线，还是中周期的日线，或者是短周期的60分钟图形，抑或是超短周期的分时图上，都会表现出一致性和相似性，有时它的这种相似性和一致性甚至是惊人的。也正是这种形态的一致性和相似性，充分暴露了主力的未来意图，我们很容易地可以通过超短周期的分时图发现主力的行踪和强势个股的涨停先兆。

✲ 投资要点

(1)位置的关键性：处于即将突破或者已经突破回抽完毕，此处最容易出现涨停。

(2)形态的相似性：在关键位置某一个交易日的分时图上，不仅出现和即将突破或者回抽完毕的日线图极为相似的形态，并且将日线图上未来的拉升形态也在分时图上暴露出来，那么，分时图中显露出的“突破”形态，常常就是涨停的一个重要先兆。

实战案例二十七 上海医药(600849)

2006 年 10 月、11 月、12 月 3 个月，大盘不断上涨，但是该股横盘不动，形成 3 个头部，在即将突破前夕，2007 年 1 月 5 日，分时图用两个半小时的运行形成和日线图极度酷似的形态，下午一点半开始快速暴拉，将主力未来拉升的意图和手法暴露无遗，次日以涨停开路，打开了快速上涨的大门(见图 29)。

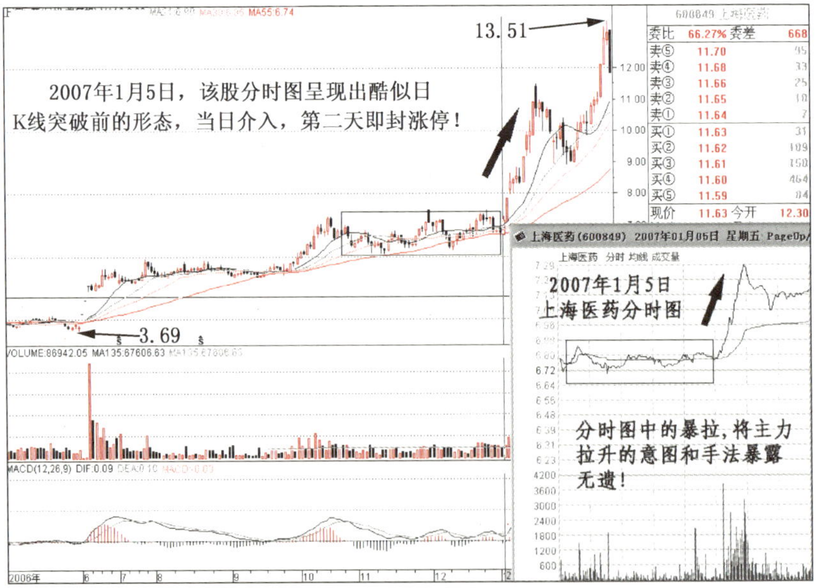

图 29 上海医药(600849)K 线走势图

✲ 操盘回忆

个股的涨跌最终都是由人来控制的，主力的性格决定了他们操盘的方式，并且通过 K 线图和分时图赤裸裸地表现出来。该股就是经典的案例。

在大盘不断上涨的几个月中，该股却横盘震荡，构筑 3 个头部，让很多投资者无法忍受最终出局，主力震荡时间越长显示后市行动将会越大。而很多人倒在 2006 年 12 月 26 日的最后一次大清洗之后。在 2007 年 1 月 5 日，在分时图上，主力首先用两个半小时形成和日线图极度酷似的形态，始终围绕均价线横盘震荡，形成水平多头部，下午一点半开始突然放量突破两个半小时形成的水平头部，快速暴拉。两波暴拉，手法凶狠，不仅让几天来离场的投资者没有低位回补的机会，同时将主力未来拉升的意图和手法暴露无遗，随即我们果断介入。次日，该股不到一个小时就冲击涨停，顺利突破前期水平多头部，并以此涨停开路，展开一轮暴拉行情。

我们不仅为我们的盈利高兴，更重要的是我们对主力有了准确而又深刻的了解。

✲ 实际运行结果

该股从 2007 年 1 月 8 日涨停突破开始，仅仅用了 10 个交易日，短线上涨 50%以上，同时，中间出现了 3 个涨停板。

实战案例二十八 四川长虹(600839)

该股 2013 年 11 月份开始到 2014 年 8 月长达 9 个多月的横盘震荡，形成了水平多头部，突破随时都有可能发生。2014 年 8 月 12 日，该股在分时图上构筑和日线图类似的横盘震荡走势，然后快速拉升并涨停，预示了后市主力未来的意图和手法。9 月 9 日，该股涨停突破，其后出现连续一字涨停(见图 30)。

图 30　四川长虹(600839)日 K 线与分时走势图

实战案例二十九 陆家嘴(600663)

> **编辑余话**
> 读者对照陆家嘴 2014 年 10 月 29 日以后的走势就更加一目了然了。

该股 2006 年 4 月份开始到 11 月份长达 8 个月的横盘震荡，形成了水平多头部，突破随时都有可能发生。2006 年 11 月 13 日和 17 日，该股两次在分时图上，先构筑和日线图类似的震荡走势，然后快速拉升，预示了后市主力未来的意图和手法，11 月 17 日，该股涨停突破，从此展开了一轮波澜壮阔的行情(见图 31)。

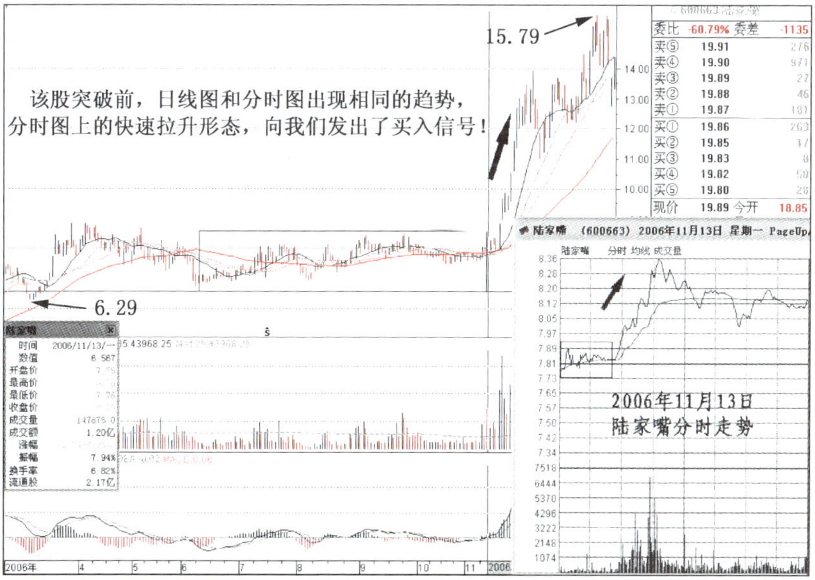

图 31　陆家嘴(600663)日 K 线和分时走势图

✲ 操盘回忆

股市没有新鲜事，曾经发生过的，将会再度发生。人民币升值给我们带来了巨大的市场机会，这就得益于我们对当年日本、韩国本币升值的深入研究，所以，我们对房地产板块给予了高度关注，尤其是房地产板块的“领头羊”们。陆家嘴就是这样一只领头羊，我们对它进行了长期关注。该股从2006年4月份开始到11月份，利用长达8个月的时间，形成了水平多头部，随时都有突破的可能。2006年11月13日，该股用不到一个小时的时间，在均价线附近水平震荡，接近10点半的时候，突破快速放量启动，连续暴拉，我们也开始布局该股。但是，该股次日没有马上启动，随后几个交易日，该股小幅震荡回落，在真正启动之前，完成最后一次清洗。11月17日，该股用两个半小时在均价附近震荡，同时分时图上双头部形态异常清晰，不到一点半，主力开始发力，两波拉升，就直接封停。再度将主力的短线手法在分时图上显露出来，随后该股完全用日线的暴拉走势，重走了分时图提前预示的形态。

✲ 实际运行结果

从2006年11月17日，该股涨停突破开始，8个交易日内上涨幅度高达50%以上，其间曾经出现4次涨停。两个多月来，该股更是翻倍。

抓短线涨停的几条原则

听完这对涨停板组合道出的经验之后，记者问：“你们在实战中能抓住那么多的涨停黑马，真让人羡慕，是不是照你们所讲的九条绝技，就能轻松制胜呢?”

“抓涨停是件极刺激也是短期获暴利最为丰厚的事，但对操作者的要求非常高。真正的专业短线高手，可以说是万中挑一。不光是眼光、思维，还有心态等，都是一种严酷的考验!”刘磊回答说。

“为了探索出一条路，我们付出了很多。我在军校里曾学习过5年，经过军人‘魔鬼式’的训练。就像军人为了赢得未来战场上的胜利，平时在训练场上都要经历摸爬滚打、千锤百炼。在投资市场上，面对狡诈的对手和股市的风险，我们更要具有超人的智慧、胆略和铁的纪律!”神剑回答道。

他们总结了在实战中抓涨停所应把握的几条原则:

✲ 领头羊原则

抓涨停，一定要抓“领头羊”。任何一个板块的启动都会选择一到两个“领头羊”，往往是第一个涨停的空间是最为巨大的。一般投资者常常看到一个板块启动，“领头羊”涨停，他们往往不敢去操作这只“领头羊”，而是去抓和“领头羊”同一板块的跟风者，结果不是被套，就是获利空间甚小。比如说，我们前面讲到的陆家嘴，它是第一个启动，我们如果不敢去抓它，而是去抓其他跟风者，结果将会是什么情况?

✲ 大势原则

任何一个操作都要讲究顺势而为，不可逆市而动。大盘热点起伏时候的震荡和调整末端，往往是抓涨停的最好时机，前者适合做短线来进行操作，而后者往往是抓住大牛股的前提条件。

✲ 空间原则

涨停板一般最容易出现在突破和加速阶段。**如果均线系统没有形成多头排列，不是处于突破和加速阶段，涨停一般没有持续性。**只有在突破和加速的空间临界点，主力采用涨停方式，后市的空间才会更巨大。

✲ 多因素共震原则

价格、成交量、时间、均线，当所有要素发生共震时，涨停板就会诞生。这是个股内在运行形态所要求的。当然，对于每只涨停板个股操作都要有严格的纪律。首先，要建立在缜密的技术分析基础上。比如，以上所举的抓涨停板例子都是建立在对某种技术形态得心应手的运用上，需要很扎实的技术分析功底以及对市场主力操作手法的了如指掌，才能对涨停板有深刻的认识，而你所要做的就是不断地研究分析和深入地总结其中的规律，找出各种要素的共震条件，把握进场机会与时点。

✲ 短线买点原则

买点是短线操作的第一步，买点的位置非常重要，它将会影响你以后操作的所有策划，什么点位买，如何买，是短线操作盈利的第一要点。按照抓涨停板的方法，“涨停王”基本上都是提前介入、次日涨停。虽然这一切都是建立在短线操作形态要诀的基础上，与自身深厚的技术分析功底有着密不可分的关联，但是这也正好同时规避了系统风险。K线定型的买入和有关理论的运用是成功控制大盘风险和规避T+1操作风险的经典手法。而买点则分为“最佳、理想”两个空间价位进行买入，能保证短线头寸最佳盈利，也是迈出短线操作的第一步。

✻ 克服散户心态原则

心态一直是广大投资者所津津乐道的热门话题，很多人把操作的成功和失败都归结于心态。其实，我不否认心态对股票操作的影响，好的心态对股票的操作有很好的帮助，不良的心态是导致亏损的罪魁祸首。但是，在技术分析以及短线操作的领域，对技术分析的本质认识和用纪律去保证技术的完整实施才是最关键的因素。当个股的技术走势符合你所认识的技术形态，必须果断地下单，这就是你所需要树立的正确心态；反之，当一只个股破位下跌，应该抛弃犹豫，果断止损。如果当一切反向操作，你将陷入恶性循环，所以，良好的心态是技术和纪律共同作用的结果。

后　记

天亮了！又是一个不眠之夜。

晨曦，将金子般的朝霞洒满长安街。

记者与“涨停王组合”整整“苦战”了5天5夜，终于将他们几年来抓涨停的“宝典”毫无保留地呈献给了广大投资者。

当我即将握别这对年轻人时，深深为他们的无私与真诚所感动。

来自山东千佛山脚下的刘磊为我送行时，一再说：“股市高手如云，我们的方法谈不上什么绝招，在中国博大的股海中，它只是沧海一粟！还需要不断地完善提高！”

“我们还很年轻，以后的路还很长，我们愿与全国更多的高手携手并肩，创造更好的佳绩。”24岁的神剑真诚地说。

微笑、真诚、自信，荡漾在这对“金猪宝贝”的脸上……

决胜

股海七大秘笈

职业投资人王雷的炒股七法

王雷

“当机会来到面前，绝不手软！”

他从不相信只有冒大险才能赚大钱，而更重视永远不要赔钱；他从不做分散化投资，而当他发现机会来临时总是毫不手软；他从不相信权威，而只依靠自己的投资哲学。

王雷

生于 1979 年

金融专业硕士

职业经理人

入市时间

1998 年

投资风格

稳健而不保守

投资格言

当机会来到面前

绝不手软

他，年轻，稳健，善于捕捉市场中的战机。

记者在兴业证券跟随王雷采访的日子，目睹了他稳健果敢的操盘风格，尤其是他判断大盘走势和选股的独特方法，给记者留下了深刻的印象。

看盘心法一　国债回购价格、银行间拆借利率
——大盘牛熊的“晴雨表”

王雷在判断大盘走势时，不同于别人的做法是，他喜欢用国债回购价格作为重要的参考。他说，推动股市靠的是雄厚的资金。俗话说，主力欲做多，粮草必先行。国债回购价格和银行间拆借利率，

表明的是市场的资金供求关系，反映的正是市场资金是否充裕的一种景况。当市场资金匮乏或很充足时，都可能是大盘的拐点。如果国债回购利率持续一段时间走高时，说明市场的资金开始出现紧张，这时若股指已经上涨了一段时间，比如30%以上的涨幅时，需注意此时短期头部可能出现；同样，如果利率持续走低，大盘又经过了一段时间的下跌，处在一个盘整阶段，此时就应注意，市场可能处在一个底部区域，场外资金充沛，市场一旦有风吹草动，就可能向上突破。

“我常用的是R028和R007，也就是28天和7天的国债回购利率。从2006年开始，由于回购交易的改变，我开始采用银行7天同业拆借利率。”运用这三个中、短期指标判断大盘的牛熊拐点，通常比较准确。一旦掌握了回购利率和大盘顶底的关系，就可以摆脱大盘困扰而放心做个股，并完全避免由大盘波动所带来的操作损失。

✲ 判断大盘短期顶部

例如，2001年7月之后，大盘出现了连续下跌的走势，也同样在7～8月，7天回购利率出现大幅冲高，28天回购利率也出现跳跃式攀升，市场资金面严重失血，多头主力已经快“弹尽粮绝”了，大盘头部即将出现，之后短短几个月，大盘下跌700多点。同样，2004年4月，存款准备金率上调，R028国债回购利率持续走高，7天回购利率也呈现暴涨迹象。这一现象充分说明市场的资金已不够用了，再结合观察当时的大盘的走势，上证指数已从1 311点上升至1 700多点上涨了400多点，短期风险已存在，因而我据此便判断大盘到顶，即时撤出观望。不久，大盘回落了600多点的事实验证了这一判断。2006年这轮大牛市的头部必定也是等到“流动性过剩”变成“流动性紧张”时出现。

✼ 利用回购利率判断大盘底部

若发现国债回购利率出现持续低迷的情况，便说明场外资金供应充足，市场低迷，此时很有可能就是大盘相对的底部区域，可伺机进场。例如，2002年年初，市场经过连续的下跌，我发现经过大盘的暴跌后，28天回购利率已经走稳，特别是在2002年2月份，回购利率持续走低，而这正是大盘要见底的信号，虽然这时市场人士还在看空，又有招商银行这样的大盘股的发行，但只要市场的资金面不紧张，基本就比较放心，此时就可以慢慢建仓了。同样，在2004年八九月份，大盘经过一段时间下跌后，R028、R007都基本平稳，在当时加息预期影响下，其利率走势都趋于平稳，说明场外资金相对充裕，市场随时可能孕育反弹，一旦持续走高，再加上一点外力的作用就会有源源不断的资金加入。此时，原国务院总理温家宝的一个讲话就导致大盘有了“9·14”行情200多点的反弹。2004年11月底，国债回购率一直处在一种非常低迷的状况，而在人民币加息后，国债回购率不仅没有上涨，反而往下滑，这说明市场的资金处在一个比较充裕的状态，大盘也就处在一个相对安全的底部区，此时就可以逐步买入股票，一旦拐点出现，一波行情来临，便会有较大的收获。2005年的R028的回购利率走势更是验证了资金决定市场机会。2005年11月，也就是大盘最差且投资者最痛苦的那段时间，28 天回购利率在经历了长时间的盘整之后开始抬头。这说明一个问题，资金又开始进场了，对比上证综合指数，2005 年 11 月份可以说成为近几年难得的建仓机会。2006 年更是非常明显，央行多次提高贷款利率，3 次上调存款准备金率，市场连续发行了工商银行、中国银行等金融大盘股，但银行间同业拆借利率基本保持在 1.8%左右，这说明市场资金非常充沛，也就是大家一直在议论的流动性过剩问题，资金的持续供给保证了市场的稳健上扬，每次回调都应该是我们进场的机会。

回购利率近两年对市场的影响最典型的应该是 2013 年 6 月的钱荒和 2014 年 7 月的降息、降准。

2013 年 4 月开始，央行持续收紧资金，对银行非标业务等的清理以及地方债务的清理极大地影响了市场资金成本，银行间回购和国债回购利率持续飙升，从 4 月的 7 天回购 4%持续飙升到 6 月的 10%以上，市场终于承受不住，上证指数 2013 年 6 月初开始便出现连续下跌，最终上证指数击穿 2 000 点，指数的短暂企稳也是以央行释放流动性而结束。

恰恰相反，2014 年打破信托刚性兑付后，无风险利率逐步下降，回购率也是持续走低。2014 年下半年在新股申购需要大量资金情况下，7 天回购利率仍维持在较低水平，央行更是在此期间采用定向降准，对五大行采用 SLF（常设借贷便利），最后降息、降准，极大地降低了银行间拆借利率，上证指数也是从 7 月份开始逐步走高，资金入市意愿逐步加强，拉开了新一轮牛市的序幕。

✲ 操盘感悟

（1）大盘连续上涨一段时间后（一般在30%左右），国债的短期回购利率出现持续走高的话，大盘就很有可能短期见顶。2004年4月正是在此种状态下，由于市场资金面紧张，我就曾为某大机构拆借过资金，从中明显觉察到大盘很有可能很快就会出现向下的拐点。

（2）在用R028、R007的利率及银行间同业拆借市场利率走势判断市场的顶与底时，相对来说，顶部的信号更明显，底部需要外界因素的刺激。

看盘心法二　巧用布林线（BOLL）抄底

BOLL作为一个技术指标，其应用主要是下轨的支撑和上轨的压力，当股价触及布林线上轨时回调的可能性较大，触及下轨时反弹的可能性也较大。但在日常的应用中，日K线的BOLL指标反应太过频繁，应用性较差，但用月K线布林线（BOLL）抄底就相当准确，这是王雷判断大势的第二种方法。

他说，从中国股市所走过的轨迹看，从一开始至今，月K线的布林线的下轨从没有破过。“根据技术分析的原理，我认为以后也不会跌穿，可以说，运用此法是有效的。”

具体判断方法为：

每当月K线的布林线触摸到下轨，便可确认为是短期的底部，此时是买入股票和抢反弹的机会，而绝对不可此时在地板价再割肉了。打开大盘的走势图，这种例子很多。1999年“5·19”行情爆发前，上证指数一直是在布林线的下轨运行，2002年1月，也是运行在布林线的下轨处，此后均引发了一波反弹行情。同样，2003年11月，大盘的运行再次触摸布林线的下轨（图1中箭头所指圆圈处），特别是11月13日以后，如果大盘再次下跌，月K线布林线的下轨就要被击穿，按照我的这种方法推测，大盘开始反弹的可能性很大。于是，我在当天开盘后就开始逐步买入股票，又一次买到市场的底部。2005年5月底上证指数在千点附近，上证综指的月线布林线指标更是显示严重超卖，市场达到绝望状态，而此时往往是人的意志最薄弱的时候，手中的筹码最容易因最后的恐慌而卖出。如果关注月线的布林线指标就不会轻易割肉，而是应该坚定地持仓，大级别的反弹将随时发生。

✲ 操盘感悟

有一点值得注意，月K线布林线的下轨仅能判断当时的底部支撑，而对于上涨的高度并不能有效反映。因此，我一直用这一指标作为研究大盘下跌途中支撑位的重要参考和大盘阶段性反弹的依据，而不据此判断上涨的高度。但当大盘触及下轨附近，特别是只要当天大盘下跌，就会击穿月布林线下轨时，往往是买入的良机。

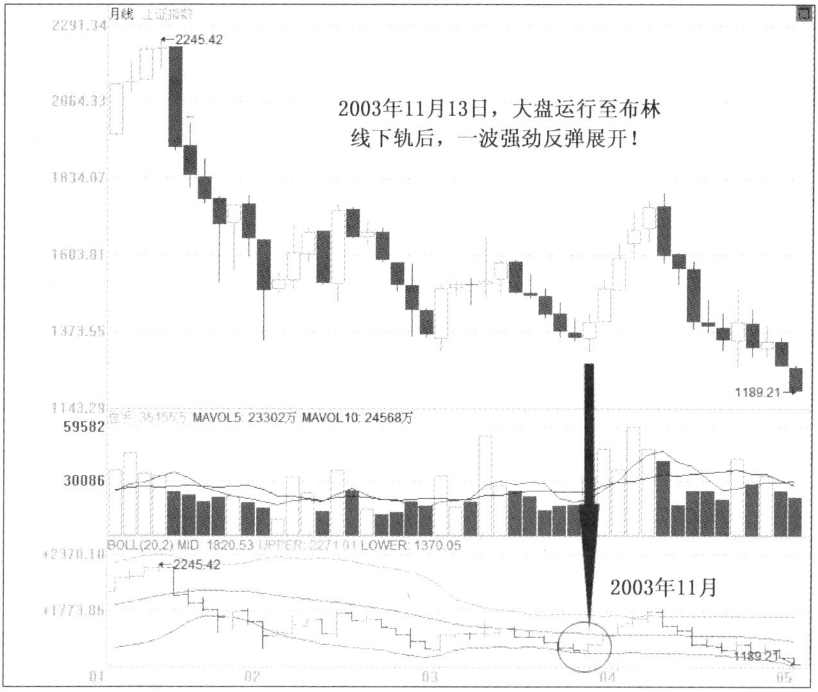

图 1　上证指数 2003 年 11 月月 K 线走势

✲ 抓住两条“生命线”

最简单的，往往是最有用的，但简单的背后却蕴涵着复杂。股市里的均线系统就是这样的，一般人都似乎觉得很简单，也很容易掌握，但实际中却往往忽略其作用。

均线的设置，因人而异，五花八门。这里主要讲 30 日均线和 250 日均线。这两条均线被称为股市中短期和长期的生命线，无论是判断大盘还是个股，都有参考意义。

均线系统在实战中一般起着助涨助跌的作用，当股价向上突破均线系统时，大盘基本会走上升趋势；相反，一旦跌穿均线系统的支撑，大盘也将转弱。

在利用均线系统判断大盘与个股时，王雷更看重的是30日均线。他认为，30日线看似普通，但它却是中短线的一个分水岭。此方法虽然很多人觉得简单、觉得平常，但实际中却是非常有用的。

当30日线逐步走平，开始上翘，同时大盘也开始向上突破30日线时，一般大盘都会开始中期走强，至少有20%左右的涨幅。这时，就是很好的买入机会，投资者可以大胆参与。同样，大盘在经过一段时间的上涨之后，30日线逐步走平开始向下，指数一旦跌穿30日线，一周内如果没有收在30日线上方，基本可以判定一轮行情已经结束。2004年4月9日、12日、13日上证指数经过3天的激战，30日线的运行也开始由上翘逐步走平。4月14日，指数有效跌穿30日线，大盘头部已经出现，以此判断，之后至少有200点的跌幅，此时可说是最后的逃命点。2005年7月27日市场一举有效突破压制3个多月的30日均线，市场的恢复性上涨也由此开始。而2005年12月9日的有效突破30日均线，更是拉开了牛市的序幕。据此看来，30日均线这一简单的指标给我们判断大盘的趋势提供了非常有效的借鉴。

另一条号称均线系统中的生命线，是指250日线，即年线。年线是主力的年平均成本，这条线是市场的灵魂所在，牛熊市的转折点。牛市中股指一般是运行于年线之上的，是牛市中短期回调的强力支撑，而熊市更多的是运行在年线下方，即使反弹，年线都会对大盘形成很大的压力。熊市中当股指经过一段时间上涨到达年线附近时，就要注意压力的存在。而在牛市中年线会成为回调的强劲支撑,一旦年线被向下击穿,在两周左右的时间内又没能收上去,市场基本开始走弱。另外,年线在个股中的应用也同样很有效。

✲ 操盘感悟

(1) 利用30日线判断大盘有一定的滞后性,但股指一旦跌穿或者突破30日线,都是非常有效的。在判断顶部时,可以看30日均线是否开始走平,一旦走平,即使股价还没跌穿30日线,在操作上可以逐步减少仓位。

(2) 年线是市场的灵魂,是牛熊的交界,日常中一定要切记。2005年12月29日,市场一举突破了压制上证指数长达一年半之久的年线。该年线自2004年6月7日跌破之后,一直是每轮行情反弹的压力,此时有效突破后成为市场转强的重要标志,此时就无需再去犹豫,大胆地买进股票就是最好的选择。2014年7月24日,上证指数一举放量突破年线,大涨1.28%,第二天又跳空高开,并确认年线突破成功,此后开启了2014～2015年跨年牛市行情。

看盘心法三　建立“基金重仓股指数”

随着市场格局的变化,在基金越来越成为市场的主导力量时,基金的动向必须是我们要密切关注的。基金包括公募基金、私募基金、社保基金、企业年金等,它们将成为市场的主要力量。基金的重仓股就是我们所关注的，它们的行为越来越直接地影响着大盘的走势，它们所重仓的股票的走势也往往在市场中占有很大的权重。因此，对于它们重仓的个股，特别是重仓的前50名股票走势的研究，会对判断大盘起着预见性的作用。

为此，王雷特意为基金重仓的前50名股票建立了一个专门的指数，并根据公开信息进行不断跟踪调整。基金既然是市场的主导力量，那么它们的动向往往是领先于市场的。由于这一指数是大盘变化的先行指标，把它与大盘走势叠加在一起，会对大盘的顶底有预见性，对及时躲避风险具有一定的实战意义。

✲ 操盘感悟

基金重仓股指数的建立应该说也有一定的滞后性，主要是基金的重仓股的获得需要通过公开信息（季度报告、半年和年度报告），并且这些数据的公布也有滞后性，只要宏观面没有大的变化，尽管基金可能会对一些股票进行调整，但这种调整基本是微调，对整个指数影响不大。在建立这个指数时采用的是流通股的权重，这样就更能显示市场上实际的资金动向。每天只要把收盘价和权重相乘，选择一个基准期，就能计算出每天的指数了，和当天的上证综指比较，就能得到基金重仓股指数的走势了。这种做法无须花费太多的时间，但对于基金的日常动向就能了如指掌，对判断主力的动向是非常必要的。

小　结

以上四点是王雷判断大盘常用的方法。

王雷特别强调说，股市中没有一种方法是万能的，只能说，对我们判断市场起到较准确的帮助作用。这四种方法基本是有效的，有时可能会有所变化，但在实践中把这几种方法结合起来，一旦有两种以上的情况出现，顶和底的信号将会是非常有效的。

编辑余话

这里再以 2014 年 7 月份为例，回购利率持续低位徘徊、银行间拆借利率下行，存款准备金下调，30 日均线向上有效突破，年线走平，尤其 7 月 24 日年线也被有效突破，后市上涨迹象非常明显，现在回过头来看，它们对上证指数的指示作用就一目了然了。

看盘心法四　介入底部“7 连阳”股票

王雷在介绍他的选股技巧时说，把介入底部 7 连阳的股票作为他的首选。

他说，若一只股票在底部区域出现 7 根以上的阳线，如果累计涨幅不超过 15%，换手在 20%左右的话，便说明有主力在关注这只个股，资金开始不断地在吸纳。盘中可以明显感觉到主力有一种对收集筹码迫不及待的感觉，但为了快速拿到一定的筹码，又不将股价大幅拉起来，每天都是小阳线。适当的换手更是暴露了机构在此建仓的痕迹。一旦这种图形出现，在7连阳之后的缩量回调过程中都是很好的买入机会，大胆介入，定能获利。当然，如果有7根以上的阳线出现，则买入信号更强烈。

他说，K线走势在一段时间内越单纯，反映市场共识程度越高。一些被大主力、大资金相中的未来龙头个股，由于市场参与愿望热烈，主力做多意愿坚决，在底部往往拒绝阴线，而常以连续的阳线来抢夺底部的廉价筹码。历史上每轮行情的龙头股基本都出现过这样的形态。

譬如，1996年初当时的四川长虹还默默无闻，但3月12～22日的四川长虹，当时股价在9元附近，在9个交易日里连续收出阳线，累计震幅7.95%，换手12.81%，形成了难得的底部9连阳，明显有资金开始关注，稍做回调后，在缩量整理阶段就是很好的买入良机，其后就走出了一波大牛股的行情。

2014年记者重访王雷时，他又列举出不少近年来介入底部“7连阳”的经典案例。

实战案例一 光线传媒(300251)

2012年12月19～30日，光线传媒在低位连续出现9根阳线(12月24日跳空高开的阴十字星可视为阳线)，回调中可大胆介入。之后，该股奋蹄狂奔，股价连续翻番，成为2013年度最大的一匹黑马(见图2)。

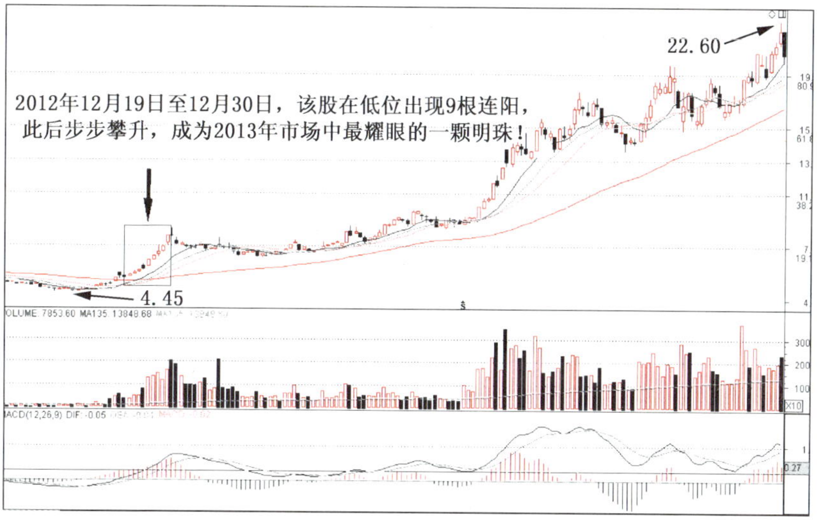

图2　光线传媒(300251)K线走势

实战案例二 大华股份(002236)

该股于2009年11月12～23日在启动时的底部区在K线上连续拉出8连阳，主力急于吸筹的迹象一览无余，市场又一次给了我们难得的机会，果断跟进，可尽享长线大牛股股价翻番带来的欢乐(见图3)。

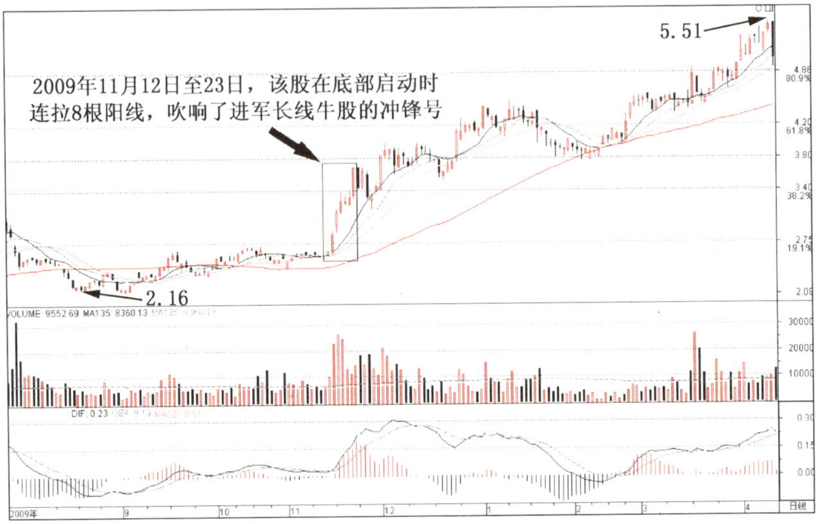

图 3　大华股份(002236)K 线走势

❈ 操盘感悟

底部 7 连阳是“价、量、时、空”的高度概括。这样的形态，在每年的市场中出现的机会并不是太多，一旦出现，就是很好的买入机会。出现这样的形态既不用研究技术指标，也不用担心大盘波动，只要把握住两点就可以了：

一是形态出现在该股票的相对底部，不能是市场的中部或者是历史高点和次高点。

二是这 7 天的换手和涨幅不能太高，不然就很可能有对倒或者出货的嫌疑。

把握住以上两点后，在 7 连阳之后的缩量整理过程中即可大胆买入。7 连阳意味着主力急于买筹的强烈心态，7 天内的均价基本是其持仓成本，在之后的回调中到了这一区域即可大胆买入。

看盘心法五　强势股的第一根阴线
——短线买入良机

介入强势股才能获取最大利润，尤其是在弱市里，只有抓住市场的强势股，才能跑赢大市。而在实战中，有时强势股的启动会很突然，一波行情领涨的龙头股，常常是以涨停的形态出现。这种股票一般都有众多实力资金在参与，其走势往往异常凶悍，盘中不断会有新增资金买入，经常出现连续的阳线形态。而在连续上涨几天后，这种股票经常会出现强势洗盘的形态，或者是阴线，或者涨停打开，如果你没能在它启动时介入，而在它上涨途中出现第一根阴线，也就是主力在其强势洗盘中介入，也是个最佳的短线良机。这是民间高手王雷在实战中总结出的一种买入技巧。

他说，通常许多强势股在刚启动时，大家把握都不是太大，该股的市场人气也不是特别强劲，如果盘面的感觉不是特别好，很难去抓住这样的机会。但当出现连续几天的上涨时，其强势特征或者龙头形象已被市场认可，参与的资金会不断增加。在第一根阴线洗盘时，往往会有许多踏空资金追入，这样在其后几天一般都会创出新高。强势洗盘的第一根阴线不能吃掉前一日强势阳线的 1/3，如果前期的上涨是连续的涨停形态，第一根阴线处买入的把握越大。

实战案例三 华贸物流(603128)

2013 年 8 月，为探索我国对外开放的新路径和新模式，推动加快转变政府职能和行政体制改革，培育我国面向全球的竞争新优势，拓展经济增长的新空间，国务院正式批准设立中国(上海)自由贸易试验区。在这重大政策利好的驱动下，作为龙头股之一的华贸物流强劲飙升，连续涨停。8 月 23 日，该股上升途中出现极其难得的第一根回调阴线，介入后，股价很快翻番(见图 4)。

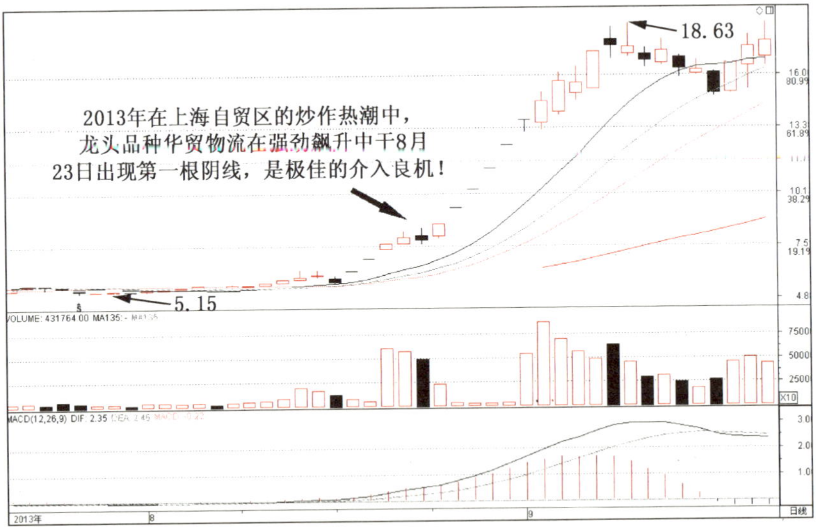

图 4 华贸物流(603128)K 线走势图

实战案例四 外高桥(600648)

该股作为上海自贸区概念股炒作的龙头老大，连续以“一字板”

涨停的方式发起冲击，其王者风范令市场瞠目。就在外高桥连拉12个一字停板后，9月17日出现第一个阴十字星，给投资者一个很好的介入机会，次日该股便再续升势，强劲上攻，登临新的高峰（见图5）。

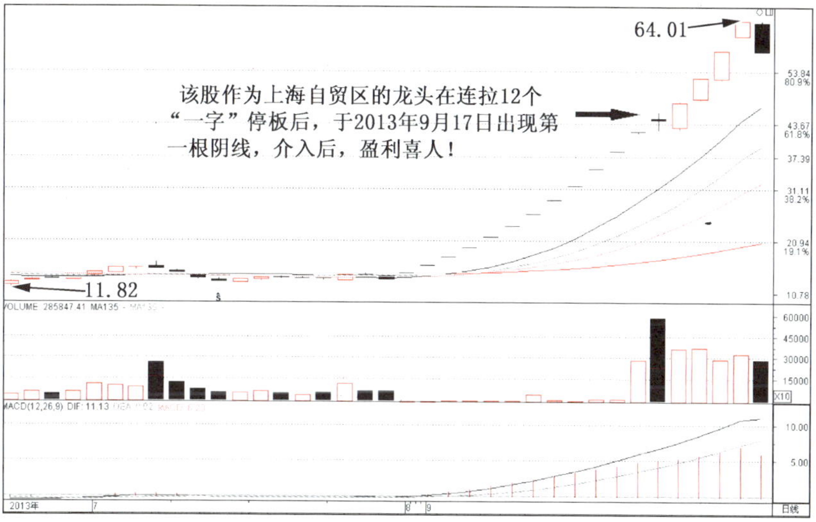

图5　外高桥(600648)K线走势图

✲ 操盘感悟

强势股的第一根阴线买入的一定要是当时市场上最强势的股票，其阴线当天经常伴随着较大的换手。由于该股是市场的龙头品种，这一天主力通常是强势洗盘，一般还会再一次拉高，所以第一根阴线处买入，短线有着很好的获利机会。

看盘心法之六　善于复制与联想

——遵循“历史会重演”的技术分析假设

王雷认为，技术分析的三大假设之一是“历史会重演”。在操作上，他习惯将以前的强势品种的走势记录下来，一旦后面的市场出现类似的走势，便可以坚决买入。

实战案例五 杭萧钢构（600477）

该股 2003 年 11 月 10 日上市当天的市场价在 15 元左右，当时市场上对钢铁股一致看好，但对于新上市的钢铁股定价在 15 元还是觉得偏高。然而，其良好的业绩加上其较小的流通盘吸引了众多资金的介入。在 2003 年 12 月 19 日，该股开始启动，走出了翻番的行情（见图 6）。

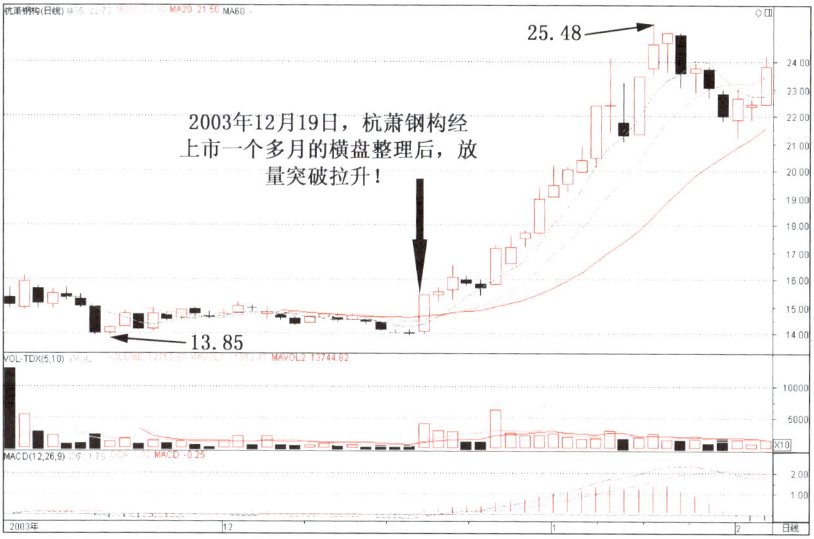

图6　杭萧钢构(600477)K线走势

实战案例六　恒源煤电(600971)

该股2004年8月17日上市当天定位在17元附近，当时市场对煤炭能源股也是一致看好，但对于这只个股也觉得定价相对偏高，但在2004年9月15日这只个股以一根大阳线启动时，我就觉得是第二个杭萧钢构的走势，当天就开始果断买入，一个多月获利30%(见图7)。

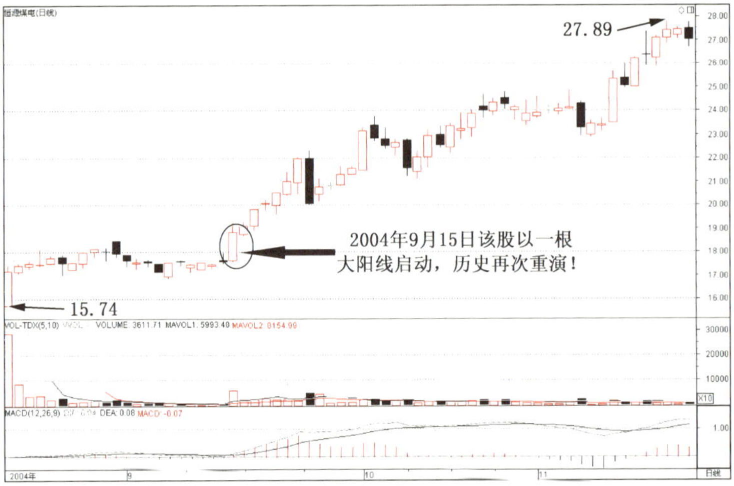

图 7　恒源煤电(600971)K 线走势

实战案例七　保利地产(600048)

2006 年 7 月底上市的保利地产，作为拥有一定资源的地产股，该股的开盘价也是超出市场的一般预期，但同样也在 8 月 28 日该股强势展开突破，成就了短期 50%以上的利润(参见图 8)。

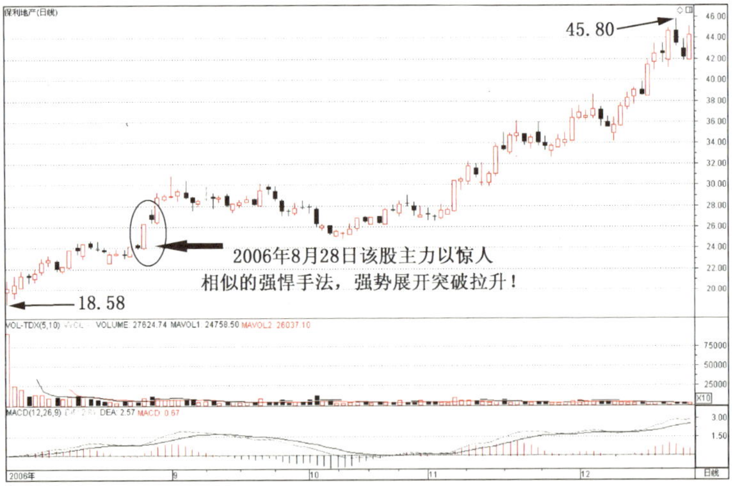

图 8　保利地产(600048)K 线走势

再比如，扬子石化(000866)，在2003年1月份，易方达基金管理公司旗下的几只基金开始逐渐持有，到2003年5月，股价涨幅已经有100%。但其后在6～10月，该股基本在6～7元的箱体内整理，拒绝回调。到2003年11月3日成功突破该箱体后，该股又有1倍的涨幅。也就是说，在11月份再次向上突破时就构成了很好的买入机会，此时，也是伴随着基金倡导的价值投资而起的。

同样，上海机场(600009)在2003年11月份基金也开始大批持有，到2004年4月初，股价涨幅也有50%左右。之后，大盘见顶回落，在上证综指跌去500多点、跌幅达40%时，而该股却一直在11～12元的箱体整理，拒绝回调。9月中旬，大盘反弹，该股迅速突破该箱体，当时基金正在倡导“二线蓝筹”的概念。同时，从股东结构看，易方达基金管理公司旗下的基金再次出现，经过两个个股的对比，上海机场在9月中旬应该是很好的买入机会，9月23日的突破阳线和扬子石化11月3日的阳线有异曲同工之处，此时买入，一个多月获利也在20%以上。

它们的图形读者可以打开软件对照，限于篇幅不再列举。

✲ 操盘感悟

实战中，这样的手法在许多个股上都出现过，主要是因为股市中许多主力在不同的时间会介入不同的个股，其在个股的运作上，盘中都会留下其以前的做盘痕迹，抓住这种机会，就抓住了主力的牛鼻子。

看盘心法之七　自上而下选行业，自下而上择个股

在基金越来越成为市场的主导力量时，精选个股成为跑赢大盘的必备手段。先自上而下选择行业，再自下而上选择个股，抓住了核心的个股，就抓住了市场的脉络。

2004 年 4～9 月，大盘的跌幅高达 40%，许多个股的跌幅都在 50%以上，但这当中却有一部分股票一直在走上升通道，并没有跟随大盘运行。这就透露出一个问题：对个股的选择至关重要，主要的办法就是先从上到下：在众多行业中选出最具价值或者在当前的市场状况下最具投资的行业，然后针对行业中的个股，自下而上，选择这个行业中最有潜力的个股。单纯的板块效应在以后将越来越弱化。

比如，2003 年下半年开始煤炭股投资价值已经显现，但有的股票是在不断创出新高，有的煤炭股票却走势一般，这就需要对行业的个股进行深入分析。比如，兖州煤业（600188），其公司的煤炭开采成本是国内最低的，其煤质也是国内最好的，这就具备了一定的投资价值；而像安源股份（600397），其矿的质量很差，许多矿已开不出煤。再比如，盘江股份（600395），其开采的煤的运输成本和开采成本都是很高的，那么它们的业绩在行业内就会很一般，不具备长期增长的潜力，这在它们的股价走势里也都充分地反映出来。

又比如,2006年初开始的有色板块的行情,更是得益于先自上而下,再自下而上的这一选股的分析思路。从2005年底开始,国际大宗商品的期货价格就持续上涨,国内的一些实力机构在国际市场的做空行为不断受到市场惩罚,根本原因还是没有意识到中国对这些原材料行业的需求。通过分析,我得出两点结论:一是当黄金重新开始其货币的特性并受到亚洲国家尤其是中国和印度市场的强力需求时,黄金价格可能会突破其历史高点800美元。二是有色金属需求潜力的增大和股价的持续增长,来自于稀少且不可替代的资源公司。本着这些原则,我在3月31日山东黄金(600547)股改复牌的第一天仍追高买入,依靠的就是对黄金期货市场的信心,短期获利50%以上。

对于2006年的地产板块来说也是如此。而对地产股的"领头羊"深万科A(000002)的挖掘同样显示了自下而上选股的优势。2006年四五月份,央行贷款利率的提高与存款准备金率的上调对房地产行业的调控非常明显,但我认为,行业的调控只会让龙头企业获得更多的市场份额。深万科A,当时只有10倍的市盈率,是介入的极好机会。我开始在6元附近建仓,但此时股价却没有止跌,最低下探到5.14元,短期的损失已接近20%。这一次我没有止损,因为支持我购买万科的理由没有发生变化。这时,投资大师巴菲特投资华盛顿邮报后下跌20%以上仍然加仓的案例,让我坚定了持有的信心。虽然半年报显示了部分基金的减仓行为,但仍没有动摇我的持股信心,因为深万科A是近10年里唯一一个保持年平均复合增长率30%以上的企业。我一直持有着它,终于获得了丰厚的利润。

✲ 操盘感悟

在单纯的板块效应越来越弱化的今天，在选股中精耕细作，先自上而下、后自下而上地精选行业、筛选个股，是跑赢大市、在市场中能稳健获利的重要心得。

小　结

以上四种方法是个股的一种选择思路。在这四种方法中我主要是把以前的强势股总结出来，应用到以后的实战中。底部7连阳和强势股的第一根阴线买入法都是简单易行的方法，在实战中非常有用。

采访结束时，王雷对记者说："十几年的股市沉浮，有着太多的坷坎，有过成功也有过失败。"他曾看过许多大户的资产出现几何式增长，但也看过在经历了近5年的熊市下跌后许多庄家的悲惨境况。在众多的失败案例中他不断总结，1999年和2000年的牛市让他的财富也呈现过较快增长，当时和许多的投资者一样，也有点飘飘然，忘记了风险，甚至差点让他失去方向，但他日常中总结的这些方法让他在关键时刻发挥了作用，及时地逃顶和抄底让他一直在这个市场生存。虽然有些方法难免有一定的滞后性，但王雷告诉大家他还留有一招：那就是止损，留住资金，留住机会。因为操作股票，没有万能灵药，一旦因为其他原因失灵，就严格执行纪律——最后一招止损。这也追溯到巴菲特的投资法则：“永远不要赔钱。”虽然止损似乎是一种很简单的方法，但真正执行起来，很多投资者就觉得是在割肉。但王雷认为，止损虽然也是割肉，但又不同于割肉，止损是给自己再次成功的机会。日常短线操作中王雷的止损方法很简单，那就是6％法则，当选入的股票跌幅达到6％时，就不要再去抱任何幻想。

摸准

主力的“命门”

马春弟

职业投资人马春弟的成功之道

“命门，生命之门。”

他的交易很少亏损，即使在弱市中也是这样。这惊人的成绩，关键是他只在市场中坚持自己的纪律与原则，并对主力的意图非常明了，确信时机已到时，才进场交易。股票的涨跌是主力资金运作的结果，只有摸准主力的“命门”，才能立于不败之地。

马春弟

生于 1956 年

入市时间

1997 年

投资风格

研透主力“心理”

逆向思维操作

投资格言

明天是未知的

但是，成功者一定对未来长期走势

要有精准的预判与准备

引　子

已经收盘好久了。但在华泰证券中山营业部二楼的一间贵宾室里，却还是一派热闹景象。许多人围着一位40多岁的中年男子问长问短。

“马庄主，你帮我看看这只股的主力是获利庄，还是被套庄？”

“今天我这只股下跌了，你给我分析一下，主力是出货，还是在洗盘？”

他正在一一回答。这时，只见一个小伙子把他拽到自己的电脑前，他用手有意遮挡住股票名称及时间，指着K线图说：“马庄主，你别管这是什么股，用你的眼力帮我看看，明天它是涨，还是跌？”大家一看这阵式，知道有“好戏”看，一起围过来观看。

“明天要跌!”中年男子端详了一阵后回答道。

“怎么会呢？今天它收了这么长一根中阳线?”

“我不会看走眼，这根中阳，是主力在做空前放的一个‘烟幕弹’，不信你明天走着看……”

“哈哈，马庄主，你真是钻到主力肚子里的‘毛毛虫’，了解得那么透，我真服了你啦!”说着，他把手拿开，把K线往后“拉”，一根接一根的阴棒顿时显现眼前！原来，他‘调’出的是江南重工(600072)在前一阵子下跌前的一根K线图，有意来“考”庄主。在场的人见状，都把敬佩的目光投向了这位聪明的“庄主”。

这位被大家称为“庄主”的中年男子，就是在股海风云里，善于与庄共舞的马春弟!

“桑塔纳”换来的宝贵经验

说起马春弟不同寻常的人生经历，还得从几年前他与股市结缘说起。

6年前，木匠出身的马春弟，做梦都没想到这辈子会与股票有缘，更没想到股市会这么“厉害”。

他原在一家香港老板开的装潢公司任工程部经理，后来自己出来“单挑”，开办了一家装饰公司。他人机灵，又懂行，生意做得红红火火。几年下来，腰包就“鼓”起来了。正在这时，照样火红景象的股市，进入了他的视野。周围朋友在股市大把大把赚钱的“示范”效应“激励”着他，最终，让他下了这辈子最大的一次决心：关掉公司，咱也到股市里淌上一身金！那是1997年的4月。

马春弟初入股市并没急呼呼地去买股票。他毕竟是当过多年经理，在生意场上闯荡过的，没有八九成的把握，他不会动手。他不像有的投资者一入市先挑只便宜的股票买，而是静静地观察，看哪只是股市的“头头”，就抓那只。

他的这种理念，让他一入市就逮上了一只大黑马——飞乐音响。这只中国股市开创之后飘落的“第一片梧桐叶”，真是光彩夺目，“王者风范”尽显。当年邓小平送给纽约证券交易所董事长约翰·凡尔霖先生的，就是“小飞”股票。马春弟入市的那个月，正是“小飞”向上奋飞的日子，从10元一股，一下子涨到16元多，马春弟15元买的，到16元还不知道走，后来股价回落，又直跌到八九元，接着反弹到15.3元时抛了，好在没赔钱。其实再忍一忍，“小飞”又很快到16.58元。他说，他当时犯了股民容易犯的一个通病，就是炒了那只股票出来后，就不再看它了，即使它再涨，也不再追。其实，“小飞”一年一波，1998年它从9元涨到19.25元，1999年，它又从10元涨到19元，多次送配，到2001年它一路疯涨，最高涨到了43.60元。

“那时，对股市还是十分陌生的，朋友说股市赚钱容易，就来了。通过实践，我一点没感到赚钱容易，而是十分不易。不好好学习，不掌握一定的跟庄技巧，是不可能做好股票的。我在买‘小飞’时，正处于它拉升前的洗盘，把我洗出来后，它的主升浪很快就开始了。”

“后来，我又做了四川长虹、ST麦科特(宜华健康)等几只股票。由于当时没有识别主力的水平，几只股票的损失，相当于我输了辆‘桑塔纳’，但给了我一个重要的启示：想在股市取胜，就要掌握股票涨跌的规律，而要掌握股票涨跌的规律，就必须摸准主力的‘命门’。命门，生命之门。在股市里，一只股票的涨跌，起决定作用的，是主力的运作。只有摸准主力的命门，随时知晓主力的操作意图，才能立于不败之地！”

为此，多年来，他遍访高手，刻苦学习，琢磨，总结，渐渐地，摸索出了一套窥探主力动向的方法……

查阅“历史档案”，灵活设置均线

“介入一只股票前，一定要先查阅一下它的‘历史档案’，看看这只股票历年来特别是近年来的‘表现’，然后再找出最实用、最适合于这只股票主力操作手法的均线，进行设置。这是我摸主力命门的第一攻略。”马春弟如是说。

他在操作中通常设置的均线是5日、11日、30日、48日、55日、72日和99日。他说：“在操作中，因主力手法不同，则需要根据主力的不同特点，进行相应的调整。”

2002年6月，马春弟先后看好3只股票，分别是青海明胶(000606)、新都酒店(000033，现名*ST新都)和深赛格(000058)。

这3只股票在当时的走势都强于大盘，6月19日，大盘跌了6个百分点，而这3只股票的形态明显强于大盘，属于上升途中的洗盘。在马春弟看来，介入在弱市中走势强于大盘的股票，后市的收益要大于风险。他在这3只强势股中选了一只走势更强一点的青海明胶准备介入。

他在介入前，仔细地查阅了青海明胶的历史走势，发现它明显受制于99日均线。在2002年1月31日～3月5日，该股一直受压于99日线，“顶”了15个交易日，都没“顶”过去，直到3月5日该股带量站上99日线，回抽不破，才一路走高。但自6月11日始，股价在横盘数日后，突然以连续5根阴棒向下急打，6月19日，股价跌至14.38元。而此时99日线为14.40元(往往主力攻克了这条线后，此后这条线便是它洗盘的支撑线)，他便在此时介入。之后，清海明胶连涨9天，股价从14.38元一直涨至23.49元。从6月19日～7月3日，涨幅达63.3%。

✻ 操盘感悟

寻找主力的“生命线”，是获取胜利的第一步。第二步是要摸清主力操作的秉性。从历史上看，青海明胶这只股票的主力就很凶悍，狠洗，狠拉，一直围绕99日线，只要站上就能赚钱。除了抓住这条“生命线”，同时还必须善于识别主力洗盘的手法，发现其惯用的洗盘伎俩；否则，就很容易被洗出来。

实战案例一 青海明胶(000606)

该股在2002年6月7日开始调整,股价从18.07元连跌8天,在6月19日收盘14.78元。而99日线却从13.98元上升到14.40元,一点没有回头的意思。而此前的2001年5月,该股就曾凶狠洗盘,股价跌,99日线上涨。历史往往会重演!从它的走势上看,这个主力没有"下班"(见图1)。

图1 青海明胶(000606)K线走势

根据这种方法做过的股票还有很多。比如,东方热电(000958)在2003年的春季行情中一直沿着30日线往上涨;而ST华靖(600866,现名:国投电力)则习惯于以15日均线为"生命线"。只要它们有效突破并站上,就可加仓买入;不有效跌破这条线,就一直持股。

中长期均线“两次开花”，横盘的起涨点介入

马春弟在谈到自己的实战经验时对记者说，灵活设置多条均线，除了可以发现主力运作该股的“生命线”之外，还可以及时发现均线聚拢时的爆发性行情。比如说，一只股票主力往往有一个吸纳整理和蓄势的过程，表现为横盘的时间越长，日后起涨的爆发力就会越大。俗话说，横有多长，竖有多高。从多年的实战中我发现，爆发的起涨点，主力往往选择在多条中长期均线聚拢为一点向上发散之时。尤其是在突破多条中长期均线后第一次再回到均线附近时，则是介入的最佳时机，成功的概率也最大。

实战案例二 南玻科控(000012，现名：南玻 A)

该股于 2002 年 4 月下旬中长期均线全部汇聚在 12 元一线，均为向上的多头排列。这是该股 2002 年初上穿这些均线之后第一次回到均线附近，果然该股于 2002 年 4 月 25 日一根中阳确认支撑有效，随后引起一轮较大级别的上升行情，最高涨幅在 80%左右，成为弱市一匹耀眼的黑马(见图 2)。

图 2　南玻 A(000012)K 线走势

介入这类股票应具备的条件：

一是中长期均线聚拢且向上呈多头排列。

二是股价上穿多条均线之后，第一次回到这些均线附近，而且再次突破时，如果量价齐升，则预示一波有力行情由此展开。

三是在回挡阶段，成交量呈现逐步萎缩的态势，但在再度启动前有一个再度放大的过程。

四是股价上涨干净利落，回抽不破前期所有高点，此时介入收益可期。

另外，在实战中还需要注意的是，尽管多条均线聚拢一点时对股价的支撑力度非常强，但为了稳妥起见，还是应该等到确认支撑的中阳线出现之后，再行介入。

由主力持筹状态判断其出货还是洗盘

马春弟说：“一只股票的生命线对股价的支撑或压力非常有效。这时候可能是主力出货，也可能是主力洗盘，不管是哪一种，都应该在第一时间先行退出。如果是洗盘，那么，在洗盘结束的初期，又是我们再次介入该股的最佳时机。”

“怎样才能知道是洗盘而不是出货呢？”记者问。

“主力持筹的状况以及他手中的筹码在运作中丢失与否，是窥视其做盘主力是出货还是洗盘的一个重要标志。在下跌的初期，主力即便是出于洗盘的目的，也必须先丢失少量的筹码。但随着股价的止跌企稳，筹码往往会迅速收复。当股价再次回到生命线之上时，筹码会出现一个显著的增加。而若是出货，主力的筹码将大量丢失，即便股价有一定的反弹，筹码的增加也极其有限。”

“那么，你是怎么判断主力的筹码增减的？”

“现在监测的手段很多，许多软件都有这种功能。主力筹码每天的增减，一目了然。”

实战案例三 紫光古汉(000590)

1999 年 9 月 30 日前，紫光古汉曾连续 3 次碰 30 日均线而不破，作为该股长期运行的一条重要的生命线，却在 10 月 8 日开盘之后被一根中阴线彻底击穿。观察那一天的筹码，发现主力持筹有轻微的损失。随后股价在 30 日均线下运行了 13 个交易日，到 10 月 27 日股价重新站上了 30 日均线。多空筹码线显示，主力仓位大量增加，远远超过下跌前的持筹量。这就说明此次下跌，是主力成功的一次洗盘行为。我在 10 月 28 日一开盘以 12 元多的价格果断介入该股，到后来股价再次跌破 30 日均线时卖出，复权计算，股价已高达 56 元(见图 3)。

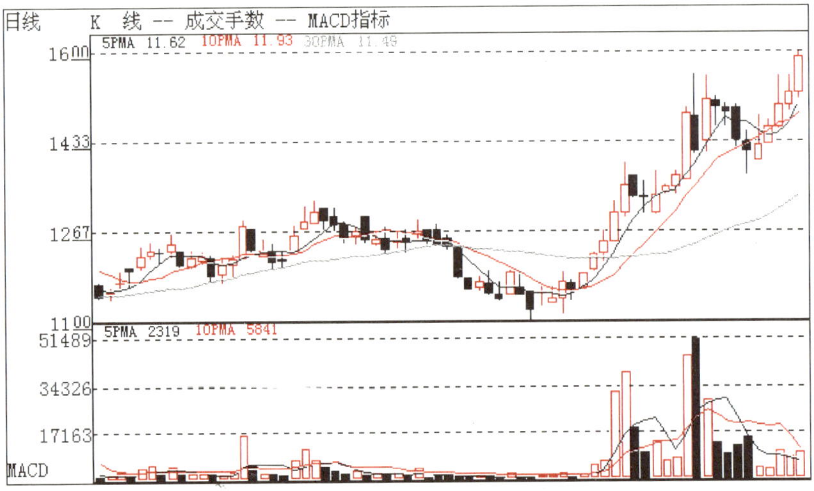

图 3 紫光古汉(000590)K 线走势

研透主力“心理”，逆向思维操作

一只股票的上涨和下跌，离不开主力的运作。而在股市中，主力的运作，又往往与众多散户的行为相反。如果一只股票散户跟风多，往往上涨的幅度就很小，主力随时都会打压。而如果没有散户跟风，股价往往会连续上涨。因此，要炒好股，还要打好心理战，要跟踪了解散户行径，揣摩主力心态，从而作出正确判断。这也是在股市获胜的一个关键。目前市场上许多的软件像大智慧的散户线、东北虎的股市本质、主力大单统计等，都能给我们提供很好的帮助。股市中许多股票的走势，也都证明了这一点。

实战案例四 升华拜克(600226)

该股从25元开始下跌，下跌途中散户跟风非常积极，股价就是不涨，你越跟，它就越跌，直到散户开始失望，割肉出局，股价才出现止跌迹象。在股票的上涨过程中，如果散户跟风多，主力就不愿让散户坐他的轿子，因此会打压洗盘。此时，股价连续上涨的力度就很弱。如果散户不敢跟风，主力就愿把股价继续拉高。为此，我们要根据主力的心态，随时调整自己的操作计划。当一只股票，散户大量买入时，主力肯定不会做多，就应抛弃；而当一只股票处于拉升中期，散户不敢跟进时，这只股的主力可达自己的目标位，就可以大胆跟进(见图4)。

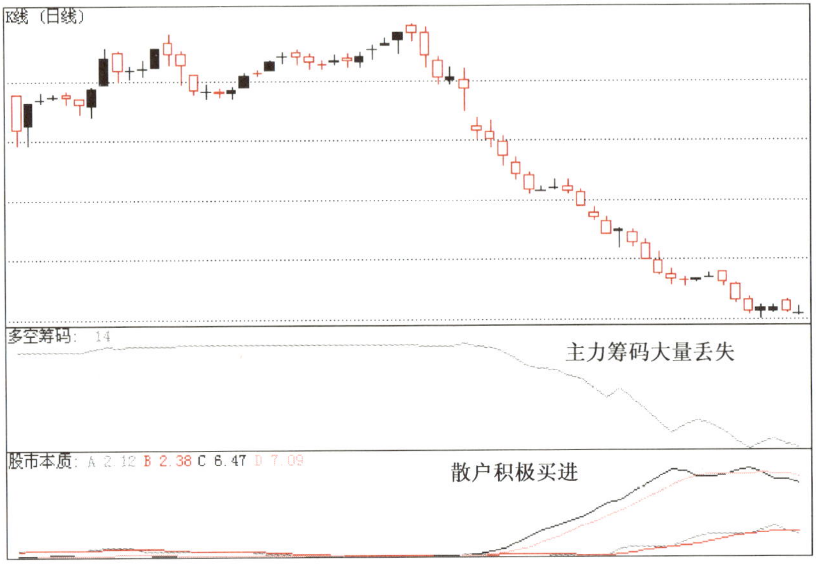

图4　升华拜克(600226)K线走势

我永远忘不了我成功操作长安汽车和凌钢股份这两只股票，它们的成功操作是“股市本质”和主力散户线给我壮的胆。2003年3月14日那天，汽车板块的“领头羊”长安汽车股价已经接近翻倍，而自从它上了10元后，我发现散户大多已“恐高”离场，而此时在东北虎软件系统中象征股市本质的白线开始翘头。这是主力要从与散户的胶着状态中摆脱出来的重要信号。同样，大智慧中的散户线也开始向下，我便勇猛地在11.20元冲进，与庄共舞，直到4月22日，“白线”在高位勾头，形成死叉，方离场，从主力身上捡了个“大红包”。

实战案例五 凌钢股份(600231)

2003 年 4 月 9 日该股起涨前散户和主力一样绞在一起，所以股价一直不涨，当日涨停后，尤其是 4 月 10 日一个长长的上影阳线，吓退了众多散户，纷纷抛出。而我正是在此时看到散户线向下，而象征主力的白线蹿了上来，于是在 9 元跟进，搭上主力的轿子仅 4 个交易日就盈利 30%，等散户再次跟进，股价早已随着主力的“勾头”而回落了(见图 5)。

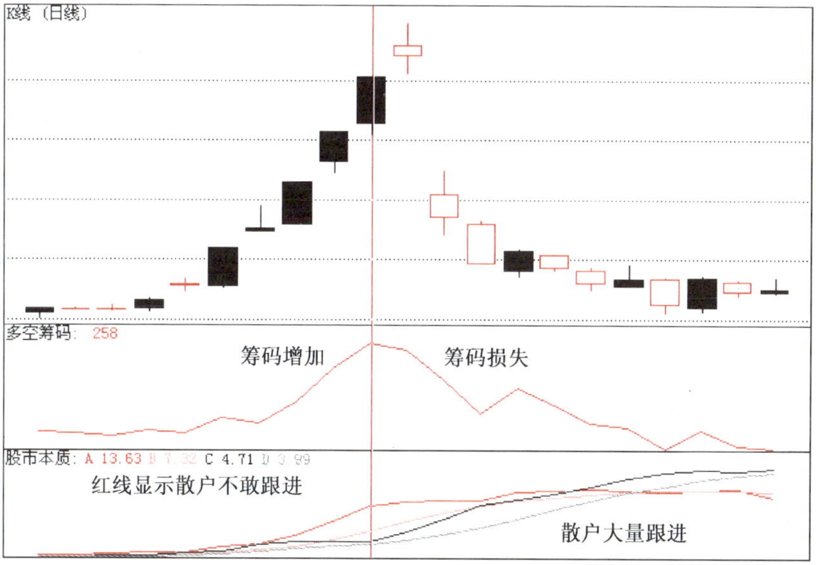

图 5　凌钢股份(600231)K 线走势

摸清主力“忍受极限”，抢超跌反弹股

主力也是人。他们一旦被套，损失惨重，往往也有一个忍耐的极限，到了极限点，他们一定会“生产自救”。特别是超跌的股票，主力深套其中，一旦反弹，力度不会小。若能摸清这个“底码”，抓住它的痛点，在它忍受不了的极限位抢入，短线获利的机会很大。尤其是在弱市中，这种抢超跌股的反弹，应是不可多得的获利良机。

记得2002年11月份大盘还处在绵绵下跌之中，在这种惨淡的行情中，一般投资者很难寻找到获利的机会，但我知道那些被主力深套的超跌股，机会正逐步来临。此时，我发现川投控股在经过连续下跌后，股价已沉到主力成本区之下很远。我通过数据分析计算，其主力的最大“忍受极限”在6.28元左右，我等待着这一机会。11月22日，该股在连续跌出两根阴线之后，继续下跌，当天以6.60元开盘一路下行，盘中竟一再击破主力的“忍受极限”，把股价打到最低5.99元。见此，我在6元左右果断杀进，当天该股即收在主力的“痛点”之上，以6.31元报收，随后便开始报复性的反弹。几天时间，就飙升至7元以上，使我在弱市中赚了一票。

操作中需要特别注意的一个前提是：这类股票在股价下跌过程中，必须是主力的筹码没有减少，即其下跌不是由于主力出货所致；否则，跌幅再大，也不可盲目地去抢反弹，以免造成损失。

“熊猫老板”的操盘术

职业投资人施伟的经验之谈

施伟

“咬定青山不放松。”

这里记叙了一个职业操盘手的成长经历与故事。其从初涉股海，历经“九九八十一难”，到奋发图强、“咬定青山不放松”的精神，引人深思，催人奋进。其选股思路与成长经验，超越时空，可读可学，可歌可泣，堪为后辈典范。

施伟

生于 1959 年

南京人

高中文化

入市时间

1996 年

投资风格

稳健型而不失保守

调研上市公司

掌握第一手资料后分批介入

投资格言

稳健，是制胜的关键

引　子

2003 年 1 月 7 日，寒风刺骨。

大盘自 1 月 2 日创出 1 311 点这一三年半来的新低后，一直在低迷徘徊。

面对眼前这“绿莹莹”的“冰冷世界”，股票市场依然是“套声依旧”，唉声一片。然而，当记者冒着寒风，来到位于南京太平南路的国泰君安证券，走进 311 贵宾室时，眼前却出现另一番“热气腾腾”的景象：一个 40 多岁、长得福态十足的中年人，活像一个前沿阵地指挥官，手机、电话并用，通过传呼台和发短信息，给他在全国各地 400 多名学员，发出一道神秘的“指令”：“10.90 元左右逢低立马买入上海科技(600608)！”

半小时忙完，他的额头已渗出细密的汗珠。

他在2002年12月31日看到上海科技临时股东大会发出的延长配股决议有效期为1年的这则消息后，判断它会有一波像样的行情出现。

1月7日，就在大盘在1 326低点徘徊之际，他却果断地向各地的学生们发出“进攻”的指令。

果然，他的判断出神入化。大盘跌，上海科技不跌，而是逆势放量上攻。

1月17日，他又发出一道“命令”，让全体学员在14.41元以上逢高派发，仅仅8个交易日，收益达32.2%。

他，就是职业投资人施伟先生。他操作股票的制胜率之高，并非一日。

南京电视台曾录制过一盘光碟，它真实地记录着中国股市的一则成功故事——一个职业投资人施伟先生的成功之路。

2001年6月30日，南京。万人涌向湘财证券，去听施伟先生的股票操作技巧报告。从1～6楼，所有房间和过道，全挤满了人，主讲大厅里4台10p的大空调，连续超负荷运转也无济于事。未能进会场的人流还在不断地涌来，城西干道交通一时堵塞。最后，“110”出动了，使一场报告无法进行下去……

“这情景，在中国股市10年，我还是在当年买股票认购证时看到过！”一位证券公司的老总如是说。

人们不禁会问：施伟，一个只有高中文化的职业投资人，为什么会得到千万投资人如此拥戴和崇拜？

下面一系列数据也许能够说明。

1999年，他在电视台不下20次地从6元开始推荐南京熊猫，让不少人发了“国宝”的财。

2000年，他推荐26只股票，除一只股票没涨外，25只股票涨幅都在20%～30%。同年5月17日，他力荐B股(当天B股收盘只有42.26点)，后来的涨幅更是可观。

2001年，他又力荐海南航空、南山实业，再次证实了他精准的选股眼光。

2001年7月14日，施伟再创全国之“最”。公开在省会城市的政府大会堂签名售票做报告(过去在省会政府大会堂做股评报告尚未听说过，更不用说是签名售票，这实属首例。之前也只听说有明星签名售唱片，作家签名售书，而从未听说过有签名售票做股评的。对此，施伟先生的解释是：他敢于对这场报告百分之百地负责)。

这一天，容纳3 000多人的大会堂座无虚席。走道和舞台前，挤得水泄不通。30元一张的票，被“黄牛”炒到了50元，就这也难买到。

在这场报告中，施伟告诫在场的所有投资人做两件事：

“昨天，世界上发生了一件振奋人心的事件：中国申奥成功了！海内外的炎黄子孙都在欢呼，13亿人的心里都在笑！但我要告诉大家，下周一(7月16日)开盘10分钟内，你要把手中所有申奥板块的股票全部抛掉，不管媒体当前如何热火朝天地‘吹’！”

他此言一出，令3 000多名听众大吃一惊！要知道，当时所有专家、股评家、媒体都在推荐申奥板块。申奥成功，这将给中国体育和经济发展带来多么大的机遇啊！

“我要让大家做的第二件事，是尽快‘离场休息’。这次报告，是我与大家的‘告别’。2001 年我不再出现在电视中了，我要外出学习一段时间。”

“最后，大家递条子要我推荐股票，我只讲一只，海立股份，代码是 600619。昨天收盘价是 16.71 元，可以在 16 元三四角附近吃进。”

凡是听了这场报告的投资者，收益有三：一是申奥股票全部卖了最高价。7 月 16 日，中体产业、王府井、北方五环、北京城建、北京巴士、北京城乡、北京化二、西单商场、北京建材……像是“开会研究”过一样，几乎全部以接近涨停的价格开盘，尔后，又全部是高开低走。就拿北方五环来说，当天开盘价是 14.30 元，收盘就砸到了 12.93 元，到 2002 年 1 月 9 日，已跌到 5.80 元的惨不忍睹地步。二是“离场休息”的，躲过了蛇年下半年中国股市惨跌带来的严重经济损失。三是海立股份逆势上涨，到 7 月 26 日该股已涨到 19.42 元，凡买进者，除手续费外，净赚 20%。这在大盘暴跌之中，实属难得，更显施伟识黑马的慧眼。

“熊猫老板”、“股神”、“选股的艺术家”……几年来，千万投资者给予他的一个个“雅号”，均表达了人们对他的钦佩和敬重。

但是，更多的人想知道的是，他成功背后的故事。想学习掌握他的操盘技巧，也像他那样走向成功。

有一个机构曾想出 30 万元的重金买断他的“技巧”，他拒绝了。但他却愿意借记者之笔，把他走向成功的故事和他多年研究的十大操盘"秘招",无偿地奉献给广大投资人。本文记述的,就是记者 3 年多来对施伟先生追访的实录。

(笔者注:尽管过去了这么多年,笔者认为其作为操盘手的理念仍然值得大家细细品味,认真学习,因此,再次总结了他的操盘得失与操盘术,再次把它编入新出版的《民间股神》绝招篇。)

初入股海,险些窒息

施伟的成长,正是在"读书无用论"的年代。

在"红海洋"的熏陶中,他脑子里留下的,没有多少文化知识,只有毛主席语录。从小学到中学,文化课没上几堂,倒是在"学工"、"学农"、"学军"中学会了不少技能。

高中毕业后,他被分配到一家大型国营机床厂当工人。从车工到装配工,什么活都干过。一天到晚,挺累,但工资却少得可怜。后来,他和朋友合伙做机械和电器生意。人聪明,又肯吃苦,挣了不少钱。

1996 年底的一天,一位朋友跑来对他说:"现在股市牛成这样,比做生意来钱快得多,人又轻松,又不用烦神。你这么聪明的人,何不炒炒股票?"

施伟一听,看看周围一些炒股的朋友都赚了大钱,心动了。他决定先拿点钱到股海投石问路。

就在这时，他的一位山东朋友给他传来了一个“内部可靠消息”，使他第一次踏入股市，以16元的价位买进了入市以后的第一只股票——鲁银投资。两个月后，股价涨到24元，朋友叫他再加码买进。

果然，又过了不到一个月的工夫，股价就上冲到39.50元。他卖出后，头一笔交易，就赚了十几万元。这一下子，激起了他对股市的兴趣。

就在他卖出鲁银投资的当天，他又接到“可靠消息”，把赚的钱，全部买进正准备拉升的国企大盘股马钢，仅仅13天时间，又赚了8万多元。

短短3个月，账面资金就增加了20多万元。面对胜利，施伟喜不自禁：看来，这炒股挺简单的，只要有消息，赚钱也蛮容易嘛！

然而，接下来的事就不那么顺了。1997年5月，他在上海朋友的力荐下，以14.80元买入了上海永久，可买后仅十几天，这只股票竟下跌到10元。

他着急地打电话问朋友。朋友告诉他，是几个券商不和所致。他只好补仓，后来仅仅打了个平手出局。

不久，他又买进了听说有送配题材的通化东宝。哪知，买入不久就套了进去。这一套，就是一年。

更惨的是，1998年5月，刚刚解套的施伟，再次听信朋友传来的“可靠消息”，不假思索地重仓买入了猴王、稀土高科和锦州石化。没想到，不久，一场百年不遇的水灾，给猴王和稀土高科带来很大影响，而锦州石化也因走私石油的影响，业绩出现滑坡。再加上大盘这时也受洪灾和东南亚经济危机影响，连日暴跌，庄家意图不能实现，施伟买的3只股票，这时已跌得面目全非，惨不忍睹。

远赴他乡，拜师学艺

那段日子，大盘天天一片"绿油油"，施伟的脸上再也没有了笑容。

全军覆没！这对刚刚涉足股市不久的他来说，是一个多么沉重的打击啊！他的心上像插了一把刀：那"泡汤"的股票，巨额的资金，毕竟是他长期辛劳的积蓄，来之不易啊！

他茶不思，饭不香，整夜整夜地失眠。只要一合上眼，入市两年多的一幕一幕就清晰地展现眼前。他痛苦地回忆着，不断地反思着：股市险恶，瞬息万变，而自己只听"消息"，不看大盘，不懂技术，没有独立思考就盲目跟进，这惨重的教训是多么深刻呀！

"股海和商海一样，只有知己知彼，才能百战不殆。要想把握股市，必先把握和充实自己。"在商海中摸爬过20多年，靠着智慧的头脑，曾创造过无数次商战"辉煌"的施伟，此刻终于悟出了自己在股海中失败的根源，一种强烈的求知欲萌发心头。

"在工厂里，成年累月地装机器，成千上万的'线'都看得懂，我就不信这"钱龙"图上的三条线看不懂！"他不再消沉，走出家门，到处拜师。只要听说哪有炒股的学习班，他就去参加。为了开阔眼界，向证券高手求教，他决意到中国股市的发祥地上海和深圳去拜师。

从 1998 年夏天到年底，整整 6 个月，180 个日日夜夜，他不辞辛苦，长途跋涉，足迹踏遍上海、深圳、珠海、广州……黄浦江畔和深圳湾，都留下了他不倦学习的身影。

在上海，他去听著名股评家其实老师的股市讲座，次次不拉，风雨无阻，是最用功的学生。常常下课了，大家都散去了，他还缠着老师问自己不懂的地方。在深圳特区，他想找一些大户取经，不光听白话像听外语，就连大户的门都进不去。为此，他想法“买通”守门的保安员，让他引见所熟悉的大户。

有一次，他听说深圳免税商店附近的一家证券公司炒股高手如云，便去登门拜访，但门卫说啥不让他进。这时，他发现中午闭市后一些大户常到证券公司的皮鞋摊擦皮鞋，他就天天中午守在那，主动和去擦皮鞋的大户聊天，慢慢地和他们熟了，就请他们一起喝茶、吃宵夜。

当这些大户得知眼前这位诚恳好学的施先生为学艺千里到特区，都被深深地感动了，便毫不保留地把自己多年操作的实战经验讲给他听，并带他到大户室，在“钱龙”图上帮他分析他一次次操作失败的原因……

学艺归来，初战告捷

年底，当施伟带着几本厚厚的炒股笔记回到南京再度杀入股市时，他的心里踏实多了，也理智多了，他不仅注重消息面，同时也注重从国家经济的宏观面、基本面和多种技术指标进行综合分析。

1999年春节前的一段时间，他见报上大篇关于ST红光亏损面临倒闭、摘牌的报道，心里很不是滋味。

他为企业职工的处境感到难过，同时，他认为国家对这种"只差一把锁就要关门"的企业是不会不管不问的。

他再回头看看ST红光的盘中表现，已是长久的无量下跌。他敏锐地感到后面将有一台"重头戏"上演。他马上筹措了一大笔资金，满仓介入ST红光。

要过年了，证券公司的老总给大户们拜年时，特意关切地对施伟说："你的红光仓位太重了，它的风险很大，要注意啊！"可他胸有成竹地说："物极必反，曙光就在前面。"也就在这时，他在电视上向广大股民作了推荐。

果然，没多久，ST红光终于闪亮登场，连拉6个涨停，使他大获全胜。接着，他又成功地操作了燃气股份，终于恢复了元气。

“熊猫”情缘

如果说ST红光使施伟劫后新生的话，那么，长达近1年的“熊猫”大战，则是他的“成名之作”。

从2000年2月下旬到3月6日，当ST熊猫以连续拉9个涨停板的王者风范“风风火火闯九州”，创下19.04元的历史新高后，众多的投资者对这只从ST家族中蹿出来的大黑马开始刮目相看了。

与此同时，人们也在议论着、风传着：

“听说坐熊猫庄的，就在国泰君安营业部，是一个姓施的老板！”

“我也不知道他叫啥名，反正人家都叫他‘熊猫老板’，听说他操作室里有6台电脑，一年多，天天打的都是‘熊猫’，你说他不是庄是什么？”

“那个人也真神，去年他在电视上连推两次熊猫，熊猫就从6元涨到了13元，今年又在电视上推，熊猫从8元多又猛涨到19元，听他推荐买‘熊猫’的，都发了‘国宝’财了！”

众人的议论并非没有道理。施伟先生所在的国泰君安证券营业部，是笔者多年采访的一个“基地”。早在1999年，我就采访过他，并和他交上了朋友。经常出入他的“密室”，也确实看到他满屋都是“熊猫”，似乎他与“熊猫”有种不解之缘。

记得1999年4月，我头一次在电视上看他推荐“熊猫”，曾误以为他像有的与主力联手的股评人士一样，给股民“药”吃。为摸底，我曾几次“探营”。出于对记者的信任，一天，他当着我的面把他的资金账户打开给我看：呵，全是“熊猫”！有8元多买的，也有9元买的，一页页，“熊猫”“爬”满了他的整个账户。同时，他对我说：“你看，我账上还有很多钱，我啥也不买，就等到熊猫跌下来，我再吃进它！”

那么，他为什么对熊猫如此情有独钟，难道他真的是熊猫的庄，或是炒手？为寻答案，记者再次“探营”刨根问底。

“施先生，你第一次在电视台推荐‘熊猫’时，大概是1999年的4月份，那时‘熊猫’才6元，堪称‘垃圾股’，你推荐它，是有什么‘内部消息’吗？”

“‘熊猫’的消息都是公开的。特别是南京的投资者心中都很清楚。我只不过看得比别人早一点、远一点罢啦！”

“你在电视上推荐时，没人看好它，你为什么看中它呢？”

“这要从我炒ST红光受到的启发谈起。你还记得1999年你采访我时，我对你说过，我是生意场上过来人，朋友多，消息广，过去我靠各路信息，的确也发了不少财，但几次‘失真’，又使我几乎全军覆没。在惨痛的教训中，我惊醒了。此后我一直靠独立思考进行分析。ST红光当时情况那么糟糕，职工的处境那么难，我办过公司，当过老板，我能体谅他们的心境。国家对这样的企业不会不管，后来的事实不是证明了这一点吗，你说呢？”

“那么，你推荐‘熊猫’时，市场一片看淡，你又是怎么想的呢？”

“的确是这样。长期以来，熊猫这一国内外著名品牌，在人们的心目中都快被抹去了。1998年熊猫每股亏损7角6，令人痛心，这么好的牌子给砸了。但我这个人，人家不看好的，我常反着看，希望往往在‘绝望’中发生。当1999年它的中报业绩公布后，我终于看到了曙光，看到了熊猫打翻身仗的希望。它从亏7角6，到1999年中报亏1角8，亏损额在急剧缩小。这是多么喜人的变化！后来，我专门留意从各种报刊和互联网上收集熊猫的资料，还多次到熊猫集团实地考察，了解到政府部门对熊猫很重视，想要再度打响这一品牌，让它成为江苏经济的龙头。而且，政府对它实行13亿债转股的大力支持，推出一系列重大重组方案。于是，我就断定ST熊猫必定是2000年的一只大黑马！事实上，1999年‘熊猫’从6元涨到13元多，那是重组的效应。后来，职工股上市，不跌反涨，就应该看出有‘重头戏’，2000年它从8元多猛涨到19.04元，应该说这正是扭亏为盈的效应。”

白马股中赚银子，“垃圾股”里捡黄金

“从过去的ST红光，到ST熊猫，还有你推荐过的ST松辽，都涨幅巨大。你是否在ST中捉黑马，有什么‘绝招’？”

“谈不上什么绝招。我多年观察到，黑马一般从两种股中产生：一种是质地好的白马股，另一种则是从低价‘垃圾’股中产生，尤其是ST股票。”

“那么，从ST股票中捉黑马的要害是什么？”

“要害是用发展眼光看问题股。要看到它们的变化，它们的未来。要明白，垃圾股里照样有黄金。不能因为今天它们头上有 ST 帽子，而对它们不屑一顾。当大势好时，有的人常常挡不住一些股票一天涨几元钱的诱惑，忍受不了 ST 股票一天最多只涨 5 个百分点的‘折磨’，而放弃这些‘貌不惊人’的黑马。”

“在 1999 年采访中，我还记得你向我推荐一只良华实业，说你 2000 年就炒熊猫和它。我开始把良华打在钱龙盘中的自选股上，好长时间见它天天是‘绿脸’，在十三四元荡来荡去的，我就没心思看它了，把它从自选股中取消了。没想到，它 2000 年蹿到了 53 元。我想问问你，你当时是怎么看中这只‘瘟’在那的黑马的？”

“这就是在选股时要透过现象看本质。就拿良华实业来说吧，当时它惹下一场官司，使它的股价大幅下挫。它盖了一栋大楼，因欠工程款被告上了法庭，财产遭查封。在一般投资者来看，这家企业盖栋楼，连工程款都缴不上，这股还会有什么‘劲’？可我仔细分析了这家企业，同时了解到，它盖这栋楼，要与美国及上海两家公司成立一个新型的合资企业，把主营业从房地产、粮油转向经营电脑和高科技产品、生产和销售软件。这一巨大的变化，才是它的‘质’。从这点看，它的股价翻几番就不足为奇了。”

“还记得 1999 年 4 月中旬，ST 郑百文公布即将破产的消息，你却还在电视上推荐它，说句玩笑话，这不是有点‘胆大妄为’了吗？”

“当时确有不同的看法，但我有我的道理，我是把它作为短线品种推荐的。”

“你的道理在哪里呢？”

“这主要是从技术上看。因为我当时看到ST郑百文虽然发布面临破产的公告，但它的股价并没有‘破位’，而大盘下跌，它反而走得坚挺，并且连续5天底部放量都在10%以上。你想，报纸、电台有关它可能破产的消息一出，散户不敢买，股价又未下行破位，底部连续放量，至少我认为后面可能‘有戏’。其重组的可能性很大。现在看来已经证实了。4月12日那天又发了一个我认为是‘此地无银三百两’的公告。从我推荐后，短线参与者应该是获利的吧！”

认定好企业，“咬定青山不放松”

“你从1998～2001年，在电视上、报纸上推荐过许多股票，准确率达99.9%，这很不简单。我记得除了ST红光、ST熊猫、ST松辽、良华实业（现名ST宏盛）、华西村（现名华西股份）等，你推荐的燃气股份从8元涨到32.90元，推荐的金果实业也从7元多涨到36元，你推荐的股自己都做吗？”

“绝大部分都做。”

“那么，为什么有人听你荐的股，只赚了些小钱，而你却能成倍地赚，什么原因呢？”

“说到底是个信心问题。譬如说，熊猫从8元多拉升到19.04元那一波吧，它历时4个月，真是波澜壮阔。一会儿拉，一会儿砸，许多跟进的投资者大多在11元左右给‘震’出来和‘洗’出来了。”

“我从K线图上看，‘熊猫’走势一塌糊涂，你当时心里是咋想的？”

“那是庄家做给散户看的。庄家不控盘不会拉升，必须洗去浮筹。而这次拉升‘熊猫’的庄，手段相当凶悍，不惜以数个跌停的代价洗盘。但我奉行的是从不追高，而是越跌越买。关键是对一个企业心中要有一本‘账’，对它要有信心，才能咬定青山不放松，持股到底，获取大利。”

“你19.04元抛出后，对它是否还有信心？”

“我并没放弃它，一直在关注着它。‘熊猫’题材很多，它拥有家电、军用、信息、通讯、机电仪器等6大支柱产业，生产的环保手机非常抢手。1999年又进军西部，签订了几亿元的合同，并和爱立信携手共同发展。它在带动江苏、南京经济腾飞中将发挥龙头作用。所以，我对它的前景十分看好。2000年夏天当它调整到15元左右时，我又吃进了不少，一直做到21元，光在熊猫身上赚的钱，我已记不清了。你看，我这屋里，6台电脑总也少不了熊猫，不是吗？”

“另外，除了对一个企业有信心外，你是否认为买股票的时机也很重要呢？”

“当然是。你还记得你有几次来采访我时，我正在买股票的情景吗？我虽是个大户，每次进货多，但每次买股票，我都是慎之又慎。买皖维股份时你在场，我就挂8元，多一分我都不要。买熊猫，更是这样，有一次我一直在研究以什么价位接，直到凌晨3点多才睡。如果买不好，买的价高了，套在里面的滋味是不好受的。只有你判断准了，敢于在它洗盘的时候买入，才能获得较大的收益。要做到这些很不容易，要下功夫。现在我对股票几乎达到一种痴迷的程度。我除了正常的交易时间外，收市后还要复盘，做作业，根据行情和大盘走势不断修改自己设定的技术参数，回到家还要继续研究，有时要到很晚。股市行情这么复杂，赚点钱不容易啊！”

“2001 年 2 月，经国务院批准，中国证监会决定 B 股市场对境内开放。可我听说半年前，你就在电视中大力推荐 B 股。那时的 B 股市场那么惨淡，全国证券业几乎无人谈及它。你是怎么想的？据说你在电视中突然讲要大家买 B 股，当时弄得节目主持人都手足无措，感到‘太突然’了，有这事吗？”

“有。当时是 2000 年的 5 月 18 日，B 股市场极其低迷，那天收盘才 42.26 点，有许多股票都跌破了净资产值。我是以一个投资者的敏锐目光看到了 B 股的投资机会。你想，中国面临加入 WTO，企业要与国际接轨，B 股市场的前景也许会发生巨大变化！”

“当时你为什么要大家买永生 B 股呢？”

“主要考虑它盘子小，有资产重组，并有改名题材。那时它的股价才 1 角 8 分，多便宜啊！”

“后来，你让大家什么时候卖的？”

“我推荐永生 B 股后，它的确成了一只大黑马，天天涨。那些日子，我工作室的热线电话整天响个不停，有一天竟被打爆了 3 次。他们都是问永生 B 股已涨了一两倍了，要不要抛？我在电视上、报纸上、电话里多次对投资者说，不能抛，什么时候抛都是错的。不要以为涨了一两倍了，涨幅大的还在后头！到 2001 年 5 月 30 日，我在电视中说，过去我让大家买，说什么时候卖都是错误的，今天我要倒过来说,在 6 月 5 日前,要把手中的 B 股全部卖掉,包括永生 B 股,它会跌得很惨,很惨。"

"事态的发展果真如此吗?"

"是的。2001 年 6 月 1 日 B 股收盘已高达 241 点,永生 B 股已从 1 角 8 分涨至 2 元,若当初买 1 万股的话,此时卖掉,可净赚 18 200美元。而到了 2002 年 1 月 23 日,B 股已跌至 121 点,永生 B 也从 2 元跌到了 7 角多了,若当时不抛出,损失可就惨重了!"

按图索骥

这些故事或案例虽是十几年前的了,但是这种研究分析股票的思路,仍然可以借鉴,并值得学习。小编从中悟出,中航资本(600705)就是一家好的企业,并值得长期跟踪。

总结经验,回馈社会

"你在炒股中是重技术多,还是重基本面或是消息呢?"

"说实在话,炒股是一门综合艺术,缺哪一样都不行。有许多股民认为股市是赚钱的好地方,既轻松,见效又快。但是,我却要提醒股民朋友，股市是有风险的，亏钱的多，赚钱的少。所以，炒股心态一定要好，期望值不要过高，这样股票才能做好、做长。另外，炒作股票，信息来源很重要。中小散户没有信息，就算有也来得比较晚，等到公布的消息，主力已出货，散户还以为是最佳买点，其实散户已做反了。在这种情况下，我们就要分析股票。我个人认为，炒股是一门技术，也就是说，股民既要有经济学的知识，又要懂得心理学原理；既要懂技术分析，也要懂基本面分析。”

“这是件很不容易的事。其实，就是要认真地看盘和分析技术图形，因为许多功夫都在里面。”

“听说你有一套方法，有人要花30万元买？”

“是的。我不愿做那笔生意。我是从散户走过来的，我深知散户赚钱的艰难，我想把它献给散户朋友。其实也不算什么秘诀，只是我对盘面分析研究几年的一些体会而已吧！在这里，我愿谈谈，供大家参考。”

“熊猫老板”的操盘术

操盘术一　怎样判断大盘当天的指数收阴、收阳

CAOPANSHU

投资者每天都看大盘，但多数人看不准大盘。大盘到底当天是收阴，还是收阳？我通过很长时间的记录、验证，发现大盘在正常时间内，收阴、收阳是有规律的。我判断的准确率达78.2%。

大盘收阴，还是收阳，直接关系到当天的买卖股票。假如大盘收阴，你上午买的股票，到了下午大盘收阴，这只股票可能就收阴。那你当天就亏了。上午买的股票就可能是最高价。尤其是当你想做 T+0 时，知道大盘当天是收阴还是收阳，更显得尤为重要。大盘收阴，做 T+0 就做不出来，你今天的损失就更大。

这里，我给大家介绍一个判断大盘收阴、收阳的几点依据：

一是假定前一天收盘指数为 1 000 点，第二天开盘低开后，30 分钟大盘指数超过 1 000 点以上，大盘当天就会收阳。

二是大盘开盘后，平开，到 30 分钟后，指数在 1 000 点以上，大盘当天还是收阳。

三是大盘高开后，若 30 分钟后，指数在 1 000 点以上，收盘可能带影线。

四是开盘 30 分钟，指数在高开点上，当天大盘也会收阳线。

以此类推，若相反，大盘就会收阴。

当然，判断大盘当日收阴、收阳，让我说，还能说出很多种。因为大盘运行规律是极其复杂的，它会受到多种因素的制约。以上几点仅仅是我长期观察大盘最常用的方法。

操盘术二 预测当日成交量多少

CAOPANSHU

成交量的多和少，往往直接关系到大盘的走向和股价涨跌的波动。如果股票在高位放量，就有出货的嫌疑；如果在低位放量，就有主力进场的可能。关注上午 9 点 25 分大盘集合竞价的量，是预测当日成交量多少的一种重要方法。假如今天开盘前集合竞价的量是 5 000 万元，昨天集合竞价量是 7 000 万元，就知道今天的成交量不如昨天。而这种成交量的多少变化，对你判断大盘和个股的走向以及当日的操作，都起着至关重要的作用。

操盘术三　快速捕捉当天异动股

CAOPANSHU

异动股就是在一天中异常波动，股价和它的前段时间相比，有较大的变化。而能快速捕捉到盘中的异动股票，常常是获利的极好机会。然而，投资者很少注意盘中这一稍纵即逝的变化，丧失许多良机。因为大多数人看钱龙，涨跌幅榜的排名，都习惯看的是“5 分钟”。而 5 分钟，对于观察盘中异动的股票，显然时间太长了，有些异动变化在这 5 分钟的涨幅榜中是显示不出来的。而我在操盘中习惯把“5 分钟”改为“2 分钟”。具体操作方法是：在钱龙的“动态分析系统”中打开“系统工具”栏，接着再打开“设定系统参数”，这时把“排名比较时间”设为 2 分钟(其他软件估计差不多)。

这样做的目的，主要是短线抢盘。特别是在开盘的前 10 分钟内，对判断当天主力要拉动的股票，很有作用。例如，2002 年 3 月 1 日，我一开盘就快速捕捉到了青鸟华光这只股票异动，在它快速上涨 10 分钟后有一个短暂的回荡，便趁机介入，当天就可获利。当然，要捕捉异动股，还必须有备而来，需要对自选股票的基本面、技术面以及主力运作的手法等都要有所了解。

操盘术四　如何选涨幅大跑赢大盘的股票

多数投资者选股票，都是在K线图上看5日线、10日线、30日线是否多头排列或空头排列等，但我看K线有一个技巧，就是30日线一定要走平，同时5日、10日穿30日线，其间挖的“坑”（通常是主力的“洗盘坑”）越大，随后这只股票上涨的幅度就越大。也就是说，在主力收集筹码结束后，所挖的“洗盘坑”越急越深越好。一旦30日线走平，5日、10日上穿30日线，即是最佳买点。例如，湖北兴化（600886）于2002年1月23日启动，在1月28日这天，5日线、10日线上穿30日线，挖的“坑”很大，所以它的涨幅就大。

操盘术五　看布林线买股票

对布林线指标开口逐渐变小的股票，要特别关注。因为此种形态表明股价的涨跌幅逐渐变小，多空双方力量趋于一致，股价将会选择方向突破，开口越小，突破的力度就越大。

我的经验是：

股票上涨，布林线下跌，发生背离，当时不要买进；等股票下跌，布林线上涨时，就要注意。再有第三次，股票上涨，同时布林线指标上涨，就是买股票的时机。例如，湖北兴化，在2001年11月8日最低价为6.88元，随后股价一路上涨，涨到11月29日的最高价为8.58元。其间，布林线是一直往下走的。从11月30日开始，到2002年1月11日股价盘整下跌，而布林线指标上涨，密切关注。到1月24日，布林线开始往上走，当5日线、10日线上穿30日线时，即为最佳买点。再拿南京熊猫来说，1999 年 11 月 4 日开始股票上涨，布林线一直跌，到 2000 年 1 月 10 日，股价开始下跌，布林线上涨，密切关注。到 2000 年 1 月 26 日，5 日线穿 30 日线，布林线往上走，买进(当天收盘价为 11.65 元)，随后该股在 3 月 6 日就飙升到 19.04 元。

操盘术六 股票怎样才能卖高价

CAOPANSHU

要卖在高价，主要观察威廉指标。当威廉指标(RSI)的白线、黄线、红线的最高点为“0”时，然后再看分时图，5 分钟纯化，15 分钟纯化，30 分钟纯化，60 分钟更纯化，那你想卖股票就可能卖到当天的最高价。

操盘术七 怎样看手中的股票异动

CAOPANSHU

多数投资者主要看自己的股票是否放量了，以及价格的高低等等。我主要是通过每天开盘的集合竞价和它的量比来看它是否异动。如果当日量比突然放大，开盘时卖盘越多，股价不跌，或者微微一跌，到 30 分钟，卖盘大于买盘，持续时间越长，而股价不跌反而上涨，那这只股票在今天就会有一定幅度的上涨。

操盘术八 “三阴不吃一阳”买股票的技巧

CAOPANSHU

这种“三阴不吃一阳”的图形，多是在牛市中主力运作的股票。这里举几个例子。南京熊猫于 2000 年 8 月 16 日是根阳线，尔后在

17日、18日、21日连续3天都是阴线，且“三阴”没有吃掉8月16日的阳线，就看涨。在这一天，收盘时你就可以买进。后来，该股一路上扬，获利非常快。原水股份也是这样。2000年7月18日是根阳线，接着，19日、20日、21日均为阴线，且三阴没有吃一阳，当日买进，第二天就获利。南方汇通也是如此。2000年6月6日是阳线，随后7日、8日、9日的三阴没有吃掉6日的阳线，当天买入，就能获利。

相反，如果“三阳不吃一阴”，要坚决卖出股票。

“当然，在实践中操作股票的方法很多，在这里就不一一赘述。投资者也不必死搬硬套。因为股市是动态变化的，只有随时根据股市的变化和个人的操作习惯，制定对策，才能使自己立于不败之地。”

小　结

记者采访施伟期间，他曾应邀八次到上海做投资报告。在上海工人文化宫的报告会上，他向投资者奉献他挖掘到的飙涨股，准确率达100%，轰动上海滩。

“真诚地感谢你为投资者推荐了那么多好股票。你原来讲的操盘秘诀，现在还管用吗?”几年后，当记者再次见到施伟时问他。

“管用。前几年国内股市行情不太好，朋友邀我去越南炒了几个月股票刚回来，我还是用的这套技术，效果很好。”施伟回答说："不过，现在市道变化很快，影响大盘的变数也太多，看盘也要上个台阶才行。像第一条判定大盘当日收阴、收阳的方法，现在单独使用，准确率就低了。为此，我又摸索出了在钱龙软件上能同步看出主力进出的技巧，这对判断大盘走势起到了决定性的作用。另外，股票操作是一门综合艺术，就像航天飞机上天是一个非常复杂的综合技术一样，在实战中不能孤立地使用某一项技术，只有融会贯通，灵活应用，效果才会好。”

狙击下周涨幅榜前列的股票

江汉

私募基金高手江汉擒拿黑马独门绝技

“阴在阳之内，不在阳之对。”

在茫茫股海中，能经常选出涨幅榜前列的股票，是每一个投资者的梦想，而从梦想到现实又是那么的遥不可及。然而，一个机构操盘手的独特方法，也许能给那些正在苦苦寻觅的人们，点燃心中的希望。其独创的“大小飞龙”战法独步股海，傲视群雄，堪称股票市场一绝，让千千万万的散户投资者顶礼膜拜。

江汉

生于 1970 年

北京人

入市时间

1995 年

投资经历

在北京、南京、上海多家机构专职操作股票、期货，

2007 ～ 2012 年在某上市公司任国际战略投资总监，

2013 年创办股权投资基金。

投资风格

注重市场未来格局研究

擅长超前预判市场趋势和拐点

对未来强势品种实施精确打击

投资格言

战胜股市的过程

即是战胜自我的过程

2014年冬。

当我再度踏上六朝古都金陵城——这块我15年前采访“民间股神”的“始发地”时，我便想迫不及待地去拜访我在《民间股神》第一集和第二集连续重点采访过的机构操盘手江汉。

我乘车向着江汉的新家紫金山腹地飞驰。此刻，看着窗外寒风中挺拔的雪松和蜿蜒起伏的山路，不禁心潮澎湃，勾起了我10年前的一段难忘回忆。那正是与股民心中的“股神”江汉有关的故事。

绝技一　走在涨幅榜前列

十几年前，江汉在我眼中已经是一个牛人。我和他的相识，是一则“传闻”搭的桥。

那是2003年仲春，在江南的投资者中，疯传着一条“新闻”：有个叫江汉的投资高手，这周能预测下周进涨幅榜前列的股票，简直是一算一个准！

民间传闻的速度之快，效应之大，令人吃惊：自3月开始，每逢周六的下午，越来越多的人都不约而同地朝这个高手所在的证券公司营业部奔去，把原本冷清的大厅围了个水泄不通。

3月29日，周六。我带着疑惑的心情亲临现场，听这位高手讲课。几个小时下来，确有耳目一新之感。尤其是他在回顾操作战绩时，让人大开眼界。当场，江汉将自己的实盘操作情况，毫不保留地展示给现场的近百名投资者——

3月7日，他买入惠天热电和美利纸业。3月10日（周一），一开盘，大盘下跌，而他买进的两只股票却逆势上涨，占据了涨幅榜的“冠亚军”。

3月18日，他买入桂冠电力，第二天，该股便发力向上突破，一路狂飙，多次进涨幅榜前列（至记者采访期间的4月10日，该股已从10.39元涨到12.70元，短短十几个交易日，涨幅就达22.23%）。

3月25日，他买入江西纸业（600053），第二天，江西纸业就排在了涨幅榜第二名。他在该股涨了4个百分点时卖出后，迅即又买入了爱建股份（600643）。第二天，爱建股份涨幅4.33%，又进入了涨幅榜前3名。

一两周能抓几只进涨幅榜前列的股票，也可能不足为奇，况且耳听为虚，眼见为实，为验证他的“功夫”，我天天“跟班作业”，又连续追访了几周：

3月31日，我见他买入上海科技。第二天，该股就进入涨幅榜前5名。4月7日，他又买入了天方药业和丽珠集团，到4月10日，天方药业就死死地封上了涨停，列涨幅榜第一名；而丽珠集团也不甘示弱，涨了4.91%。4月11日(周五)，他买入东方电机，结果下周一，该股便飙升，以涨停板收盘。另外，他带领股友们买入的全柴动力、海南航空、厦门信达等，也都十有八九在涨幅榜中现身。据从3月初到4月中旬一个多月的概略统计，他狙击未来一周进入涨幅榜前列的股票的成功率至少在70%以上，的确让众人叹服！

✲ 千里挑一，只做强势股

"为什么你买进的股票，大多都能进涨幅榜前列，有什么诀窍?"采访中，我问江汉。

"在机构多年培养的理念告诉我，炒股只能做强庄股才能赚钱。所以，选股首要的是寻找和确定未来的'黑马群体'，并将其作为攻击目标。而一般'不入流'的弱势股我碰都不碰。"

"谁炒股都想抓黑马，买了股票都想它能进入涨幅榜前列，可是多数人都做不到，怎样才能预先发现那些能进涨幅榜前5名的股票呢?"

"当然这不是一件容易的事。沪深两市有1 000多只股票(2003年初次采访时)，在没有任何内幕消息的情况下，要抓未来一周能进入涨幅榜前列的股票，首先需要很深的看盘功底，其次要弄清楚哪些股票是强庄股。我认为，所谓的强庄股就是那些操盘主力有相当资金实力和控盘能力，在市场上有一定的号召力，有独立的市场运作方向和规律，并经常出现在涨幅榜前列的股票。通常，在一波中级以上的行情中，大约有200只以内的股票能上涨幅榜，能赚钱；而在中级以下的行情中，通常也只有50只左右股票经常上到涨幅榜前列。这些强庄股就是我们要捕捉的目标。”

“那么，这50只股票具有什么特征，怎么辨别呢？”

“这50只左右的股票主要有三种：一是主流板块的股票；二是各板块的‘领头羊’；三是新资金介入的强庄股。根据我的经验，发现主流板块的方法有五点：(1)大盘有足够的拉升和出货空间。(2)这个板块的股票同样要有足够的上升空间和想象空间，使大家感到，炒到多少钱都不贵！(3)历史上没有大幅炒作过或在1年内没有大的套牢盘，将来完全能创新高。(4)必须有持续性题材和概念，炒1年都不过时，这样，这个板块才能成为热点板块。(5)最好能结合高送配、重组题材炒作，为了将来容易出货。例如，2003年初，一轮行情的主流板块汽车类股票就具有极大的想象空间。另外，强势板块还有金融、医药、钢铁和能源、含权次新股等等，只有抓住它们中涨势最强劲的‘领头羊’，像汽车板块中的长安汽车、一汽轿车，金融股中的民生银行、招商银行，医药板块中的东北制药、鲁抗医药，能源板块的桂冠电力、深能源，钢铁板块的凌钢股份、宝钢股份等，才是跑赢大市、赚大钱的关键。”

✲ 5日速涨有条件，关键掌握买卖点

“一轮行情起来后，那么多的强势股，怎样才能在短时间内捕捉到下周能进涨幅榜前列的强势股呢？”

“根据我的临盘经验，5 日内短线速涨的条件主要有五点：(1)面临技术突破位；(2)近两日明显温和放量，但股价上涨不多；(3)未来 5 日内单日将放出两个月来最大量；(4)离最近洗盘位空间 20%以上；(5)近 2 日有明显逆势特征。”

“可以举些例子说明吗?”

“这种例子太多了。就拿我刚刚炒过的桂冠电力和丽珠集团来说。桂冠电力的主力进行了长达一个月的集中建仓，而丽珠集团则在一个星期内不断放量，新增资金介入非常明显。一般来说，一个月之内若一只股票的换手率超过 50%，但震幅控制在 20%左右，那就是集中建仓。这种股票，往往在两个月之内涨幅不会低于 30%。桂冠电力就是个明证。再比如，辽源得亨这只股票，是只新资金介入的独立庄股。在 2003 年 1 月 2 日它完成洗盘面临技术突破之际我便杀入，22 日抛出，等它到 3 月底调整完毕，再度介入。再看眼前这只天鸿宝业，今天它已到了洗盘结束位，同时又放出了近两月的大量，刚才是个十字星，我就说它要起涨了，这不，说着说着，它就涨了 4%啦!”(到发稿的 4 月 14 日，该股又以涨停板报收，从 4 月 10～14 日，仅 3 个交易日，累计涨幅就达 18%。——记者注)

“在操作中，要真正掌握好买卖点，还要懂得主力操盘手法与股价运动的四大关系：一是主力控盘与未来涨幅呈正比。如长安汽车的主力从 2002 年初开始建仓时间长达一年，且控盘程度极高，所以它的涨幅就很大。二是短期量能与短期涨幅呈正比。如丽珠集团短期量能巨大，所以在较短的时间里上涨的速度就快，幅度也大。三是主力洗盘出货量与洗盘时间长短及洗盘力度呈正比。如果出货量大，洗盘时间就会长，力度也就相应会大些，这对寻找和掌握二次进场的最佳买点十分重要。四是历史波段顶底即是未来主力洗盘位。”

✲ 长期跟踪，烂熟于心

“你下周准备买进的股票，都是在上周研究确定下来的吗？”

“许多人都认为我是临时研究确定买入目标。其实，这是一种误解。对一只热点股票的介入，是我长期跟踪的结果，而至于下周什么时候买进，只是个买点的时机问题。我在机构操盘多年，一个基本功，就是要对盘中最强势的几十只到100多只股票要烂熟于心。要做到点出一只股，在不看盘的情况下，闭着眼睛就能‘看到’它的走势形态，它的顶在哪、底在哪，近期成交量是怎么变化的，某年某月它曾有过什么异动等等，都要了如指掌。另外，你看看，我身边这本笔记本。”

说着，他递给我看，只见上面记录着三四十只热点强庄股的详细资料，哪天哪只股有异动，哪只股在洗盘，哪只股进入调整以及当日盘中热点的转换情况和近两天的狙击目标。

“我在机构多年，已经养成了每天做功课的习惯。只有时刻做个有心人，才能在实战中获胜，”江汉说，“拿我这两天买的天方药业这只股来说，许多人见它两天涨停，羡慕我一抓就是只大黑马。他们哪里知道，对这只强庄股我已追踪它1年多了。它的强庄特性并非此时才显露，我清楚地记得2002年5月23日那天，它就以涨停板开盘，当天就往下惯压，次日低开低走，形成了一幅典型的‘乌云盖顶’之势，随后又大幅度向下洗盘。在‘6·24’行情中，又迅速回到5月23日的高点。其上冲下洗的手法完全显示了主力强大的控盘实力，这说明在未来的行情中这种凶悍的手法还会重演。果然，在2002年8月26日大盘下跌的情况下，它再度放量封涨停。除权后经过半年的沉寂，在本轮行情中又雄风再起，4月10日、11日连拉两个涨停，显示出其王者之风。我正是在此之前看到它在4月7日出现异动，接着主力又进行了大幅震仓的惯用手法，其蠢蠢欲动之心，已跃然盘中，我便果断介入。类似于这样的强庄股还有很多，钢铁板块中涨势如虹的凌钢股份也是这样，主力特点一贯是快速勇猛，它上市不久就曾以迅雷不及掩耳之势连封4个涨停板拉起过一波行情。我们只有细细观察、时时跟踪，才能掌握它们的运行规律，以便在这些强势股启动前介入，这样买入的股票，能进入涨幅榜前列，就自然成了顺理成章之事了。”

✲ 严守纪律，方能制胜

“股市如战场，严守纪律，方能获胜。”江汉在采访中多次强调这一点。

他说：“进行短线操作时，我严守五条准则：

第一，操作股票，首先看大盘。孙子曰：知可以战与不可以战者胜。大盘好了，才能买股票，从而也才能研究介入未来哪个强势板块，如果大盘不好，谈买什么股票都是枉然。2001年的六七月份我就抛出了所有股票，和家人外出旅游，几乎快一年时间，光看不做。直到大势向好，有利可图才操作。

第二，看开盘两分钟的量比情况，必须排在前 5 名才买入。

第三，买入时涨幅不得超过 3%。

第四，必须立即主动成交，不得挂单。也就是说，要果断，说买就得买，说卖就要立即卖掉，不能犹犹豫豫。

第五，放量至目标位时卖出。即使卖后再涨也不要后悔，许多人总担心卖了还会再涨，总想卖个高价钱，舍不得出手，但结果却常常来回‘坐电梯’，不赚钱，甚至出现由赚变赔的现象。”

转眼 10 年过去了。然而，当年采访江汉的情景如在眼前。他“点石成金”，捕捉未来一周进入涨幅榜前列股票的“绝活”，给我留下的印象是那么的深刻，10 年间，一直挥之不去。

这次重访江汉，他已从当年的民间高手，成长为一名优秀的基金经理。尽管这些年少有谋面，但他的“佳话”仍不时传入我的耳朵：早在 2007 年 3 月，江汉就进入了一家上市公司担任战略投资总监。上任伊始，他就以 3 000 万元资金创造两个月盈利 4 600 万元的佳绩。在 2011 年他指导运作几千万美元的原油期货时，他对原油期货重大变盘时间的判断成功率高达 90%，其准确性高于当年华尔街对冲基金的判断，并且创下了入场资金两周翻倍的佳绩。《扬子晚报》等媒体曾对他做过通篇报道，这让他再次红透大江南北。

“江汉，几年不见，你从机构的主操盘到私募的投资总监，业绩愈发辉煌，广大股民对你青睐有加，并且你已桃李满天下，很多学生都成了高手，你还组织股民和学生一起参与慈善慰问活动，真是个热心肠啊！”我望着眼前这位虽文质彬彬却见识卓越、聪明、睿智的

“老朋友”，兴奋有加。

“那都是股民朋友对我的厚爱。这些年，行情一直低迷，我义务为大家讲解大盘和个股，传授自己经历无数挫折与苦心钻研而成的技术，就是为了让众多的股民少走弯路。”江汉坦诚地回答说。

“听说你在2011年底在南京作了一场投资报告很轰动。当时，你跟股民提出对未来市场的判断：(1)大盘在2012年将持续下跌，将跌破2 000点，若想在2012年获利，可以在股指期货做空期指。(2)创业板主力正在建仓，大家可以关注创业板中的文化传媒、网络、环保等概念股，并指出这些股都是未来的黑马，都具备翻倍潜力。是这样的吗？”

“是”。

“当时市场比较清淡，大家对未来都很疑惑迷茫。时至今日，一切都证明了你当初判断的准确性。你能谈谈当时你是如何提前洞察市场主力运作趋势和超前识别龙头板块的龙头股的，有什么独门绝技，可否再抖搂抖搂？”

“当然可以。”江汉坦诚道：“这些年，在血雨腥风的股市拼杀中经历了多次起起落落后，终于磨砺出了多视角战略分析眼光和一套对市场强势品种实施‘精确打击’的技术。我愿奉献给在股市中艰苦跋涉的投资者朋友们。很多股民朋友都想学到抓进入涨幅榜强势股的诀窍，《民间股神》第一集出版热销后，不少人到南京要拜我为师学这门绝活。其实，回过头来看，细读当年的那篇文章，只讲了一个框架和基本的临盘技术，还不够系统。《民间股神》续集里面已经讲得系统化了，但理论多于实战。我这次结合实战案例，将其原理讲清楚，让大家便于掌握。要想抓涨停板或者牛股，首先，要知道未来的强势群体在哪里，是如何产生的；其次，要对主力手法进行深入分析，洞察秋毫，利用盘面的蛛丝马迹预判主力运作意图，在此基础上运用'飞龙选股'技术，可以轻而易举地选出强势股，那些即将进入涨幅榜前列的股票，也便尽收眼底。”

绝技二　寻找未来强势群体

“非常感谢你对投资者的无私奉献，10 年来股票市场发生了很大变化，你的资金操作规模也翻了许多倍。听你的操盘助手讲，近年来，你的业绩一直很优秀，成功捕捉并操作了天舟文化、光线传媒、易联众、奥飞动漫、中青宝、生意宝等，这些近几年来中国股市中跑出的飙涨黑马，真是了不得呀！看来，你抓强势飙涨黑马股的技术越来越娴熟了，这可能就是你多年征战股市沙场所领悟的在市场中赚钱的最大秘密吧？”

“是的。我认为，在一波行情中，各股的涨幅不同，那些走出翻倍行情的黑马股所占比例不足 1/10，而它们往往都集中在某几个板块群体中，形成推动市场上升的主流热点与板块。在行情到来之前，若能捕捉到这个未来的强势群体，就能搭乘市场中最大的黑马，赚取超越大盘的利润！”

“追逐最强的股票获大利，可以说，这是每一个证券投资者都梦寐以求的事。可是怎么才能早早地发现并识别哪些股属于未来的强势群体呢?”

“我认为最主要的有两点:一是要明了强势群体产生的条件及其特殊背景;二是要深谙主力运作的思维及操盘手法。只要掌握了这些,要想寻找到未来的强势群体并不是难事,”江汉说,“下面,我就如何捕捉未来强势群体,谈点我的实战体会。”

✲ 强势群体产生的背景分析

所谓强势群体,就是指股票市场中表现最强悍、飙涨、最凶猛的“黑马群”。它们能在数千只股票中脱颖而出,奋蹄狂奔,绝非偶然,有其诞生的特殊背景与“摇篮”。这一点,通过对中外股市多年来的运行规律进行具体分析,便可发现其产生的必要条件及其规律。

✲ 股市的内在规律

综观股市的历史,尽管风云变幻,潮起潮落,但还是按趋势前行的,市场主力就是遵循趋势规律,完成建仓、拉升和出货的。市场本身也存在自身的运行周期。若能把握未来行情的周期,那么已经在市场中胜出了。本人在这方面做了大量研究,并探索了成功率较高的预测周期的方法,可以预测未来重要的波段行情时间,并付诸实战,取得了很好的效果。

✲ 强势群体的产生及其核心推动力

股市中每个时期的行情与当时的产业发展周期是相一致的。

处在发展周期上升阶段的公司，以接力的方式形成对股市的推动力。这些公司自然成为这一阶段行情中的强势群体即主流板块。从美国股市和中国股市走过的历程，即可清晰地观察到这一点。

美国股市主流概念的演变

伴随着某一时期某一行业的高增长，股市中的该类股票已成为该时期的主要炒作概念。美国股市100多年来主流概念的演变，一直遵循着这一规律，见表1、表2。

表1　　美国股市100年主流概念一览

时　期	高增长行业及市场主流板块
19世纪末	铁路业
20世纪早期	制造业，钢铁股、汽车股
20世纪60年代	国防电子，电子股、塑料股
20世纪70年代	石油股
20世纪80年代	生物制药、房地产
20世纪90年代	计算机及信息产业，软件股、网络股等

表2　　2009～2013年美国股市三级行业主流板块

概念板块	涨幅(%)
林业和造纸	299.96
汽车及零件	294.55
移动通信	285.33
传媒	243.06
房地产投资与服务	209.82
化学制品	196.41
旅游与休闲	192.99

续表

概念板块	涨幅(%)
工业工程	170.83
其他金融服务	160.63
个人用品	158.53
电子及电器设备	154.60
软件和计算机服务	152.88
权益工具投资	146.92
技术硬件与设备	144.15

中国股市主流概念的特点

近10年来，中国经济在积极宏观政策的引导下，迅猛发展，产业结构的调整，新兴产业迅速崛起，给证券市场带来了广阔的发展机遇和想象空间。主力群体更是风起云涌，此起彼伏，给我们创造了良好的投资机会。比如，1996年以来手游概念、互联网金融、土地流转等主流概念板块即是如此，见表3。

表3　　中国股市1996年以来主流概念一览

时期(年)	主流概念	龙头股
1996～1997	家电、绩优	四川长虹、深发展
1997	电子元器件及计算机硬件设备	深科技(长城开发)
1998	次新、重组	中信国安
1999	传媒、软件	东方明珠、清华同方
2000初	网络	海虹控股、综艺股份
2000中	国企大盘(钢铁、石化)	鲁石化(泰山石油)、马钢
2000末	生物制药	天坛生物
2001	电力、次新	乌江电力(银泰资源)

续表

时期(年)	主流概念	龙头股
2002	深圳本地股、地产	深深房、深宝恒(中粮地产)
2003	汽车	长安汽车、上海汽车
2004	有色金属、海运、钢铁、石化等行业复苏 电力、煤炭 网络传媒及网络游戏	山东铝业(被中国铝业并购已退市)、江西铜业、中远航运、宝钢、扬子石化(被中石化并购已退市)等 国电电力、兖州煤业 上海梅林、海虹控股等
2005～2006	有色金属 石油 房地产	中金黄金、包铝(被中国铝业并购已退市) 石油大明(被中石化并购已退市) 界龙实业、宝恒(中粮地产)
2007	参股券商 医药	大众公用、大众交通 鑫富药业、广济药业
2008	奥运 4 万亿基建	中体产业、北京旅游 五洲交通、中铁二局
2009	甲流感 海西	莱茵生物 、海王生物 三木集团、漳州发展
2010	海南 煤炭 稀土	罗顿发展、罗牛山 国阳新能(阳泉煤业)、兖州煤业 广晟有色、包钢稀土
2011	涉矿	迪康药业、华联矿业
2012	摘帽	天津磁卡、南化股份
2013	手游 文化传媒 上海自贸区 互联网金融	中青宝、博瑞传播 天舟文化、华谊兄弟 上港集团、上海物贸、华贸物流 深圳华强、大智慧、生意宝、上海钢联、东方财富
2014	军工 特斯拉 中韩自贸区 高铁 网络金融 一带一路 券商	成飞集成、中国卫星 上海普天、万向钱潮 营口港、大连港 中国中铁、晋亿实业 东方财富、同花顺 北新路桥、连云港 长江证券、兴业证券

从表 3 中我们不难看出，各阶段行情的主流板块与行业升级、

行业增长以及政策导向是密不可分的。从美国股市历年主流板块和中国股市历年主流板块对比分析中不难看出，在全球化背景下产业升级的国际联动性越来越紧密。2009～2013年美国移动通信、传媒、金融服务、软件等行业得到迅猛发展。中国紧随其后，2013年创业板行情中移动互联网、文化传媒、软件等概念股的持续上涨正是在该产业全球性增长的背景下实现的。2014年国家推出"一带一路"的战略规划，以及移动互联网产业的爆发式增长，催生了牛市行情。

另外，强势主力群体在市场中的运作过程，往往采取顺势而为，按大盘波段进出，并紧跟时代潮流，结合一定题材制造热点，制造板块轮动效应，来维持市场人气，推动市场向上运行。及时、准确把握各板块间的轮动规律，是捕捉未来一周进入涨幅榜前列股票的核心手段（见表4）。

表4　　2013年主流板块轮动情况

2013年	主流概念	龙头股
1月14日	3D打印概念	中航重机（600765） 海源机械（002529） 乐通股份（002319） 光 韵 达（300227）
1月15日	节能环保	龙净环保（600388） 创业环保（600874） 三聚环保（300072）
1月17日	PM2.5概念	三 维 丝（300056） 启源装备（300140） 国电清新（002573） 海越股份（600387） 雪 迪 龙（002658） 中电远达（600292）
2月21日	石墨烯	中航三鑫（002163） 上海新梅（600732） 金路集团（000510）

续表

2013 年	主流概念	龙头股
3 月 7 日	三沙概念	海峡股份(002320) 海南瑞泽(002596) 海岛建设(600515)
5 月 13 日	大数据概念	拓 尔 思(300229) 荣 之 联(002642) 鹏 博 士(600804)
5 月 15 日	节能照明	士 兰 微(600460) 鸿利光电(300219) 聚飞光电(300303)
6 月 14 日	智能穿戴	奋达科技(002681) 北京君正(300223) 丹邦科技(002618) 九安医疗(002432) 环旭电子(601231) 中颖电子(300327)
6 月 25 日	文化传媒	天舟文化(300148) 华谊兄弟(300027) 光线传媒(300251)
6 月 26 日	手机游戏	中 青 宝(300052) 掌趣科技(300315) 北纬通信(002148) 博瑞传播(600880)
7 月 1 日	互联网金融	深圳华强(000062) 大 智 慧(601519) 生 意 宝(002095) 上海钢联(300226) 东方财富(300059) 金证股份(600446) 新 大 陆(000997) 内蒙君正(601216)
7 月 10 日	网络彩票	鸿博股份(002229) 中体产业(600158) 安妮股份(002235)
8 月 22 日	网络安全	浪潮信息(000977) 卫 士 通(002268) 启明星辰(002439) 立 思 辰(300010)

续表

2013 年	主流概念	龙头股
8 月 23 日	上海自贸区	上港集团(600018) 上海物贸(600822) 外 高 桥(600648) 华贸物流(603128)
9 月 10 日	民营银行	苏宁云商(002024) 友阿股份(002277) 红豆股份(600400) 东方雨虹(002271) 佳都新太(600728)
10 月 8 日	天津自贸区	津滨发展(000897) 天津海运(600751) 天津松江(600225)
10 月 28 日	油品改革	泰山石油(000554) 广聚能源(000096) 天利高新(600339)
11 月 13 日	航天军工	航天长峰(600855) 长城信息(000748) 高德红外(002414) 太极股份(002368)
11 月 14 日	蓝宝石概念	东晶电子(002199) 天通股份(600330) 露笑科技(002617)

绝技三　破解主力做盘玄机

“人们常说，主力就是股市的一股暗流，一只‘无形的手’，它的行踪最难以让投资者琢磨。尤其是要跟进强势主力入驻的股票，更是一件不易的事。你在机构多年，是否能谈谈怎样识别股票有超级主力入驻？它们拉升启动的信号是什么？主力又是如何实施洗盘与出货的？”为了给散户投资者寻找并跟踪主力，在采访中，我问江汉。

“这些的确是在股市博弈中要想获胜的关键，”江汉说道，“我们不仅要明确市场的强势群体，更要了解市场主力是如何运作这些强势品种的？他们做盘的玄机及操盘技法又是怎样的？当然，市场的主力分类很多，这里，我重点对强势股主力的运作手法进行破解。”

“人们常说的强势股，就是那些介入筹码较深，有一定的控盘能力，能左右股价的方向，并在一波行情中能远远跑赢大盘的实力机构介入的股票。这种实力机构的一举一动，是我们研究琢磨的重点。”

“那么，这些实力机构有哪些市场特征呢？”我问江汉。

“根据我多年与实力机构的接触与操盘经验，我将其划分为中长线主力和波段炒作主力。它们有着不同的市场特征：

（1）中长线强势主力的特征。一是有较强的资金实力，主力整体运作时间长，有足够的建仓和出货时间；二是持仓量大，控盘能力强，能左右股价的方向，主升段往往连续拉涨停板；三是目标位高，总体涨幅两倍以上；四是题材深，均有可持续性题材，有足够的想象空间。它们所操作的股票往往为市场的主流板块或某板块的龙头股。

例如，2003 年度的宝钢股份（600019）、鞍钢新轧（000898）及扬子石化（000866）、齐鲁石化（600002）等钢铁、石化股；2013 年行情中的中青宝（300052）、博瑞传播（600880）及华谊嘉信（300071）、华谊兄弟（300027）等手游、传媒股，均为市场主流板块，是中长线主力所为。2014 年此特点尤为突出。

(2)波段主力的特征。一是资金实力稍弱,主力整体运作时间短,一般为3～6个月左右;二是持仓量小,但短期控盘能力强,经常拉涨停板;三是短线目标位较高,波段涨幅50%～100%;四是题材新,它们所操作的股票往往为市场中的新概念、新热点。

例如,2004年春季行情中,网络游戏概念有海虹控股(000503)、聚友网络(000693)等;光电概念有方大A(000055)、联创光电(600363)等;2013年秋季行情中,上海自贸区概念有上港集团(600018)、外高桥(600648)、上海物贸(600822)、华贸物流(603128)等;天津自贸区概念有津滨发展(000897)、天津海运(600751)等,均为市场热点板块,是波段主力所为。

✲ 破解翻倍黑马主力建仓特点

"听说你在2013年创业板行情中又获利颇丰,你是如何把握的呢?"

"2013年操作了天舟文化(300148)、光线传媒(300251)、易联众(300096)、奥飞动漫(002292)、中青宝(300052)等多只黑马股。其实,这些股在2011～2012年就已纳入我的股票池了,巧合的是2014年我又重仓操作了海虹控股和沈阳机床,因为这些熟悉的身影又映入眼帘了。"

"你真有眼光,能抓住翻倍的黑马股建仓。根据你的实战操作体会,请你谈谈这些能翻倍的黑马主力建仓时都有哪些特点?"

"在多年的临盘实战中,我渐渐发现这类黑马主力的建仓有着与众不同的特点,而中线黑马和短线黑马在建仓期又各自不同。"

✲ 强势主力建仓手法

中长线主力建仓手法

中长线主力往往有一整套建仓策划方案，由于其收集筹码多、时间长，一般要在大盘调整期进行，同时还要有一定的基本面因素的配合。

(1)借大盘下挫，吸纳第一仓。长线主力通常在见底之前就开始收集筹码，借大盘连续走低的影响使股价不断创出新低，引发恐慌性抛单迫使散户割肉出局，借此大捡廉价筹码，主力趁此完成第一仓的筹码收集。

(2)制造利空，打压建仓。当市场人气低迷、散户惜售、成交量萎缩、主力吸不到筹码时，若正好上市公司披露“年度业绩预亏”等利空消息时，主力就会趁利空消息将股价封在跌停板，制造恐慌气氛，打压建仓。

实战案例一 银河磁体(300127)

在 2013 年 12 月 2 日放量砸跌停板，我判断主力刻意打压建仓，12 月 23 日再次暴跌，我认为是主力最后震仓了，指挥操盘手逐步进场。此时，多数人恐惧是正常现象，因为人们没有注意到主力早就有筹码在这个区域，已经跌到主力成本区了，后面果然开始稳步攀升，从 17 元涨到 27 元。到 2014 年年报后，发现王亚伟的昀沣投资已经进入十大流通股东，说明此法是可以提前预知主力意图的

(注:本人没有该股任何消息,从不听消息进场),参见图1。

图1 银河磁体(300127)K线走势

(3)*逆势逞强,震荡吸筹*。由于主力不断加码买进,使得市场浮筹逐渐减少,抗跌性越来越好,逐渐走出独立行情,在阶段涨幅榜中排名居前,投资者只要仔细观察,即能捕捉到中长线强势股,获得翻倍收益。

大凡大主力做盘必具王者风范,其建仓阶段能忍常人所不能忍。比如,中青宝(300052),2011年10月开始建仓,到2013年4月启动,主力卧薪尝胆一年半,长时间低迷,使散户跟风盘早已弃之而去,此时你若给人推荐恐怕还要遭人指责,真是“把吴钩看了,栏杆拍遍,无人会登临意”。

而其主力拉升之时,方显英雄本色,13元直奔90元,横扫千军,“气吞万里如虎”。此时,跟风盘又蜂拥而至,结果自然是长期套牢。

实战案例二 天舟文化(300148)

2011年超级主力开始建仓的天舟文化(300148)在2013年6月17日至7月1日,成交量异常放大,换手达300%,涨幅控制在25%左右,明显有先知先觉的主力压价抢筹,这是该股即将启动的征兆。7月2日突然停牌,放出重组介入手游概念的利好。8月27日复牌时正好赶上创业板主升浪,并且手游题材正是热点,因此,主力连续封9个涨停板,再度成为市场明星股。此时,回头看停牌前的主力抢筹行为,便一目了然(见图2)。

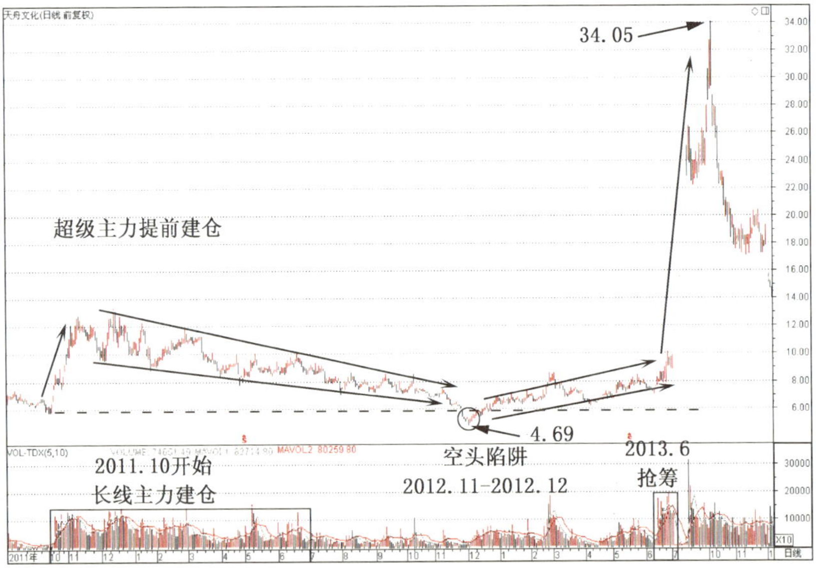

图2 天舟文化(300148)K线走势

波段主力建仓手法

波段主力的建仓手法主要体现在对盘口与盘面的深度把握与

超凡的控制能力。

（1）高抛低吸，顺势而为。由于主力操作时间短，吸筹量不是很大，往往采取顺势而为，高抛低吸，赚取中短期波段差价，一般不轻易创新高。例如，抚顺特钢（600399），在 2012～2013 年中不断在 4～6元上下震荡，主力在 50%空间范畴高抛低吸，波段操作。

（2）跌停震仓，涨停出货。波段主力盘面手法较为迅捷、凶悍，有时为了吸到廉价筹码，采取跌停板震仓的手法，一网扫尽割肉盘，并在涨停板时出货，经常使用骗线的手法。昌九生化（600228）在 2012 年 12 月 28 日就是采用跌停板手法震仓吸筹的。

（3）单日巨量，阶段高换手。波段主力往往用对敲的手法制造巨量，拉高建仓，或在某一相对价位，连续高换手，达到快速建仓的目的。

实战案例三 辉隆股份（002556）

2012 年 12 月该股换手超过 400%，2013 年 9 月发力翻倍（见图 3）。

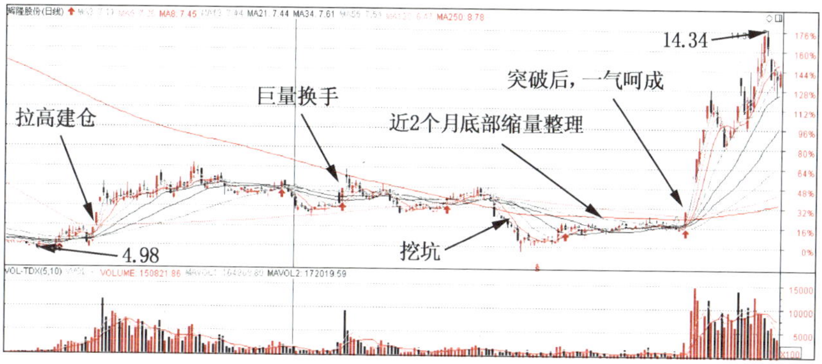

图 3 辉隆股份（002556）K 线走势

按图索骥

此案例为小编所加。在看盘过程中，发现其充分换手，尤其单日巨量，一直跟踪其走势。从 2013 年 6 月开始缩量挖坑，股价从 7.5 元左右无量杀跌至 5.5 元左右，再横盘两月有余，在 6.00 元左右不断买入。至 9 月 2 日突然盘中暴量迅速打板，此后连拉 7 个板，气势之凶，涨幅之大(一个月涨幅近 150%)。

读者若此理论指导实操，将来就可以挖掘更多牛股了。

✼ 捕捉主力启动信号

“听了你上面讲的那些，发现原来主力的建仓手法有这么多诀窍，那么，投资者在实战中该如何把握介入的时机呢?”

“这个问题很重要，”江汉回答说，“如果介入早，很容易被震仓出局。如果介入晚，又不敢再追进，造成踏空。想把握好最佳介入时机，在主力拉升前夕介入，迅速获利，是每个投资者梦寐以求的愿望。要做到这一点，的确很不容易。我通过多年实盘跟踪分析，潜心研究，发现了主力建仓后准备启动之前，在盘面中暗藏的玄机，我把它称为‘主力启动信号’。”其核心内容如下：

中长线主力的启动信号

（1）底部反转型信号。主力在吸筹结束以后的洗盘末期，其成交量特点表现为连续地量，股价已基本止跌。随后的某一天突然放出巨量，进入当日量比排行前5名，此为主力启动信号。在之后的1周内，其成交量间断放大，股价小幅回落，再之后，该股将突破成本区，进入上升浪。

❉ 操作要点

在启动信号出现后5天左右，缩量回调时，是最佳的介入时机，往往主力会在3日内启动拉升。

实战案例四 中国软件（600536）

2013年7月11日，跳空高开中阳线放出半年来最大成交量，7月12日（周五）小阴线回落，7月15日再度高开并探低拉起锤头线，至7月16日形成品字形三阴线，7月17日再次冲高回落小阳线，主力冲高意愿已经表露无遗，就等确认。7月18日大阳突破试盘平台，井喷式行情爆发（见图4）。

（2）箱体突破型信号。主力在吸筹结束以后的洗盘末期，其成交量特点表现为温和放大，股价在箱体上沿震荡。在随后的某一天突然放出巨量，进入当日量比排行前5名，股价突破箱体上沿，此为庄家启动信号。在之后的1周内，成交量持续放大，股价大幅攀升，进入上升浪。

图 4　中国软件(600536)K 线走势

✲ 操作要点

短线在启动信号出现时介入第一仓，随后的 3 天左右，如有缩量回调，可进行加仓。

实战案例五 大禹节水(300021)

这只股票，2013 年 11 月我已开始逢低吸纳，因为此时价位已经回到了主力成本下沿，12 月 2 日出现跳低十字星。我发现，主力刻意打压最后震仓，于是继续加仓。12 月 4 日跳空向上突破箱体，说明主力已开启一波主升，一个多月盈利超过50%。有人会认为，12月4日冲高回落，拉出长上影线，从K线理论会认为是出货行为，其实他没有注意到主力成本和主力建仓的深度，该股主力此时还一分钱未赚并且吸纳了大量筹码，如何出货，其实此K线可以理解为"仙人指路"，作为上升浪的启动信号(见图5)。

图5　大禹节水(300021)K线走势

波段主力的启动信号

波段主力一般采取打压建仓或拉高建仓的方式，在行情启动前往往快速下跌，股价连创新低，但其成交量却逐步萎缩。在未来的某一日，大盘尚未反转，此股却突然放量拉出涨停板或位于当日涨幅榜前列。此为该主力的启动信号，随后往往连续放量上攻。

✲ 操作要点

缩量止跌时买进第一仓，放量第一个涨停板追仓。

实战案例六 新莱应材（300260）

2012 年大盘在 12 月 4 日见底，但是，该股于 2012 年 11 月 20 日先于大盘启动前放出巨量，连拉涨停。

通过上面分析不难发现，首先要识别超级主力建仓手法，才能及时发现未来的潜力黑马，对其跟踪观察待主力启动信号出现后果断介入，也就在短时间内抓住了进入涨幅榜前列的股票（参见图 6）。

图 6 新莱应材（300260）K 线走势

✲ 透析主力洗盘与出货的秘密

“你上面讲了主力建仓和启动的各种手法，以及超级主力运作意图，让我豁然开朗，感觉选择牛股变得容易了很多，让投资者在纷繁复杂的股市中看到了主力的行踪。大家都说，会卖才是师傅，很多投资者都曾买到过牛股，但还没捂热就被主力震出来了，总是踏空主升浪，或者捂着不卖，又来回坐电梯，你看如何才能踩准节奏，分清主力洗盘和出货呢?”记者问。江汉把主力洗盘与出货的秘密娓娓道出。

主力洗盘的秘密

“这个，恰恰是问题的关键，”江汉说，“我们先来谈谈主力洗盘的技术特征，投资者对主力洗盘的手法想必都体验不少：有剧烈震荡式、有高台跳水式、巨量长阴式，还有制造‘假头部’和无量跌破平台等等，但是，在实战中重要的是要提前预判主力未来洗盘的位置。这也是我多年研究的核心技术。”这其中包括两个问题：

一个是主力在何时、哪个位置洗盘；

二是主力洗多深及洗多长时间。

(1)洗盘位。知道主力未来的洗盘位置是十分关键的一个问题。这里涉及时间和空间的概念，而且还要观察量能的变化。空间是该股前期历史的顶底，当一只股票从底部启动开始上升时，遇到前期第一个顶部为第一洗盘位，因为此时底部跟进的筹码已较多，而前期历史顶部又为套牢筹码密集区，主力要在此置换筹码，将底部跟进的筹码置换出去，抬高跟风盘的成本，以便向更高的目标进发。洗盘结束后，主力继续拉抬股价，越过第一洗盘位，至下一个历史顶底再洗盘也就是第二洗盘位，如此反复，直到出货位为止。当然，除了历史顶底，还可以参考趋势线阻力位、黄金分割位等其他技术指标。

(2)何时洗盘。在主力运作股票中，一般会经过多次洗盘，下一次洗盘可能出现的时间为：先找到下一个洗盘位，再根据当时该股价位置及与下一个洗盘位的距离之差来计算需要多长时间到达。这里面有个速率问题，主要是看成交量的缩放程度来判断其速率。在这期间主力不断增仓，那到达的速度就快，也就是一定的空间距离中速度与时间呈反比。

(3)洗盘的深度与时间。主力洗盘究竟会洗多深、会洗多长时间，我给出个洗盘定律：

主力洗盘出货量与洗盘幅度和洗盘时间呈正比。也就是说，主力在洗盘的时候，如果出掉了较少的筹码，则预示主力对此位置控制力较强，不必进行大规模洗盘，因此，其后洗盘时间不会长，幅度也不深，随后就会再度上攻；如果主力在此位置出掉了大量的筹码，说明主力认为此处跟风盘较多，套牢筹码较重，需要强力洗盘，才能轻身前进，因此，随后洗盘时间就较长，幅度也较深。我们可以从图表中的量柱看出主力洗盘时出货量的大小，从而作出相应的判断。

(4)洗盘结束位置。洗盘时股价运行至某一强力支撑位为洗盘结束位置。初次大规模洗盘结束位置往往是主力成本区附近，此时，成交量亦大幅萎缩，主力不再放货出来，市场浮筹也较轻了，随后股价将再度启动。

注意：如果此后出现的阳量大于前面的洗盘量，则预示主力大比例加过仓，那么，随后股价将突破前面高点，创新高或奔更高的洗盘位；如果此时量能明显不足，则很难越过前期高点，或在前期高点附近再度洗盘。

实战案例七 高鸿股份(000851)

该股经过三段式调整，股价回到了第一波拉升的第一个涨停板位置，也就是主力成本区域。此时，成交量大幅萎缩，显示主力惜售，很快主力展开二次增仓，而且增仓的量大于前面洗盘的量。也就是说，主力在洗盘过程中卖出很少，回到低位又加码买进。这就说明主力对该股未来目标有更高的期望。这是我判断其将创新高并果断进场的依据(参见图 7)。

图 7 高鸿股份(000851)K 线走势

主力出货的秘密

"那么,又如何知道主力是在出货,怎样识别主力的洗盘和出货图形呢?"记者问。

江汉说:"正所谓知己知彼,百战不殆,首先让我们来了解一下主力出货手法,以及与洗盘手法的不同,这样,才能全线跟随并破解主力意图,因为主力不可能一天出完货。当我们发现主力开始大比例出货便可以抛出该股,这样,就避免了反复坐电梯,节约时间成本,达到利益最大化的目的。

主力出货手法千变万化,根据时空变化主要总结两类出货手法:

第一类　单日反转

特点

单日巨量见顶,随后快速反转向下。

通常,主力经过反复洗盘拉升,达到其目标位后,便开始出货,在出货最疯狂阶段必然放出天量。这是主力出货最显著的一个特征,是因其将锁仓的筹码如数放出所致。该股在此阶段的市场表现为利好频传,股价连续上扬,成交异常活跃,人气旺盛。此时,主力正在大比例抛货,而许多投资者,会在主力精心布置的陷阱中以为此股还有更大的想象空间,已经买入的在期盼更多的获利,没有买的人在媒体股评的积极宣传及他人获利的刺激下,也禁不住诱惑开始追进。

由于主力采取快速拉高派发的手法,到最后出货日已将锁仓筹码大部分抛出,随后又采取打压出货,使股价一落千丈,其出货手法较为凌厉。

主力到底是在洗盘还是出货，一般投资者难以区别，下面对出货与洗盘进行对比。

出货与洗盘对比

一是单日成交量远远大于洗盘量，一般当日换手在10%以上；

二是出货后3日内股价放量急挫，洗盘后则缩量不跌或微跌；

三是单日反转一般为主升浪末期，此阶段其股价运行角度变陡，速率明显加快，而洗盘则处于中途形态中，角度较缓，速率较慢。

实战案例八 外高桥(600648)

经过连续12个涨停后放巨量拉高派发，到9月26日突然掉头跌停，主力出逃之原形毕露(参见图8)。

图8 外高桥(600648)出货走势

第二类　高位宽幅震荡

特点

高位箱体震荡，阶段换手率往往超过 150%。

有些中长线主力由于持筹较多，很难短时间出完筹码，往往要在相对高位反复出货，造成股价在高位宽幅横盘震荡长达 3 个月至半年甚至更长，在此阶段换手往往超过 150%。

出货与洗盘对比

一是洗盘区域换手明显小于出货区域换手，一般不足 50%；

二是洗盘区域为中途形态，多走出三角形，出货区域为反转形态，以双顶和头肩顶居多；

三是出货区单日阴量明显大于洗盘区；

四是出货区往往持续放量，洗盘区阴量往往急速萎缩。

实战案例九 昌九生化(600228)

在图示的方框区域(见图 9)，明显构筑大型头肩顶，宽幅震荡出货。由于主力筹码较多，在此区域反复震荡出货达半年之久，换手超过 500%。待主力出货到一定程度后，该股已无控盘能力，2013 年 11 月 4 日遇突发利空，连续 10 个跌停，股价一落千丈。

在破解主力做盘玄机的绝技中，分析了主力建仓、启动主升、洗盘、出货等各种手法，但是在具体操盘时还应注意以下几个问题：

一是坚持趋势操作法。顺势操作，有效回避大盘下跌风险，抓住上升趋势才是市场中获利的永恒法则。

二是要有专业技术功底。上述研判，其实本是一套较为专业的

图9　昌九生化(600228)主力出货

技法，要求对道氏理论、形态理论、江恩理论、黄金分割理论以及时间周期理论等股市经典理论有深度把握，这里只是对其核心技术做了简化，只有全面掌握了此专业技法才能在实战中运用自如，保持较高的成功率。

三是要对市场中各类强势股如数家珍。只有对各类强势股的操盘风格及手法了如指掌，才能准确把握主力的脉搏，踏准节奏，狙击即将进入涨幅榜的股票便成竹在胸。

绝技四　飞龙战法

“听了你对主力运作的精彩分析，我体会到作为一名职业操盘手的艰辛与不懈的追求，真是一分辛劳，一分收获，你对主力手法研究得如此深刻透彻，应该下了很深的功夫。这些精细的技术普通的投资者是难以全面掌握的。我觉得你的‘飞龙选股’绝技，既实用又简洁，非常适合普通投资者实战应用。在普通股民中，也成就了很多高手，这次回南京遇到了你的一位新学生，他跟我讲‘江老师的飞龙选股可真是厉害呀！我也是入市十多年的老股民了，多年来，总是想抓进涨幅榜前列的强势股，但不得要领，跟着江老师才学习了一个月，我就按飞龙战法选出了三丰智能(300276)，4 月 24 日那天，我试探性买了一些，没想到第二天就涨停了，我是 13.5 元买的，几天工夫就盈利 20%！而且，江老师跟我讲这个股能翻倍，两个月过后果真翻倍了，真让人高兴哪！’跟你学习了一个月就能选出短线黑马股，看来这些年你经过大机构操盘的洗礼，又悟到了更精准且简练易学的技术，你能不能透露一下最新的‘飞龙选股’实战诀窍以飨读者？”记者想替股民多挖些绝招。

“可以，的确如你所说，‘飞龙选股’技术在 2006 年《民间股神》续集中一出版就得到了广大股民朋友的喜爱，各大媒体纷纷转载，大家已经耳熟能详，成为股民一种选股利器，时至今日，此技术在股市实战中仍发挥着奇效。而且，我这些年也一直运用此战法操盘，收获颇丰。在技术上我也不断地完善，追求简洁精准，今天我就再展开并结合最新的实例加以说明，希望对股民朋友有所裨益。”江汉真诚地回答我。

✲ 飞龙战法口诀

飞龙在天王者现；再起雄风地量时。

原理

运用市场强者恒强的原理，研究最强主力建仓品种和板块，并持续跟踪，再度启动前及时介入。

此战法，可以抓未来一周内进入涨幅榜前列的股票，并且可以提前判断出哪个板块将启动，不同板块的强弱和轮动性，以便预测市场主流板块的动向。在波段行情中，你会发现经常出现在涨幅榜前列的股票，多数都是“飞龙”股。

“大飞龙战法”——超级主力龙头股

“飞龙在天”是《周易》中乾卦第五爻的爻辞。以龙飞在天上，象征事物进入鼎盛时期，其气势如虹。对应于市场中短期内连续爆拉的股票，我称之为“飞龙股”。

短线强庄法则第一句：飞龙在天王者现（寻找飞龙）

《孙子兵法》三十六计第一计“瞒天过海”云：“备周则意怠，常见则不疑，阴在阳之内，不在阳之对，太阳，太阴。”最隐秘的事物往往隐藏在最公开的事物之中。我们到处去寻找强庄股，不如等它出现后便一目了然，市场中实力最强的短线手法，无非是连拉涨停板，那么，我们只要把近几个月内出现过连续涨停板的股票作为我们的选股对象就可以了，此种股票是市场中真正的强势股，足具王者之风，如飞龙在天，气贯长虹。根据强者恒强的原则，经过一段时间的盘整之后，它还会有强劲的市场表现，再次冲击涨停板。因此，运用此法，寻找短线强势股易如反掌。

究其实质，这种情况是主力第一次拉升不可能出完货，必然要再次拉高派发，此时其强势性质不变，经过两三次派发后，其强势性质才会开始减弱。

掌握此法，比较简单，就是把在相对低位连续拉升的股票找出来放进自选股，并进行持续跟踪观察，等待买入时机的出现就可以了。

短线强庄法则第二句：再起雄风地量时（捕捉介入时机）

股市中有涨就有跌。有连续的上涨，就有连续的调整，主力连续拉升之后必然进入调整期。主力洗盘结束时，成交量必然出现大幅萎缩，这是因为主力已到洗盘目标位，一般都在主力成本附近。此时，盘面浮筹已很轻，是我们最佳介入时机，即使再跌也是空头陷阱，主力的诡计而已，随后主力必然雄风再起，价升量增，直至再度冲击涨停。

所谓阴极阳生，洗盘结束犹如六十四卦之复卦，一阳生，反复其道，迷途知返，重回正道。

实战案例十 中原特钢(002423)

2012年9月连续涨停，经过3个月左右缩量调整后，雄风再起，12月后又再次翻倍(见图10)。

图10 中原特钢(002423)K线走势

有时，在股价回归到主力成本附近，成交量萎缩到地量时，往往会出现多次雄风再起。

实战案例十一 金山开发(600679)

2009年以来7元以下均为主力成本下限，每次跌破成本后，均引发连续爆拉。四次探底拉起的大波段行情，说明该股有长线波段主力运作，中间跌破主力成本的地方，明显为大幅缩量区域（图11）。

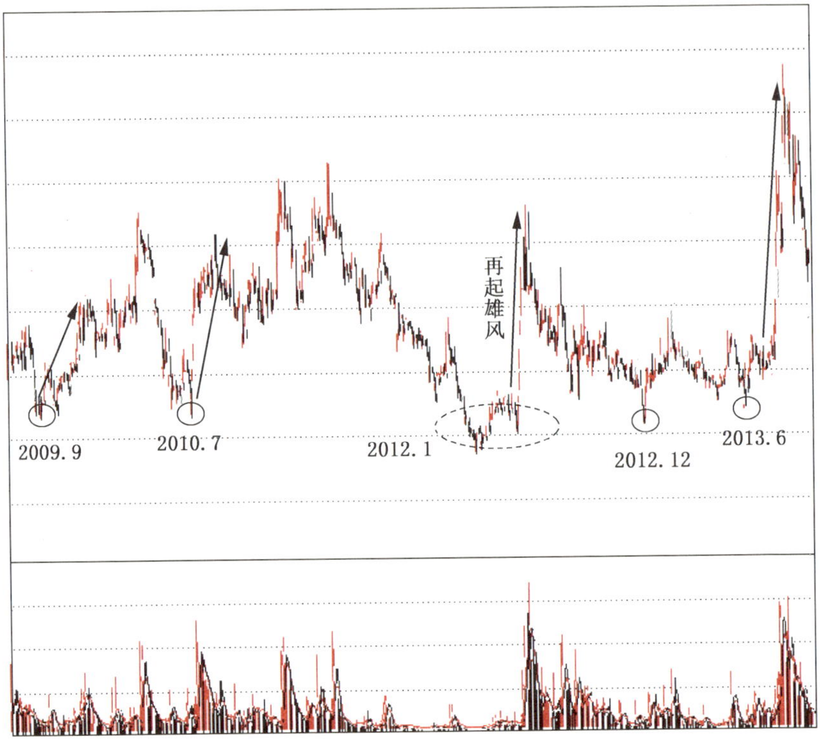

图 11　金山开发（600679）K 线走势

实战案例十二 广晟有色（600259）

在 2010 年 9～10 月出现一波连续爆拉行情。之后，长线主力开始了出货过程，几乎每次到达这一启动点后，都再度使用急拉手法，虽然拉升手法不变，但拉升力度一波比一波衰减，说明主力不断派发后，控盘度不断下降。从图表形态看，顶底波段严丝合缝如鬼斧神工一般，如果投资者用此法把握该股波段操作，可以说是屡试不爽(图 12)。

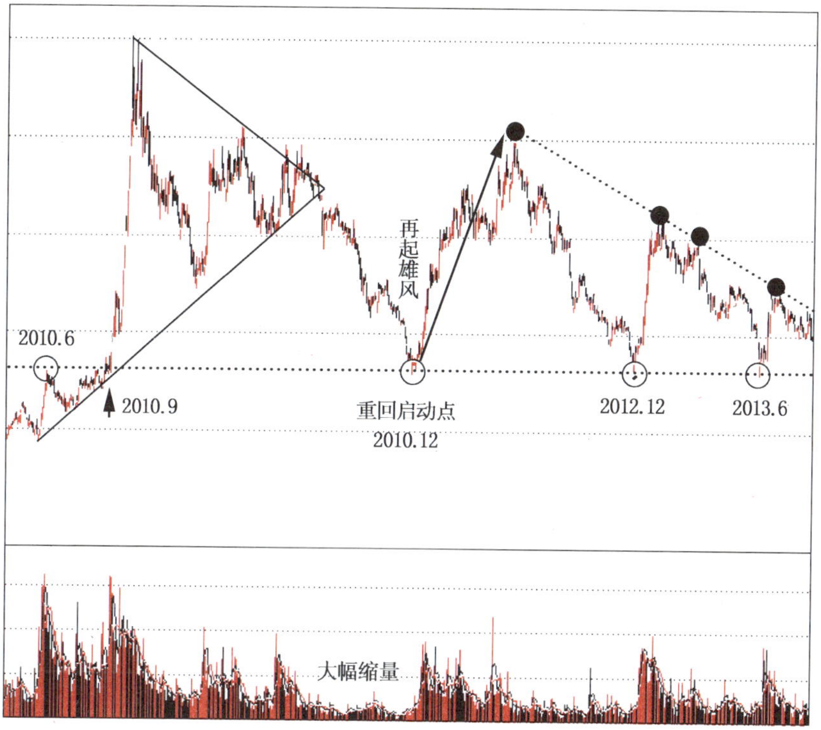

图 12　广晟有色(600259)K 线走势

主力比较喜欢运用波段手法来回做题材想象空间大的股票。这种股能发起二次强攻，甚至三次强攻。有几个要点，大家要记住：

要点一　这种股在之前有过大幅拉升，幅度一般不小于 50%，甚至翻倍，拉升往往一气呵成，都有涨停或者连续涨停的手法，往往伴随着巨大成交量和连续跳空缺口。

要点二　这种股都有丰富的题材，而且题材有足够的持续性和想象空间，只要利好没有完全兑现，主力都会借机炒作。

要点三　这种股再次启动之前成交量缩至地量，空间上一般回撤到前期的启动点附近，说明回到了主力成本区，主力洗盘结束，这时候也给出了拉升的空间，成交量萎缩，抛压很轻，比较容易拉升。

要点四　这种股一般都是先知先觉的超级主力所为，往往成为未来行情的主流热点板块，能用此种凶悍手法运作的主力，绝非普通的小主力。因此，他们的动向决定了市场的方向，他们要决定运用巨大的资金进场不是操作几天的游戏，要有长期战略眼光和完备的市场分析，因此，不会轻易出手，一旦出手就意味着要长期运作。观察研究他们进场的时机和观察他们运作哪个板块对未来的市场预判有着深远的意义。

要点五　第一个启动的股票往往成为该板块的龙头股。常言道："射人先射马，擒贼先擒王。"持续跟踪并反复操作这些龙头股，你会发现这些股里面多数最终走成了中长线大牛股，若能把握这些股的轮动规律，进行波段操作，就能超越大盘收益并达到利润最大化。

我把以上的操作方法叫"大飞龙战法"。飞龙选股技术在实战中还有很多经典的案例。比如，蓝英装备(300293)、万丰奥威(002085)等。其实投资者如果细心去挖掘，会发现市场中每波行情都会产生一批新飞龙股，而且未来买点都比较容易把握，获利空间也比较可观。而大飞龙股的启动位置，往往是比较重要的主力成本区；或者说，这个位置若是跌破了就意味着主力也亏本了，为了保本他们也必须要往上拉了。当然，也有因外力使得跌破主力

编辑余话

读者可以对照软件，认真研究蓝英装备、万丰奥威两只股票的启动前的特征。

成本区的，但最终又拉回到主力成本之上。

“小飞龙”战法——寻找下一周的强势股

在“飞龙”选股技术中还有很多短线操作的类型，我把这些归纳成“小飞龙”战法。“小飞龙”与“大飞龙”的区别在于：

“小飞龙”第一波拉升不一定涨幅很大，一般在30%～50%，属于主力拉高建仓，一般都会洗盘后，再度拉升进入主升浪的。

“小飞龙”的整理时间比较短，短的可以几个交易日内完成，长的可以在一两个月左右：

按主力的控盘程度高低以及洗盘手法不同，“小飞龙”股票大致分为四类。

第一类　鹰击长空式

所谓“鹰击长空式”，就是拉高后横盘震荡洗盘后再拉。这种情况一般主力控盘较好，操盘手法比较凶狠。

实战案例十三　海南瑞泽(002596)

该股在2012年6月受南海三沙镇建市的利好的影响，走出了一波行情。由于题材比较大，市场关注度比较高，主力就采用了这种手法。短时间内两次连续涨停，犹如火箭发射，腾空万里(图13)。

2013年股票市场相对比较强势，很多股很难回到第一波拉升的启动点。也就是说，在牛市或者强势市场当中大家要多注意这种形态的品种，像海南瑞泽第一波属于连续一字板涨停的，没有充分

图 13　海南瑞泽(002596)K 线走势

换手,在平台整理的时候是它换手的时机。但这种第一波起来换手不充分的股票其实还不是最佳的,后劲足的股票往往是第一波高换手拉升,强势整理以后,再主升的时候往往涨势更加凶猛。

实战案例十四　中国软件(600536)

中国软件历史上就有牛股基因,所以它一旦放量启动,在市场上就能形成号召力。该股在这一波行情当中,主力将其当成龙头炒作,第一波连续放量高换手拉升,随后强势整理,紧接着就如火山爆发拉出主升行情，三波上升结构一气呵成，成为当月涨幅最大的明星股(图 14)。

图 14　中国软件(600536)K 线走势

2013 年 11 月高送转概念股美辰科技(300237)、同大股份(300321)也是这种类型。该类型股票主力手法迅捷，凶悍中不失洒脱，犹如鹰击长空，傲视群雄。

> **编辑余话**
>
> 这几只股票的图形及实战状况，留给读者自己对照软件练习研究。

第二类　蜻蜓点水式

所谓“蜻蜓点水式”，就是主力第一波拉高建仓后快速回落到主力拉起位置，即主力成本附近，再度快速拉起。

实战案例十五 丰林集团(601996)

2012年11月，党的十八大提出要把生态文明写入党章。随后，美丽中国概念股在市场上受到追捧。该股是美丽中国概念中耀眼的明星。在第一波拉高建仓成交量骤然放大，就显示主力进场决心，大幅回落至第一个涨停板位置，呈现缩量十字星，变盘在即。第二日即放巨量拉起并持续增仓4天，第五日开始连续4个涨停，尽显英雄本色(图15)。

图15 丰林集团(601996)K线走势

该主力连续4天给出买入时机，我称其为善庄，有普济股民大众之心，投资者能不能搭乘这列慈善之快车，就要看是否能透析“蜻蜓点水”之要旨了。

编辑余话

重大的经济政策，尤其是党的重大政策出台，一定要关注对板块的影响。如果在“蜻蜓点水”处介入此股，收获一定颇丰的。编到此处时，才恍然大悟：实践→理论→实践，才能不断提高啊！

实战案例十六 燃控科技(300152)

如美丽中国另外一个概念股燃控科技(300152)主力也是用同样手法。2012年11月第一波拉升后，仅仅调整一周，接近主力成本便再度拉起，成交量明显放大，主力反复拉高建仓的行为跃然图表之上(见图16)。

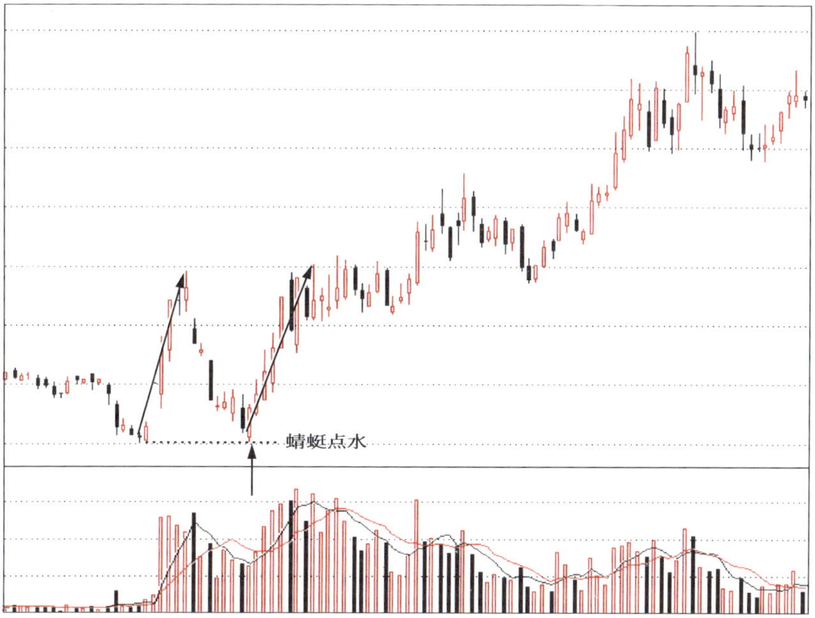

图16 燃控科技(300152)K线走势

短线拉高建仓手法的主力，像2013年康耐特(300061)，反复出现"蜻蜓点水式"洗盘。这说明主力不愿再放出低位筹码，但还想把前期潜伏的股民震慑出去。我们"知其所以然"，便可守株待兔，等待主力回归成本区打伏击战。

编辑余话

读者可以对康耐特进行复盘练习，以得出研究心得。

实战案例十七 长城开发(000021)

长城开发于2013年6月快速洗盘又快速拉起。6月25日放量杀跌探底拉起出现长下影，说明主力再度抄底拿货，典型的"蜻蜓点水"之式(图17)。

图17 长城开发(000021)K线走势

“蜻蜓点水式”多是主力建仓时惯用手法，起落速度较快，有点出其不意的感觉，起涨时跟风盘在快速洗盘中被全面套住，刚割肉出局，又再度拉起，如此反复折磨，散户望而生畏，如惊弓之鸟，不敢试水。此时，主力洗尽浮筹，轻松突破前高。若能洞察主力此种意图，则可以“反其道而行之”。“小荷才露尖尖角，早有蜻蜓立上头。”

第三类　平沙落雁式

所谓“平沙落雁式”，就是主力经过第一波快速拉升后，以温和的方式逐步回落洗盘。这个洗盘时间要比前面的两类长些。当回到前期主力成本附近，未跌破主力前低而止跌回稳，从而逐渐走出上升趋势，主力伺机而动，一旦时机成熟，再度放量推高。

实战案例十八 深天马(000050)

深天马于 2012 年 2 月走出“小飞龙”的形态，随后一路下降楔形运行，成交量逐步萎缩。至 7 月见底，底部较前略有抬高，而后快速放量上行，略超过前高，再度以下降通道运行，至 12 月初见低点，又略高于前低。它走出了标准的三重底建仓格局。该股到 2013 年 5 月创出了历史新高(见图 18)。

实战案例十九 三维丝(300056)

2013 年 1 月连续三个一字涨停板，揭开了主力运作的序幕，经过“平沙落雁式”的温和洗盘，到 2013 年 4 月第一波洗盘结束，经过 9 个月的整理，终于在 10 月释放出爆发力，一个月内翻倍。该股整体走出大上升三角形结构，中间两次调整小型下降楔形，并最终在

图 18　深天马(000050)K 线走势

大三角形 3/4 位置放量突破，其上升幅度超过了三角形顶底距离，堪称经典的“平沙落雁式”理论形态。一般来说，个股涨升空间与横盘时间呈正比，涨升速度与到达目标位的时间呈反比，即速度越快时间越短；涨升力度与成交量呈正比，即能量越大，推动力越大。当然，无量涨停是另外一种情况，借助利好外力，大单封住涨停，市场形成共识，没有抛压。这对主力来说是省时省力的事，但对之后的洗盘和出货有更高的技巧要求。这一点从三维丝的整体运作过程来看，主力演绎得淋漓尽致(见图 19)。

图 19　三维丝(300056)K 线走势

实战案例二十　利亚德(300296)

该股属于节能环保概念,既有股权激励,又是 LED 板块。

2012 年 7 月至 2013 年 4 月走出大型头肩底结构,2013 年上半年以“平沙落雁式”手法洗盘,并做出头肩底右肩,5 月突破颈线,6 月回抽颈线,7 月展开主升浪。该股从上市以来主力便开始整体运作,经过一年多的吸筹与洗盘,到 2013 年 7 月以迅雷不及掩耳之势直接翻倍。由此我们看到,主力爆拉个股非一日之功,包括前期策划、组建团队、融资建仓、题材炒作等一系列运作,经过精心布局,耐心等待时机。而散户进场一只股票,往往在盘中被市场消息或价格波动所诱导，几分钟就做出买卖决定，没有一个成熟的战术计划。当市场走势与自己心理预期相违背时，凭心态指导操作，而没有应对策略。其实，操盘是有战略战术原则的，各路主力在战略指导下，精心策划，尽显雄才大略。主力再精明终逃不出自然法则，使用技术分析的方法洞察主力行为的蛛丝马迹，从而判断主力战略意图，是行之有效的操盘路径（见图 20）。

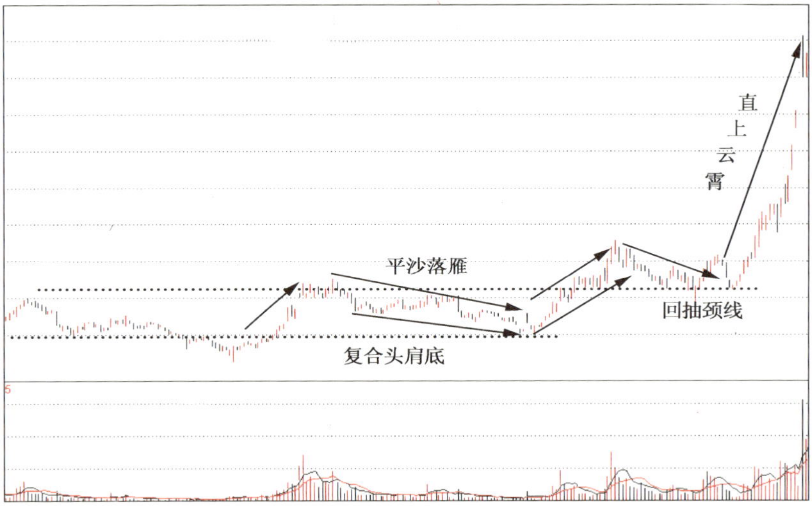

图 20 利亚德(300296)K 线走势

例如，三六五网（300295）、梅泰诺（300038）等，此类个股缩量至前低附近即是买进时机。“平沙落雁式”多数是中线主力介入的牛股，可以持续跟踪追击，主力不拉升没法出货，可在其突破位起涨点果断介入，擒其主升段。正是五百里滇池奔来眼底，高人韵士，何妨选胜登临。

编辑余话

关于三六五网、梅泰诺，读者可以对照软件学习，以求得出自己的研究成果。

第四类 蛟龙出海式

所谓“蛟龙出海式”，就是该种股在拉升以后，洗盘的时候跌破主力成本，但注意跌破幅度不能太深。此类股，主力建仓不彻底，有很多浮筹不出，主力刻意打压洗盘，减轻未来拉升压力，但维持在建仓成本范围，采取恐吓散户，从而达到洗盘和拿低位筹码的目的。一旦目的达到，便原形毕露快速脱离成本区，犹如蛟龙出海，自由翱翔。

实战案例二十一 安居宝(300155)

安居宝 2012 年 12 月走势就是这种情况。连续暴跌让人望而生畏，割肉盘涌出，但散户刚出逃，主力就开始持续拉升，轻松突破前高(见图 21)。

图 21 安居宝(300155)K 线走势

实战案例二十二 东晶电子(002199)

该股属于电子元件板块龙头，蓝宝石概念。2013 年 5 月，天量“小飞龙”，等于主力昭告天下，大规模运作即将展开，随后迅速洗盘斩杀跟风盘，接着小幅增仓稳步推进，11 月后发力上攻(见图 22)。

图 22 东晶电子(002199)K 线走势

实战案例二十三 北方导航(600435)

北方导航在 2012 年 9 月，天量“小飞龙”调整至 11 月底，成交量萎缩到地量，之后仅仅一个月的小幅增仓，主力便迫不及待连续暴拉，从见底到二次高点，仅仅一个半月走出翻倍行情，犹如蛟龙出海，势不可挡（见图 22）。

图 23　北方导航(600435)K 线走势

以上四类为常见“小飞龙”股模式，认真研究其建仓洗盘的量价关系，就可以判断出其主力未来运作模式，从而选择有利时机进场。既然“小飞龙”股是主力高换手首次建仓，那么，后面一定会迎来更大级别的上升浪，一旦观察到“小飞龙”股的洗盘结束点，就意味着选出了短期内就要大幅拉升的股票，寻找下周进入涨幅榜前列的个股已不再是难事。

王者之风——飞龙选股之长线主力龙头股

“飞龙在天”的股票除了短线波段操作外，在研究长线主力龙头股中也具有重要价值，这可以从主力运作手法中加以区分。也就是说，个股经过一波拉升以后，没有进行像样的调整，哪怕是大盘调整，它也拒绝调整，这说明主力控盘很强，这种类型一般都是大牛股特征。

实战案例二十四 广晟有色(600259)

广晟有色在 2010 年 5 月超前于大盘走出“飞龙在天”的动作，拉高建仓，逆势抢筹，尔后大盘一路下跌。该股呈现出强势整理，走出比较独立的行情，一路拒绝创新低。至 2010 年 9 月引领有色板块率先启动，连续创新高，走出翻倍行情，大大提升了市场人气，到国庆节后大盘也随之拔地而起，强劲上涨，使得该股成为 2010 年最耀眼的明星(见图 24)。

当然，要掌握上面的大牛股形态，应把握几个要点：

要点一　此种个股往往都在大盘环境较差的时候逆势拉升，完成“飞龙在天”的动作，因为在大盘环境差的时候比较容易收集筹码。

要点二　此种个股都有一个充分换手的过程，洗盘时间一般比较长，大概在 1～3 个月。由于换手时间长，筹码集中度才能达到最佳，并达到主力高度控盘的目的。

要点三　此种个股都在大盘有大级别行情的时候启动，而且往

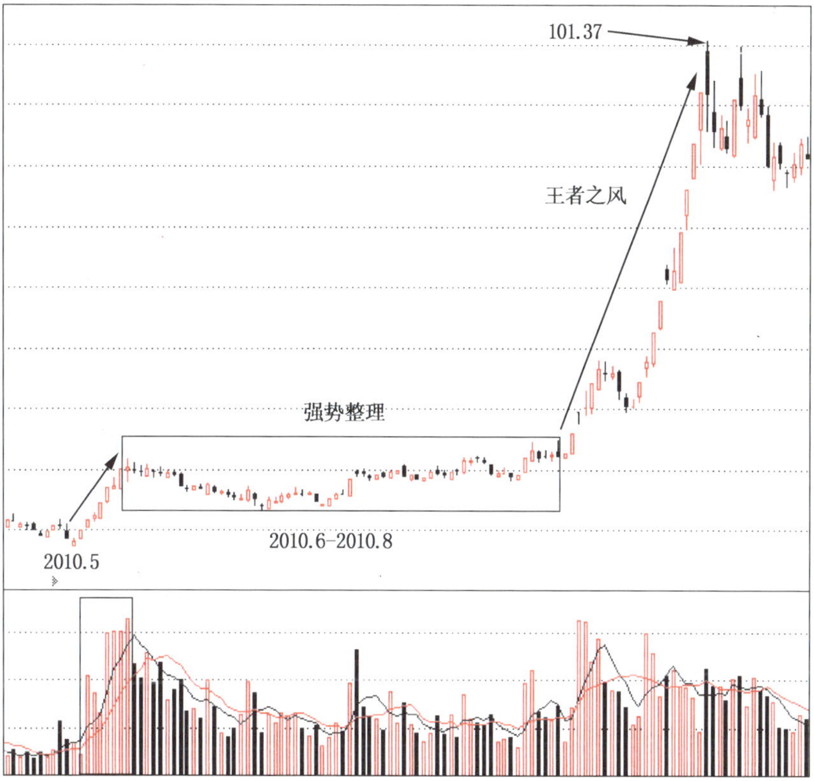

图 24 广晟有色(600259)K 线走势

往可能是领涨板块的领涨龙头。比如,2010 年国庆节行情,由有色和煤炭主导,而广晟有色则是龙头中的王者。

要点四 此种个股具有行业出现大拐点,或者业绩出现惊天逆转,或者重组以及国家政策大力扶持等特大题材,否则难以练就大牛股。

实战案例二十五 奋达科技(002681)

2013 年 A 股市场上最耀眼的明星奋达科技(002681),就是典型的超级大牛股运作思路。

该股在底部未启动的时候，就进入我的视野，主要是该公司所处行业比较特殊，有一个潜在的巨大题材——智能穿戴。这是一个即将出现的新行业，资本市场从来都是喜新厌旧的。所以，该股主力在5月份急速拉高建仓完以后，在2013年6月大盘大调整时，大盘调整300多点的情况下，该股强势横盘整理，主力基本上已经完全控盘，在大盘稍微转暖后，该股便发力奋起，扶摇直上，尽显王者之风(见图25)。

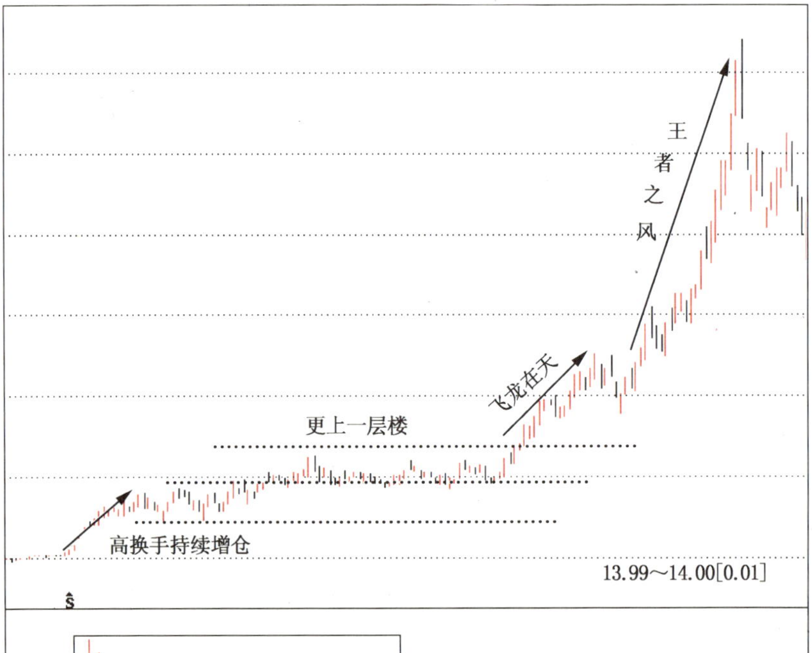

图25　奋达科技(002681)K线走势

实战案例二十六 光线传媒(300251)

光线传媒也是2013年典型的大牛形态。由于电影行业在国内的大爆发,电影票房屡创新高,国家在政策上又大力扶持文化传媒产业。在政策和市场双重给力的情况下,2013年传媒股牛气冲天。

其在形态上是典型的第一波不计成本买入,2012年12月主力拉高建仓,经过短暂不深的调整,大量资金不断涌入,使得该股加速上扬,后浪推前浪,一波高过一波,上升的角度也越来越陡峭(见图26)。

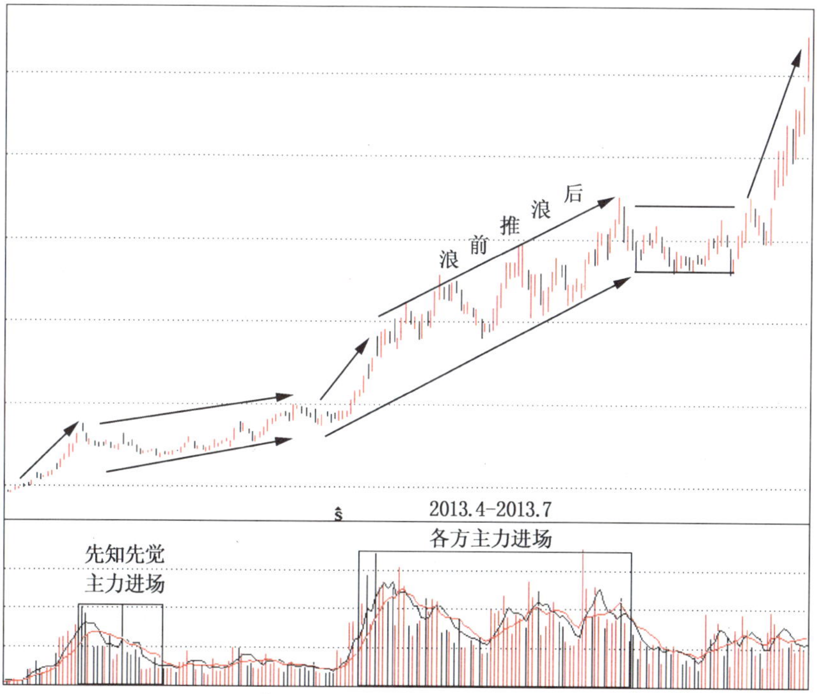

图26 光线传媒(300251)K线走势

实战案例二十七 掌趣科技(300315)

2013年另外一只超级牛股掌趣科技(300315)也是属于这种形态。该股处于当时炙手可热的手游行业，由于是新兴行业，在智能手机普及的背景下，进入大爆发时代，A股市场几乎在那一段时间不玩“游戏”不赚钱，而最耀眼的掌趣科技也是典型的飞龙长线主力牛股(见图27)。

图27 掌趣科技(300315)K线走势

记者问江汉：“看来飞龙股确实非同凡响，但你所介绍的飞龙股都是已经大涨过的个股，而一般的投资者对于这种大涨过50%左右的品种一般都不看了，或者放弃，你这种方法超越一般的思维，这里面到底有什么秘诀？”

瞒天过海——飞龙选股之核心技术思想

江汉说：“炒股票就是要和一般投资者的思维反过来才能发现市场的潜在机会，就是要逆向思维。这个市场是大多数人亏钱的市场，如果随大流，那结局只有给市场交学费。飞龙选股技术之所以在实战当中比较好用，就是因为它有一个核心的奥秘在里面。我这次也不想保留，就把里面的奥秘告诉大家，好让大家更好地掌握这项技术，从而在投资理念和实战应用上对广大投资者有所帮助。”

一般投资者都想抓涨停板，但众里寻他千百度，却茫茫然如大海捞针。其实，最省心的方法就是在近期已经涨停的个股里面寻找，这样，既省时，又省力。所谓“瞒天过海”，是指“阴在阳之内，不在阳之对”，市场中巨大的机会就隐藏在显而易见的事物中，一旦看穿这个本质就可以以逸待劳、顺手牵羊了。

二十几年来股市几乎年年都在扩容，现在两市已经有近 3 000 多只股票。试问这么多股票，一个普通的投资者如何能研究过来？想要省心省事，又要快速抓牛股，就要与牛股为伍，与涨停为伍。如果你只研究涨停板的股票，那么，范围立马就缩小了，因为股票涨停必定是主力行为，不管他是拿货还是拉升或是出货。将选出的涨停股进行分类整理，是高位涨停还是低位涨停，或者涨停的位置是属于中途的突破，每个地方所代表的意义都不一样，搞清楚所在位置，又缩小了选择范围，然后持续跟踪研究。

可以花点时间研究一下该股票涨停的原因，有什么背景或者题材可以挖掘，是单只个股涨停还是板块行为。如果是板块行为，又是在低位，而且有重大持续性题材，那就要密切注意了。

一定要找到好的买点进场，而一些游资会在第一个买点直接抢筹进场，连续拉升。“飞龙”选股技术则是“溺水三千，只取一瓢”。

如果大家去做统计就会发现，大部分短线牛股都是底部涨停启动的，而涨停的股票未必是牛股。但如果底部有连续两个涨停的股票，成为牛股的概率就大了1倍。如果底部有连续三个涨停的股票，后面能再创新高的概率就更大了，而飞龙选股技术的秘诀就在此。

一般能走出“飞龙在天”形态的个股，必定是大主力运作的，主力已经用真金白银告诉你它是牛股了，我们只要做到与牛股为伍，找到一个合适的买点进场就可以了。而“再起雄风地量时”正是为大家找到了一个安全且绝佳的买点，成交量的萎缩，说明个股跌不动了，空间上个股又跌到主力成本，这时候主力不拉升，只有死路一条。

实战案例二十八 成飞集成(002190)

国务院出政策要大力发展新能源汽车，成飞集成定增进军锂电，是市场上炙手可热的大题材，国家政策给力，股神巴菲特买比亚迪也是看好锂电，诸多因素催生了这只大牛股。由于当时该股启动的时候股价比较低，股本比较小，只有3亿多元的流通盘，扣除大股东持股，其实真正流通的只有1亿多元，这就便于主力控盘以及拉升。当7月出现“飞龙在天”走势后，经过短暂的横盘换手，再次翻倍，成为当年市场上最牛的明星股（见图28）。

图28　成飞集成（002190）K线走势

这种“飞龙”股拉升完以后又不回到启动点，那买点怎么把握呢？而且如何才能判断股横盘后会再次拉升呢？在这里给出以下几个条件：

条件一　第一波拉升一般是一气呵成，正常都是连续涨停，中间没有太多的停顿，成交量上出现很漂亮的红堆量，里面基本上看不到绿柱。这就说明主力基本上是不计成本地在吃货。但是，第一波拉升幅度不宜太大，以防有主力出货。

条件二　在第二波震荡整理的时候，调整幅度一般不会太深，不跌破 20 日均线，5 日线和 10 日线黏合，一旦 5 日线重新拐头向上，个股盘中带量，则要及时跟进。

条件三　震荡时间一般不宜太长，最好不要超过 1 个月。调整期间成交量不能缩至拉升前的量，要明显看出量能平台。这就说明个股换手充分，再次拉升动力大。

条件四　有特殊的题材或者行业有巨大的想象空间，基本面发生翻天覆地变化。而且不是单兵作战，有板块效益，最好是龙头板块中的龙头股，这样它有拉出空间给板块其他兄弟股出货的任务。

实战案例二十九　上海物贸(600822)

2013 年题材股里最火爆的上海自贸区概念里的龙头股上海物贸就属于这种类型(见图 29)。

当时国务院决定设立上海自贸区的消息一出来，我第一时间感觉到这是一个很大的题材。国家要设立上海自贸区，体现了国家二次改革的决心，媲美当年设立深圳特区，所以，二级市场必将催生一批牛股。而上海物贸率先启动，而且特别强势，在整理期分批买入。该股在缺口附近获得支撑，并且均线黏合，二次强势启动，短短 1 个多月的时间涨了 1 倍多，真是一分耕耘一分收获，“守得云开见月明”。要与牛股为伍，眼光、勇气、决心、运势，四者缺一不可。

上兵伐谋——飞龙选股技术之主力战略思维分析

江汉在 2011 年出席某大型股市交流论坛时，曾讲主力正在创

图 29　上海物贸(600822)K 线走势

业板建仓，未来两年的市场格局，第一创业板，第二中小板，深成指和上证指数目前不会有大波段行情，等大盘跌破 2 000 点后可以进场创业板。到 2013 年市场得以验证。

“为什么散户不断在市场中追逐热点但最后还被套牢，而你却提前一年看到未来市场格局，有什么方法可以判断未来的主流板块和主力布局呢?”访谈中，我问江汉。

江汉答道："要想对未来行情有前瞻性预测，就要从主力的角度进行逻辑分析，我们试举2013年创业板行情为例，来做具体说明。"

在经历2012年的漫长调整期后，股民对跌跌不休的大盘和个股早已失去了耐心，尤其是2 000点破位后，个股持续性暴跌，创业板更是遍地跌停板。自2012年11月5日到2012年12月4日，上证指数最大跌幅近9%，而创业板、中小板指数最大跌幅达20%。此时持有创业板股票的股民叫苦不迭，怨声载道。市场就是这样戏剧性变化，自2012年12月4日到2013年12月10日，创业板指数上涨了130%，中小板上涨50%，而同期上证指数涨幅11.8%，震幅32%，深成指上涨13%，震幅42%，资金流向明显在创业板市场出现高换手，我在2011年作出战略分析有如下理由：

● 国际市场大环境决定还没有发动大行情的背景支持；

● 国内市场大环境和政策也还没有支持发动大行情的条件；

● 在前面两个前提下，大主力机构无法进场拉动大盘指标股；

● 创业板市场股票大多为新兴产业，符合国家产业政策支持，具有高增长预期；

● 创业板股票易于重组或资产注入题材产生足够的想象空间；

● 创业板股票流通市值小，易于控盘；

● 创业板股票公积金丰厚易于高送转题材，具有股本扩张能；

● 2013年是创业板多数公司解禁年，其中有很多创投公司的股权，也有管理层股权，大股东套现要求强烈，必然创造题材炒作概念拉抬股价套现；

● 主力机构在拉抬创业板股票时可在期指市场放空，以对冲大盘下跌风险。

种种原因表明，主力资金偏好创业板股票的炒作是在整体环境不佳的情况下选择的唯一出路。创业板整体市值小，较易控盘，炒作起来形成市场共识，后续资金不断进场推波助澜，就容易形成大级别行情。

结合三国谋略来分析更加形象，诸葛亮出山选择的就是刘备这支“创业板队伍”。为什么诸葛亮不选择其他集团？因为曹操集团属于“主板市场大盘蓝筹”，个人才智难以得到重用，可拓展空间也有限。而孙权集团属于“中小板”，很多机构看好，已经提前建仓，难以拿到低位筹码。只有刘备这支创业板队伍，刚刚上市不久既缺人才又缺粮草，但刘备乃汉室宗亲，向来以仁义著称，曹操评价其“天下英雄唯使君与操耳！”使得刘备有足够的人气基础和想象空间，若此时介入，可以施展自己的雄才大略，不断开疆拓土，并与孙权这只中小板比肩，因此诸葛亮运筹帷幄，于隆中已知天下三分矣，这就是主力战略超前思维。

下面我们再结合飞龙选股技术，从技术层面看看是否符合上述逻辑构想。我们对 2011 年下半年市场中飞龙股进行研究，发现符合条件，而且位置在低位的飞龙股多数都在创业板，一共不到 10 只。其中，“大飞龙”股只有 1 只，就是天舟文化(300148)，2013 年涨幅 5 倍；其他为小飞龙股，后来都演绎为超级大牛股，其中蓝色光标(300058)涨幅 5 倍、华策影视(300133)涨幅 4 倍、汤臣倍健(300146)涨幅 4 倍、舒泰神(300204)涨幅超过 3 倍、东方国信

(300166)涨幅超过 2 倍、东软载波(300183)涨幅超过 2 倍,仅有 1 只和大盘完全不同步,就是银河磁体(300127)。

2011 年下半年在创业板开始建仓的超级主力,在以上选出的飞龙股中基本锁定,并都成为 2013 年的翻倍黑马股。

编辑余话 有兴趣的读者,可以对照软件,反复研究这些大牛出现的形态特征,以及其出现的产业背景。

在 2011 年下半年我重点讲解了天舟文化(300148),并由此断定未来创业板行情的主流板块为文化传媒和互联网等。并明确指出一旦大盘跌破 2 000 点,天舟文化回到主力建仓成本之下可以果断介入。因为它是 2011 年超级主力第一个拉高建仓,并引领整个文化传媒板块的龙头股,在未来的行情中,必然会表现出王者之风。

事实证明,先知先觉的超级主力在创业板的战略布局自 2011 年就开始了,到 2012 年创业板中飞龙股已经上升到 100 只以上了,这是第二梯队的主力提前建仓,到 2013 年进场的已经是后知后觉的主力了,这时飞龙股几乎遍地开花。

实战案例三十 汤臣倍健(300146)

汤臣倍健于 2011 年 5 月 27 日见低点 6.14 元后,就走上了一条超级大牛股之路。2011 年走慢牛,有先知先觉主力暗自吸纳;2012 年 3 月成交量显著放大,有超级主力进场拿货;2012 年的两次大幅洗盘,回落到 3 月主力进场成本附近便戛然而止;2013 年后知后觉主力进场。从十大流通股东中可以看到,2012 年景顺长城基金大幅增仓,到 2013 年下半年大幅盈利时已经开始大幅减持,其他基金来接盘了(见图 30)。

图 30 汤臣倍健(300146)K 线走势

举一反三

2014 年秋冬行情中军工板块、高铁板块、一带一路直到券商等板块的连续暴拉,都是有长线主力提前建仓的因素,随着主板蓝筹股中飞龙股的不断增加,不难提前发现这些超级大牛股,并超前分析主板蓝筹的大级别行情的出现。

2014 年上半年,A 股市场的资金面、政策面指标预期都出现了明显的变化信号。理由如下:

（1）大盘蓝筹股的估值、价位当时已经处于历史低位，很多个股出现跌破净资产的境地，已经跌无可跌。主板蓝筹股的爆发只是时机的问题。

（2）资金面配合，2014 年 4 月 10 日，中国证监会正式批复互联互通机制试点，总额度 5 500 亿元人民币；房地产投资、销售、价格增速在 2014 年上半年出现明显放缓，大批资金需要寻找新的出海港；阳光私募基金蓬勃发展。这些资金已经或隐或现将枪口对准还在低位的中国股市。

（3）改革红利预期出现。党的十八届三中全会《决定》提出要推进政治、经济、文化、社会、生态、党建“六位一体的改革”，改革红利必将出现。比如，党的十八届三中全会上提出“积极发展混合所有制经济”，2014 年《政府工作报告》进一步提出“加快发展混合所有制经济”。国企民企融合成为新一轮国资国企改革重头戏，这必将在资本市场掀起浪花，涉及其中的上市公司基本都是以主板蓝筹为主。

（4）2014 年 4 月份在亚洲博鳌论坛上，李克强总理提出推进“一带一路”的建设，包括之前提出的自贸区建设。经济领域的政策红利在上半年频频释放。

（5）从国家政策面角度来看，新一届国家领导人上任之后，高举反腐败以及改革大旗，打破原有的利益格局，一系列举措让民众对股市重然信心。而综观中国股市的历史，每一次中国经济找到新的动力和突破口都伴随着牛市的到来，而这与每十年的换届又不无关系。在这种假设前提下，指数牛市行情出现，蓝筹股必然会有大的行情。

运用飞龙选股技术对超级主力进行前瞻性分析的研究，再一次证明了“市场包容一切”理论的正确性，主力的任何意图最终都要在市场中通过资金进出的方式表达出来。运用飞龙选股技术对不同时期进场主力的研究，可以站在主力的角度上对未来市场格局做出判断，从而达到超前预判的目的。

举一反三

当创业板市场走到头部后，我们应该把眼光放在那些在低位的主板市场中超级主力眷顾的股票上，市场行情就是这样循环往复，低买高卖，这是市场的永恒定律。

讲到这里，运用“飞龙战法”狙击涨幅榜前列股票的方法，已经清晰可见了。当然，在使用飞龙选股技术时不能照搬套用，要注意个股的基本面等突发性利空变化，市场中位置是否为多头陷阱以及大盘趋势的系统性风险等问题，否则必然进入投资的误区，可以说，炒股是一门科学，更是一门艺术，仁者见仁，智者见智。

此外，“飞龙股”往往是股中王者，是反弹行情中龙头板块里的龙头股，像掌趣科技、奋达科技、成飞集成等无不证明了这一点。在选择时机上最好能提前潜伏，在启动第一时间加仓，切勿追高。如果没有在第一时间发现，最好选择放弃。优秀的投资人要学会放弃不确定的机会，等待确定性机会来临再出手，才是成功的关键因素。

孙子兵法云：“夫未战而庙算胜者，得算多也；夫未战而庙算不胜者，得算少也。多算胜，少算不胜，而况于无算乎！吾以此观之，胜负见矣。”在这个战略指导下，对市场各主力意图研究越深入，获胜的把握就越大。面对纷繁复杂、硝烟弥漫的股市，即使手握大资金但依然可以从容不迫，泰然处之，羽扇纶巾，谈笑间，樯橹灰飞烟灭。

在记者本次采访过程中，再次亲身验证了江汉选股绝技的神奇，三丰智能(300276)、罗平锌电(002114)、北方导航(600435)等股票，江汉讲过后，记者看到这些股一路高歌猛进，叹为奇观。

尾声：感悟与话别

这些年江汉在股民中颇受欢迎，不久前他的一个学生就跟我说："白老师，南京有次举办一个公益性投资报告会，特聘请江汉老师传授飞龙战法。股民听说江汉老师莅临现场，几百人的会场一下子'挤爆了'。"我想江汉受到股民的追捧必然有其对专业技术执着的追求和刻苦钻研，同时和他一贯保持着对人真诚的作风也是分不开的。

对江汉采访结束时，回首往事，我也颇多感慨：10 年如弹指一挥间，对于人生，又有多少个 10 年?！我这 10 年的采访，亲身感受到股市的沧桑巨变，以及广大股民的无助，极少数脱颖而出的高手也都在市场中经历过凄风苦雨，用坚韧与意志支撑了下来，终小有所成。不经历风雨难以成大器，这些高手在采访中都把自己的绝活倾囊相授，无私奉献出来，给后来者以启迪。这是比金子更宝贵的一笔财富！

临别时，望着滔滔东去的长江水，江汉深情地对我说：10年来，白老师您不辞辛苦地在国内寻找民间高手，极其认真负责的态度感动着我和每个被采访的对象，《民间股神》系列书籍的出版，为广大股民朋友提供了很好的借鉴与学习的经验，并得到了市场大众的一致好评。每个高手都经历过大幅亏损之痛，每个技术都是在市场中拼搏出的精华。10年后再见到您，还是像当年一样严肃又细心地采访，只是多了几缕白发。股民的热情与期待，让您和我们感觉到一种责任，在变幻莫测的市场中谁又敢承担"股神"的称号呢？我很惭愧，也感到了肩上的压力。每当看到很多初学者在股市中不断地重复着我之前走过的弯路，又感到应该写点东西出来，若能对他们有所裨益，便甚感欣慰。曾子曰："士不可以不弘毅，任重而道远。仁以为己任，不亦重乎？死而后已，不亦远乎？"我辈应奉之。

后　记

当《民间股神》白金版的《传奇篇》与《绝招篇》相继面市之际，正逢中国股市春天又到来之时。大地回暖，万紫千红，生机盎然；中国股市牛气冲天，股指连创7年来的新高，万千投资者欣喜若狂，一片“涨声”！

然而，就在股票市场火热涨势和群情鼎沸之中，我却接到一些《民间股神》的忠实读者向我倾诉“苦衷”。一位广西的读者对我说，民间股神们的传奇与绝招，真是太精彩了，可我学他们的绝招，老学不好，今天追这只飙涨停，明天换追另一只，常常吃套亏损。河南的一位读者也遇到同样的问题：牛市中看到别人赚钱，心里很急，想短线制胜赚快钱，天天“跑来跑去”，净交手续费了，不光没赚到钱，本钱还亏了不少。

牛市火热中的“困惑”，原因是什么？症结又在哪儿？是民间高手们的绝招太过个性？还是……

在火爆的行情中，面对一些读者的“苦衷”倾诉，我的脑海再次“回放”我采访的民间高手们创造奇迹的传奇经历，反复思索，我终于发现一些人“老学不好”高手们绝招的症结所在：

一是一些人脱离了所处的“环境”，机械地“照搬”股神们的经验。有的高手们在熊市中为控制风险，“赚一点就跑”，他却照搬套用于牛市。结果，超频繁地换股操作，失误连连，忘记了同是民间高手在牛市中制胜股市的“六字经典格言”:“选好股,抱牢它。”

二是急功近利,暴富心切,不停地追涨杀跌,犯了股票操作中的“大忌”。

三是在“狂躁”中,心态失衡。这是一些投资者在牛市中仍然赔钱的“隐形杀手”,也是最主要的症结所在。在火辣辣的行情里,在一片“涨声”之中,一些人心情变得非常浮躁,恨不得天天抓大牛,骑黑马,赚个盆满钵满,一个月翻倍,几个月就翻几番。他们忘记了在股市中“淡泊的心态”是所有高手们创造奇迹的一个共同之点。正如“江南神鹰”落升在谈及他的成功法宝时透露出的一个最核心的“秘笈”:“涨跌不惊,闲看庭前花开花落;得失无意,漫随天上云卷云舒。”

其实,捧读民间高手的传奇与绝招,只要你肯学习,认真学,而且善于学,灵活运用,并能从中找到适合自己的方法,且始终保持一个淡泊的好心态,我想,民间高手们的传奇与绝技,一定会化为你的智慧与财富,相信在中国股市百花盛开的春天里,你也一定会含笑绽放!

联系方式:

电　　话:13691850565

电子邮箱:bqs1688@163.com

2015 年 3 月 28 日

于北京

特别致谢

在《民间股神(黄金版)绝技系列》和《民间股神(白金版)英雄榜系列》面市之际,我要特别致谢的是北京股商投资有限公司。

近三年来,我在京采访中,北京股商投资有限公司给予我工作大力支持。曾多次在京主办民间高手投资报告会和《民间股神》发行会,向广大投资者朋友传播正确的投资理念及方法。此外,在本书撰写期间也给予了各种帮助,在此特表感谢。

北京股商投资有限公司是一家在投资者中享有盛誉的公司,注册资本 2 亿元人民币,前身为北京京放投资管理顾问有限责任公司,成立于 1994 年 6 月,是首批取得中国证监会颁发的《证券投资咨询业务资格证书》的机构之一。公司还取得了中国基金业协会《私募投资基金管理人》牌照,具备证券投顾、培训,私募基金发行与管理,新三板市场保荐、做市等业务资格;同时还是中国证券业协会分析师委员会成员,北京市证券业协会副理事长单位,具备中国证券业协会私募产品报价系统私募产品创设、自营、推荐、代持、展示等全部业务资格。

满足不同层次投资者的学习需求,提供有针性的证券投资培训,是北京股商服务的主要内容之一。公司拥有数十位投资专家及资深投资顾问,他们组成了一流的培训团队,将各自的实战成功要诀进行归纳总结,汇编为适合不同市场环境的系列战法课程,涵盖了看盘、选股、选时、仓位控制、风险管理、投资心态培养等实战所需的各种要点，开设了高手战法培训、名家战法培训、股指期货进阶培训和股指期货名家培训等多个课程，满足了投资者希望有效提高实战水平的需求。培训讲师全部具有中国证监会颁发的证券投资咨询执业资格，并且拥有丰富的实战经验，紧贴市场、提高盈利能力效果突出已经成为股商证券培训的显著特色。

大力发展多层次资本市场，服务自主创新的国家发展战略为证券行业带来了空前的发展机遇，祝北京股商以此为契机，秉承精益求精的精神，再创辉煌！愿广大投资者朋友不断积累投资知识，提高投资技能，实现持续稳定盈利。

2015年5月18日